El evangelio sec

VIRGEN MARÍA

Santiago Martín

El evangelio secreto de la
VIRGEN MARÍA

*Un manuscrito desconocido desvela
aspectos inéditos de la vida de Cristo
y de la Virgen María*

 Planeta

© Santiago Martín, 1996
© Editorial Planeta, S. A., 2006
   Diagonal, 662-664, 08034 Barcelona (España)

Primera edición en esta presentación: abril de 2006
Segunda impresión: julio de 2010
Depósito Legal: B. 30.116-2010
ISBN 978-84-08-06692-7
Impresión y encuadernación: Book Print Digital, S. A.

Ediciones anteriores en otra presentación
1.ª edición a 19.ª impresión: de octubre de 1996 a mayo de 2005

ÍNDICE

En 1884, un especialista en manuscritos antiguos sorprendió al mundo poniendo al descubierto una valiosísima pieza de arqueología. No se trataba de un jarro antiquísimo ni de una escultura griega, sino de un manuscrito. J. F. Gamurrini había hallado, en la biblioteca de Santa María de Arezzo (Italia), un legajo que contenía casi completo el relato de un viaje a la patria de Jesús, el *Itinerarium*. Se trataba de la recopilación de las impresiones que una monja de finales del siglo IV había experimentado cuando decidió desafiar todo peligro y se embarcó en la aventura de visitar Tierra Santa. Aquella mujer, nacida en la Hispania aún romana, puso por escrito lo que vio y sintió, con la intención, como ella misma dice, de no privar a sus hermanas de comunidad —a las que denomina «señoras venerables» y «amigas del alma»— de los gozos y dones espirituales que recibió durante su visita a los santos lugares.

El *Itinerarium* descubierto por Gamurrini en la abadía de Arezzo era una copia llevada a cabo en la abadía de Montecassino, corazón del mundo benedictino y fuente de saber y de producción intelectual durante toda la Edad Media. Los monjes benedictinos habían copiado ese libro como habían hecho con tantos otros, porque en eso consistía parte de su trabajo cotidiano; de Montecassino, como de otras abadías benedictinas, se «exportaban» después, a catedrales y palacios, libros manuscritos copiados en serie en los *Scriptorium* mientras un monje leía en voz alta el original. Una de esas copias *llegó* a Arezzo y allí la descubrió Gamurrini.

El *Itinerarium* de la monja hispana Egeria (o Eteria o Echeria, como otros la conocen), tal como fue descubierto en 1884, estaba incompleto. Falta el comienzo y la última parte. Además, en su interior hay también algunas páginas perdidas, aunque estas lagunas han sido subsanadas por los especialistas acudiendo a otras fuentes de información que aportan datos sobre la situación de Israel en la época, sobre todo el *Liber de locis sanctis* de Pedro Diácono, escrito en el siglo XI.

Pero, naturalmente, la copia que salió de Montecassino sí estaba completa. Como estaba completa la copia que se utilizó de original en aquella importante abadía. Los azares de la historia, los pillajes y saqueos de que han sido objeto los monasterios por ambiciosos y gentes sin escrúpulos, han destruido infinidad de obras de arte ligadas, en su origen, a la fe. El caso del *Itinerarium* fue uno más. De hecho, habría desaparecido para siempre si en Santa María de Arezzo no se hubiera salvado, casi milagrosamente, uno de los cientos de ejemplares que circulaban por Occidente en la Edad Media.

Sólo que no fue Montecassino el único lugar en conservar el escrito dejado por la monja Egeria. Ésta habitaba un monasterio situado en la Gallaecia hispana, que tenía por capital a Bracara Augusta en esa época (finales del siglo IV), pero que contaba con una notable densidad de ciudades importantes, herederas de pasados esplendores (las actuales Astorga, León, Lugo y Oviedo, por citar sólo algunas). En el momento de emprender el viaje a Israel reinaba una cierta paz en el conjunto del imperio. Teodosio, hispano como Egeria, acababa de morir (395) y había dejado el territorio, relativamente pacificado, dividido entre sus dos hijos. A Honorio le había correspondido Occidente y a su hermano Arcadio Oriente, con Palestina incluida. Las peregrinaciones, interrumpidas desde hacía muchos años por las continuas luchas y por la represión contra los cristianos emprendida por el emperador apóstata Juliano, florecieron. En una de ellas se embarcó Egeria.

Aunque se hubiera perdido el *Itinerarium*, el nombre de Egeria no habría desaparecido, debido a que su obra llamó la atención casi en seguida. De ella habla ya el monje gallego Valerio, a mediados del siglo VII, en una carta —«*Ad fratres Bergidensis*»— dirigida a un monasterio también hoy desaparecido situado en El Bierzo. Tanto el lenguaje utilizado por Egeria, sus modismos al escribir en latín, como el texto de Valerio, confirman el origen hispano de esta singular monja. Esos datos confirman también su elevada posición social y económica, la cual le posibilitó grandemente el viaje, pues ni era barato ni era seguro, a no ser que se contara con dinero suficiente y con influencias para recibir protección en las numerosas escalas que un peregrino del siglo IV se veía forzado a hacer para viajar desde el noroeste de España hasta el otro extremo del Mediterráneo.

Pues bien, Egeria partió y regresó. Fue tomando notas durante el trayecto, como un moderno turista, y al concluir el periplo redactó sus impresiones, las cuales confió a sus hermanas de comunidad, así como a sus superiores y a los que habían hecho posible la experiencia gracias a sus limosnas. El *Itinerarium* empezó a circular y habría estado llamado a obtener un gran éxito «editorial» de no haber sido por una circunstancia desdichada. En el 407, muy poco después de llegar Egeria a su patria y con sólo algunas copias de su manuscrito original circulando por el mundo, los vándalos, suevos y alanos entraron en España y la arrasaron. Mientras los visigodos se establecían en Italia en calidad de aliados y protectores del emperador, las otras tribus godas alternaban el saqueo con el trabajo de mercenarios.

En este contexto de inestabilidad fue destruido

el monasterio de Egeria. Nada sabemos de su final personal, ni del de sus compañeras de comunidad. Los suevos se establecieron en la antigua provincia Gallaecia y conservaron la actual ciudad portuguesa de Braga como su capital. Los vándalos, en cambio, dejaron la Península —se habían quedado sobre todo en Andalucía— y pasaron a asolar África (429), destruyendo, entre otras, la ciudad de Hipona, de la que era obispo en ese momento san Agustín. El hueco dejado por los vándalos en España fue ocupado pronto por los visigodos, que estaban ya establecidos en el sur de Francia y tenían una próspera capital en Toulouse.

Con tantas idas y venidas no sólo se destruyó el monasterio de Egeria, del mismo modo que fueron arrasadas tantas villas rurales, prósperos pueblos y algunas ciudades, sino que su obra desapareció, salvándose milagrosamente algunas de las pocas copias que se hicieron, una de las cuales recalaría finalmente en Montecassino.

Así hubiera acabado todo de no haber sido por un hallazgo recentísimo del que este libro se propone dar cuenta.

En el conjunto de los desastres y guerras que ha padecido España, se enmarca la política anticlerical de algunos de sus políticos. Uno de ellos, Juan Álvarez Mendizábal, ordenó, para mayor gloria de las arcas reales, «desamortizar» el capital «invertido», según él, por el pueblo durante siglos en los conventos y monasterios. La desamortización (1835 y 1836) no era más que una manera fina de justificar un robo gigantesco, un latrocinio monumental que ni siquiera logró sus objetivos, pues los ricos fueron los que se quedaron a bajo precio con lo subastado procedente de los monasterios, mientras que los pobres, en su mayor parte, no obtuvieron ni las migajas. Además, como todo se puso a la venta a la vez, se liquidó a precio de saldo, con lo que tampoco el tesoro real vio resueltos sus problemas. Lo que sí ocurrió, en cambio, fue que el patrimonio cultural se vino abajo y todavía hoy vemos cientos de ruinas por toda la geografía española, testigos mudos de lo que antes fueron florecientes monasterios, centros de espiritualidad tanto como de cultura e incluso de apoyo a la economía rural.

En uno de aquellos expolios desapareció un viejo cenobio benedictino, el de Obona, enclavado en el asturiano concejo de Tineo. En aquel fértil y elevado valle se habían fijado los monjes benedictinos, los cuales durante el siglo XI evangelizaron la zona y ayudaron a sus agrestes moradores a mejorar su nivel de vida. Los dos monasterios gemelos de Obona y Bárcena fueron claves en aquella operación. Ambos cayeron víctimas de la rapiña inútil de Mendizábal. Los templos de ambos pasaron a la archidiócesis de Oviedo, pero no así sus tierras ni parte de sus tesoros culturales y artísticos.

La mayor parte de las posesiones de Obona fue adquirida por una adinerada familia asturiana que había hecho sus primeros ahorros con la importación de café procedente de Cuba y con la instalación de una fábrica tostadora. La biblioteca del monasterio resultó golosa para aquel indiano, que la trasladó casi íntegra a su caserón de Oviedo, sin saber ni lo que se llevaba, casi como el que compra los libros a peso, o por las tapas y no por el contenido.

Aquellas obras pasaron años en las oscuridades de los desvanes, aunque todos en la familia sabían que encerraban grandes tesoros, y se hablaba, cada vez que había que repartir la herencia, de incunables valiosos que ninguno sabía precisar. Por fin, en una de éstas, un fragmento del tesoro inicial, cortado y repartido a lo largo del tiempo como si fueran piezas de tela o números en cuentas corrientes, llegó a manos de un amigo mío, sacerdote ilustrado de la archidiócesis ovetense, aficionado a la lectura y al polvo de los manuscritos, casi tanto como a la fidelidad al papa y a los perfiles legítimos de la liturgia romana.

Un día, hace unos meses, recibí una llamada suya. Me había hablado ya en incontables ocasiones del legado recibido en herencia por parte de un tío suyo, descendiente directo de la familia que se benefició con la tropelía de Mendizábal. A él, como clérigo, habían tenido a bien confiarle a modo de compensación hereditaria algunos de los libros procedentes del monasterio de Obona. Los iba ojeando poco a poco y algunos los regalaba a los fondos de la archidiócesis, mientras retenía para sí los que más ilusión le hacían, entre ellos una copia iluminada de los antiguos beatos que se escribieron por primera vez en torno al valle del Liébana.

Mi amigo, al que llamaremos don Ignacio, estaba nervioso cuando se puso en contacto conmigo. Sabía de mi interés por la historia antigua y medieval y de mis contactos profesionales con empresas editoras. Aunque Oviedo no está precisamente a un paso de Madrid, reclamaba urgentemente mi presencia en la capital asturiana. Él podía venir, pero no quería trasladar el «tesoro» que, según me dijo, acababa de descubrir.

Lo que me enseñó no me defraudó en absoluto. Cierto que la tierra de Oviedo contiene tesoros aún mayores —cada vez son más los datos que identifican el sudario custodiado en la cámara santa de su catedral con el paño que sirvió para amortajar el rostro de Cristo—, pero lo que don Ignacio tenía podía ser considerado como un descubrimiento comparable con los famosos manuscritos de Qumran, los rollos de los antiguos esenios que vivían junto al mar Muerto, y quizá aún más importante que ellos.

Era, como quizá habrán podido imaginar, una copia del *Itinerarium* de la monja Egeria. Una copia muy antigua, quizá de los primeros años del siglo VII. Posiblemente cuarta o quinta generación de aquellas primeras que se hicieron y que fueron llevadas a algún monasterio de la Gallaecia hispanorromana, pasando después, junto con otros preciosos libros, vicisitudes y peligros, hasta que, tras la reconquista emprendida por el mítico don Pelayo, algún ejemplar quedó depositado en los monasterios benedictinos que florecieron en el nuevo reino cristiano y de allí, en torno al siglo x, pasó a Obona, siempre en tierras asturianas.

Don Ignacio estaba al tanto de la aventura de la monja Egeria y de su *Itinerarium*. Se daba cuenta, por lo tanto, de que la posesión del antiguo libro era un extraordinario tesoro. Sin embargo, él quería compararlo con el de Arezzo porque había leído que a éste la faltaban dos capítulos, mientras que el suyo estaba completo. Me puse al habla con la embajada italiana en España y con la delegación española ante el país vecino. Gracias a sus buenos oficios pudimos obtener, a no corto precio, una copia microfilmada del texto hallado en Italia, que cotejamos con el procedente de Obona. Las diferencias eran mínimas, justo las lógicas de las sucesivas copias, con los habituales errores de transcripción que cometían los copistas medievales. Y fue entonces cuando nos decidimos a traducir los dos capítulos que en el texto asturiano se conservaban y que habían sido destruidos en el de Arezzo.

Como yo no sé latín y don Ignacio se sentía desbordado por la importancia de la empresa, aun en secreto y sin dar a conocer el descubrimiento a nadie, encargamos el primer capítulo a unos peritos de la Biblioteca Nacional en Madrid y el último a especialistas del Museo Nacional de Arqueología. No les pusimos en contacto entre sí ni les dijimos de dónde procedía el material cuya traducción solicitábamos.

En el primer caso todo se movió dentro de lo esperado. Era una introducción piadosa en la que Egeria explicaba los motivos de su viaje y agradecía la ayuda recibida por donantes y protectores. Sólo había una cita que nos resultó desconcertante y era que aludía, disculpándose casi, a la aportación que en el último capítulo de su obra iba a hacer, pues ella no estaba segura de que se tratara de algo correcto, de una obra ortodoxa en lugar de un texto procedente de una desviación herética. No decía nada más y dejaba al lector y a las autoridades de la Iglesia que juzgaran por ellas mismas, reiterando sus disculpas por si no había obrado correctamente al incorporar aquel texto, que no era suyo, al conjunto de la obra.

Cuando nos llegó el informe de los peritos del Museo de Arqueología, mi amigo y yo creímos morir de un infarto. La emoción de un creyente se mezclaba con los nervios de los aficionados a lo antiguo que tienen entre sus manos, por casualidad, una obra tan majestuosa como hasta entonces desconocida. Ya el título nos dejó fuera de juego. Se trataba del *Evangelio apócrifo de la Virgen María*. Un texto al que habían hecho referencia algunos de los primitivos padres de la Iglesia, pero del que no se tenía ni siquiera certeza de que hubiera existido. Naturalmente que Egeria, cuando lo recogió, ya traducido al latín, de manos de un monje griego compañero de san Jerónimo (el cual vivía en Belén en la época en que Egeria estuvo allí, pues residió en la ciudad natal de Jesús entre los años 387 y 420), se sintió conmocionada, pero tuvo miedo de que se tratara de un texto herético, habida cuenta de la confusión que rodeaba al santo dálmata, en plena lucha en esos años contra la herejía pelagiana, pero que había tenido que huir de Roma tras la muerte del papa Dámaso, acusado él mismo por Rufino de fidelidad a la herejía origenista.

Egeria explica sus temores en la introducción que hace al apócrifo mariano. Dice con claridad que no apuesta por su autenticidad y que, si bien el monje que le proporcionó la copia le aseguró que se trataba de un texto auténtico y ortodoxo, ella no podía afirmar que eso fuera cierto. En todo caso, la monja hispana no duda en asegurar que su lectura le había resultado muy piadosa y de gran provecho espiritual, por lo que, tras muchas vacilaciones, se atrevía a incluirla como un apéndice de su *Itinerarium*.

Es posible que esta duda de Egeria se contagiara a los monjes de Santa María de Arezzo. Es posible que la falta de ambos capítulos en el texto que se conservaba en su biblioteca no fuera casual. Quizá algún celoso defensor de la ortodoxia pudo pensar que los recuerdos de la Virgen María mermaban importancia a la divinidad de Cristo, porque en ellos se muestra el lado humano de su Hijo. Quizá alguno temió, en la época más dura de la Inquisición, que la inclusión de un apócrifo en su biblioteca pudiera despertar sospechas de connivencia con las odiadas herejías. Hasta es posible que fuera algún severo inquisidor el que ordenara separar y quemar los dos capítulos que faltan a la copia italiana del *Itinerarium*. En todo caso, en España se conserva ahora el texto íntegro y lo mejor que se puede hacer es acercarse a leer lo que durante siglos ha permanecido oculto.

Éste es, según una piadosa tradición, el *Evangelio secreto de la Virgen María*, sus memorias, narradas a san Juan Evangelista en muchas de aquellas tardes en que ambos descansaban de sus respectivas fatigas allá en la ciudad griega de Éfeso. Que juzgue el lector sobre el valor espiritual de la misma y que se deje penetrar de la ternura con que una madre, anciana ya, habla de sí misma, de su hijo y de la aventura que Dios, un día de primavera, había puesto en marcha.

TENÍA QUINCE AÑOS

Yo tuve una vez quince años.

Hacía unos meses que había empezado a ser mujer.

Recuerdo, a pesar de haber pasado tanto tiempo y tantas cosas, la ternura de mi madre, Ana, y la suave firmeza de mi padre, Joaquín.

Precisamente aquel día era sábado. Mi padre había ido a la sinagoga a escuchar, como siempre, la lectura de un texto de la Torá y la explicación que daba el rabino. Mi madre y yo también solíamos ir y nos quedábamos muy juntas y atentas tras la celosía que separa a hombres y mujeres. Ese día, sin embargo, no habíamos podido estar, así que esperamos a que Joaquín volviera para que nos dijera lo que había oído.

Caía ya el sol y terminaba el sábado cuando mi padre nos recordó el texto que se había leído en la sinagoga. Era del profeta Isaías, uno de mis favoritos. Con voz solemne y cantando más que recitando, Joaquín dijo:

«¡Qué hermosos son sobre los montes los pies del mensajero que anuncia la paz, que trae buenas nuevas, que anuncia salvación, que dice a Sión: "Ya reina tu Dios! ¡Una voz! Tus vigías alzan la voz, a una dan gritos de júbilo, porque con sus propios ojos ven el retorno de Yahvé a Sión. Prorrumpid a una en gritos de júbilo, soledades de Jerusalén, porque ha consolado Yahvé a su pueblo, ha rescatado a Jerusalén."»

Tras esto, mi padre nos explicó lo que había dicho el rabino de nuestro pueblo, Asaf hijo de Coré. Era un hombre amable, ya muy mayor, pero siempre cariñoso con todos, especialmente con los niños, así que yo siempre le escuchaba con gusto y mandaba interrumpir sus juegos a mis primos cuando él pasaba junto a nosotros en la calle para ir todos a su lado a besarle la orla de su manto.

Joaquín nos dijo, a mi madre y a mí, que Asaf había estado preocupado aquella mañana. Las noticias que llegaban de las ciudades en las que había destacamentos romanos no eran buenas; se hablaba de tumultos entre algunos de nosotros e incluso se comentaba que en la lejana Jerusalén había mucha inquietud y que algunos rabinos habían dicho que la llegada del Mesías podía estar próxima, según se podía deducir de cierta profecía que hacía referencia a su nacimiento en la ciudad de David, Belén. Asaf, tranquilo como era, no quería sembrar alarmas entre sus oyentes, entre otras cosas, como él mismo había recordado esa mañana, porque noticias semejantes se estaban produciendo desde que los romanos ocuparon Israel y aun antes, bajo la dominación de los sirios de Antíoco. Sin embargo, mi padre nos comentó que en aquella ocasión la voz de nuestro rabino parecía más intranquila que otras veces y que sus llamadas a la calma eran menos convincentes.

Algo se preparaba y gente como Asaf, como mi padre o como mi madre, lo intuían, sin saber exactamente de qué se trataba. Por eso el rabino había elegido el texto de Isaías, para darnos a los habitantes de nuestra aldea un mensaje de paz y de esperanza. Si el Mesías estaba al venir, como algunos decían, debíamos tener calma, porque su llegada sería la del príncipe de la paz. Cualquier otra actitud era, en el fondo, una falta de confianza en el Todopoderoso, en cuyas manos están siempre nuestras vidas.

16

A Ana, mi madre, y a mí, estas cosas nos apasionaban. Escuchábamos a Joaquín apretadas la una contra la otra, a la luz del fuego de nuestro hogar, en una noche de finales de Nisán hermosa y suavemente fresca. Las dos creíamos firmemente en lo que enseñaban la Torá y los demás libros sagrados, y Ana había tenido mucho cuidado en enseñarme lo que significaba la fe en Yahvé, el amor y el respeto que le debíamos, y la necesidad de observar fielmente la Alianza que Él había pactado con nuestro pueblo. Por eso no nos extrañaba nada de lo que pudiera pasar, convencidas como estábamos de que, a un solo gesto de Dios, ni siquiera las poderosas legiones romanas podrían enfrentarse con el Mesías cuando éste apareciese en la tierra. Esperábamos su llegada y rezábamos cada día para que ocurriese lo antes posible, pero nunca antes de que fuese el tiempo indicado, el momento en que la voluntad del Todopoderoso lo hubiera previsto.

A mí, más que a mi madre, por mis quince años recién cumplidos, me gustaba soñar con el Mesías. También lo hacían mis compañeras y hablábamos de él cuando nos veíamos, sobre todo en la fuente del pueblo o cuando íbamos a lavar al arroyo. Pero yo deseaba ardientemente que ese Mesías fuera un mensajero de la paz y del amor de Dios, los dos sentimientos que mis padres siempre me estaban inculcando, mientras que casi todas mis amigas disfrutaban hablando de palacios y de grandes fiestas. Peor aún era con mis primos, con los que en más de una ocasión me había tenido que enfrentar porque parecía que el Mesías que ellos tanto anhelaban no era otra cosa que un caudillo militar. Cuando yo les hablaba de las cualidades espirituales que adornarían su alma, ellos se burlaban de mí y me tiraban de las trenzas diciéndome que todavía era una niña incapaz de entender lo que le convenía al pueblo de Israel y que si yo me creía que un Mesías bondadoso iba a ser capaz de expulsar a los romanos de nuestra patria.

En fin, el caso es que aquella noche de un sábado de primavera, mi madre y yo escuchábamos atentísimas a Joaquín, que nos estaba contando la predicación del rabino Asaf. Todo iba bien y se desarrollaba según el talante de mi venerado rabino y de mis padres, hasta que Joaquín dijo algo que nos sorprendió a mi madre y a mí. Dijo que, llegado un momento en su exhortación, Asaf pareció quedarse mudo. Había estado leyendo párrafo a párrafo el texto de Isaías y explicándolo a continuación, hasta que, de repente, al leer lo que estaba escrito, palideció, cerró el libro, se sentó y rompió a llorar.

Varios hombres del pueblo, entre ellos mi primo José, con el que mis padres me habían comprometido en matrimonio, y mi propio padre, se acercaron a él, pero no consiguieron sacarle una palabra. La asamblea se disolvió y no cesaron de hablar del asunto, intrigados por lo que pudiera haber leído Asaf. Como en casa de ninguno de nosotros se poseía un libro de Isaías, no se podía consultar el texto que tanto había impresionado a nuestro buen rabino, así que se decidió acudir a un hombre de Caná que vivía en nuestro pueblo y que no había ido aquella mañana a la sinagoga porque estaba en la cama con fiebres. Era un experto en el conocimiento de las Sagradas Escrituras y recitaba de memoria pasajes enteros, además de ser amigo de mi familia.

Mi padre, consciente de la intriga que estaba dando a su relato, hizo una pausa y nos miró atentamente. Las dos estábamos boquiabiertas, no digo asustadas porque Ana, mi madre, tiene tal fe en Dios que dudo que algo logre turbar su ánimo. Pero sí francamente interesadas. Así que, Joaquín, después de un momento de silencio que aumentó la expectación, nos dijo que llegaron a casa de Adonías, el cananeo, y se lo explicaron todo. Cuando hubo escuchado el texto último que había leído Asaf, Adonías cerró los ojos y empezó a musitar en voz baja hasta que llegó al punto del relato en que se había interrumpido el rabino. A partir de ahí, ya en voz alta, añadió:

«¿Quién dio crédito a nuestra noticia? Y el brazo de Yahvé ¿a quién se le reveló? Creció como un retoño delante de él, como raíz de tierra árida. No tenía apariencia ni presencia; le vimos y no tenía aspecto que pudiésemos estimar. Despreciable y desecho de hombres, varón de dolores y sabedor de dolencias, como uno ante quien se oculta el rostro, despreciable, y no le tuvimos en cuenta. ¡Y con todo eran nuestras dolencias las que él llevaba y nuestros dolores los que soportaba! Nosotros le tuvimos por azotado, herido de Dios y humillado. Él ha sido herido por nuestras rebeldías, molido por nuestras culpas. Él soportó el castigo que nos trae la paz, y con sus cardenales hemos sido curados. Todos nosotros como ovejas erramos, cada uno marchó por su camino, y Yahvé descargó sobre él la culpa de todos nosotros. Fue oprimido, y él se humilló y no abrió la boca. Como un cordero al degüello era llevado y como oveja que ante los que la trasquilan está muda, tampoco él abrió la boca.»

Naturalmente que mi padre había podido recordar ante nosotras todo aquel largo párrafo porque lo había escuchado y meditado muchas veces, y apenas le bastó oírselo empezar a Adonías para recitarlo él por lo bajo, acompañándole.

Joaquín nos dijo también que algunos de los que habían ido a consultar a Adonías no quisieron dar crédito a lo que él decía, porque eso significaría que el Mesías que había anunciado el profeta Isaías no era un Mesías rey, un Mesías libertador del yugo romano, e incluso que hasta se podía entender que había sido traicionado por el propio pueblo elegido, lo cual era de todo punto absurdo e imposible.

De este modo, divididos y confusos, salieron todos de la casa del cananeo, más preocupados aún que cuando habían entrado.

Mi padre y José, mi querido primo y ya casi marido, volvieron juntos, subiendo la cuesta hasta nuestra casa, donde José dejó a mi padre no sin antes pedirle que me saludara en su nombre, lo cual siempre hacía que me pusiera colorada. El caso es que los dos estaban de acuerdo en reconocer que Adonías no se había equivocado de texto y que, posiblemente, el Señor Todopoderoso había enviado algún signo a nuestro rabino Asaf que le había sorprendido hasta el punto de hacerle enmudecer.

«Estamos en tiempos grandes, tiempos de Dios. No debemos temer porque el Señor nunca abandona a su pueblo, pero debemos orar intensamente para que se haga en cada instante su divina voluntad.»

Así dijo mi padre, dando por terminado el relato e indicándonos a continuación que era ya hora más que sobrada de acostarse. Le obedecí al instante y fui a ayudar a mi madre en las últimas faenas de la casa y luego me marché a mi habitación.

No podía dormir. Afuera cantaban los grillos. La luna era hermosísima y su luz se filtraba por la tela de saco que tapaba el ventanuco de mi habitación. No corría apenas aire y yo estaba tranquila, extrañamente tranquila, pues a pesar de lo que nos había contado mi padre no me sentía inquieta. Con todo, no podía dormir.

Así que empecé a rezar. Algo dentro de mí me decía que el Señor estaba esperando una palabra mía. Se la di en seguida y le dije que si Él quería enviar un Mesías que no iba a ser como casi todos esperaban, que por mi parte me daba lo mismo. Yo no quería que su voluntad se adaptara a mis gustos, sino que aspiraba a ser yo la que me adaptara a los suyos. Le dije también que me daba mucha pena eso de que el Mesías iba a ser entregado en sacrificio por nuestros pecados, como uno de aquellos corderos que se matan en la noche de la Pascua, cuando recordamos la gesta que significó el origen de nuestro pueblo, la acción de Dios contra los primogénitos de los egipcios.

20

Yo no entendía cómo podía venir un Mesías que tuviera como final el fracaso. Los argumentos de mis amigas, de mis primos y de mis mayores, a excepción de mis padres, me parecían cargados de razón. Me parecía lógico que Dios interviniera a favor nuestro, como había hecho en el pasado, en la época de los Jueces o de los Reyes, y que suscitara un jefe poderoso que devolviera la libertad y la grandeza a nuestra patria. Pero, como a mis padres, no me hacía ninguna ilusión recrearme en las imágenes de guerra y violencia, de sangre y desolación que forzosamente acompañarían esa liberación por muy victoriosa que fuera. Además, y ahora ya la cosa se complicaba, me parecía extraño y más raro aún que el Mesías que iba a venir tuviera que padecer en nombre de todos, siendo él inocente y nosotros los culpables.

Pero yo sentía muy fuertemente que aquella noche el Señor esperaba algo de mí, así que le dije a todo que sí. Le dije que por mí las cosas sólo debían hacerse según fuera su voluntad y no según mis cálculos o previsiones. Por lo tanto, si Él, Yahvé, había dispuesto que así debían desarrollarse los acontecimientos, así los aceptaba yo y, como en ocasiones anteriores, me ofrecí para ayudar en lo que pudiera, sabedora, de que lo que yo podía hacer era muy poco, jovencita como era y a punto como estaba de casarme.

Y entonces fue cuando ocurrió.

No había hecho más que pronunciar mi último sí cuando la pequeña habitación se llenó de luz. Todavía estaba arrodillada, con mi pobre ropa de noche que había levantado por encima de las rodillas para no gastarla, cuando él se apareció.

Tengo que decir que no me asusté. Bueno, sí me asusté, pero fue como si se tratara de un miedo que no es miedo.

El caso es que allí estaba él. Hermoso y brillante, dulce, lleno de paz. Ni por un instante pensé que podía ser un enviado del Maligno, porque la paz que de él se desprendía era sólo de ese calibre que da Dios; además, algo de ese fruto ya había gustado yo en ocasiones, cuando rezaba y me pasaba las horas libres de las tardes de los viernes entre los olivos o en mi habitación. Esa paz, la de Dios, encontraba un eco profundo en mí misma. Su paz se abrazaba con mi paz, como si en mi interior no hubiera existido nunca otra cosa más que la armonía divina, una paz semejante a la que de este mensajero del Señor emanaba.

Porque me estoy refiriendo, naturalmente, al ángel Gabriel.

No sólo era hermoso y lleno de paz, sino que hablaba. Si se hubiese quedado callado, quizá me hubiese puesto a jugar con él, hasta ese punto era grande mi sintonía con su alma y mi tranquilidad. Pero cuando empezó a hablar sí que me asusté un poco. Y no porque su voz fuera fea, sino porque lo que dijo me dejó perpleja.

«Alégrate, llena de gracia, el Señor está contigo», fueron sus primeras palabras.

Naturalmente que era para asustarse. ¿Qué quería decir «llena de gracia»? ¿No estábamos todos bajo el efecto del pecado original, como nos enseñaban en la sinagoga? ¿No sería, pues, una invitación a la soberbia y me habría dejado engañar por su aparente espiritualidad?

Él se dio cuenta en seguida e intentó tranquilizarme: «No temas, María, porque has hallado gracia delante de Dios; vas a concebir en el seno y vas a dar a luz un hijo, a quien pondrás por nombre Jesús. Él será grande y será llamado Hijo del Altísimo, y el Señor Dios le dará el trono de David, su padre; reinará sobre la casa de Jacob por los siglos y su reino no tendrá fin.»

La verdad, no eran palabras muy tranquilizadoras. Estaba el «no temas», pero lo que venía luego era de lo más serio y preocupante.

Sin embargo, acostumbrada como estaba a decir sí a lo que Dios me pidiera, y con la certeza íntima que tenía de que aquel era un mensajero suyo, ni pensé en el lío en que me metía, ni en las consecuencias que pudiera tener el hecho de que yo ya estaba, de alguna manera, casada o por lo menos comprometida con José. Ya le iba a decir que sí cuando ese sexto sentido que tenemos las mujeres me llevó a hacer una pregunta, una especie de prueba para cerciorarme de si, en verdad, el Señor Todopoderoso era quien estaba enviando a aquel mensajero. Así que le dije: «¿Cómo ocurrirá esto, puesto que no conozco varón?»

No se trataba de algo sin importancia. Para mí era fundamental. De hecho, o ese punto se resolvía dejando claro que no me vería forzada a nada impropio de una joven honesta, o podía estar segura de que lo que se me ofrecía no venía de Dios. Dios no puede contradecir a Dios. Dios no podía haber estado sembrando en mi alma durante toda mi vida una necesidad de pureza y de consagración para después llevarme por caminos que eran todo lo contrario. Y como lo anterior sí que era cosa suya, si lo nuevo también venía de su mano, forzosamente habría de estar en sintonía con aquello.

El ángel Gabriel supo despejar todas mis dudas. «El Espíritu Santo vendrá sobre ti —afirmó— y el poder del Altísimo te cubrirá con su sombra; por eso, el que ha de nacer será santo y será llamado Hijo de Dios.» Aquello ponía todo en su sitio. Yo seguía manteniendo mi virginidad y mi limpieza de alma y de cuerpo, sin tener que pasar por situaciones que no sólo me repugnaban a mí, sino a cualquier otra muchacha honrada. Y es que mis padres me habían dicho muchas veces que nunca aceptara eso de que el fin justifica los medios, por más que fuera un lema tan corriente, sobre todo a la hora de hacer lucrativos negocios o cuando se quería justificar la violencia contra los romanos. El fin era, en este caso, el mejor, o al menos así se me estaba presentando: dejar que naciera nada menos que el Mesías. Pero yo quería asegurarme de que también los medios, la forma en que ese fin iba a tener lugar, era la correcta. En el fondo, si así no hubiera sido, al momento habría sabido que Dios no estaba detrás del asunto. El Señor no se contradice a sí mismo, no es hoy sí y mañana no; Él es siempre un sí grande, noble y permanente. Además, la situación no era tan distinta de la que había estado meditando justo antes de que el enviado de Dios llenara con su luz mi pequeña habitación. El pueblo de Israel, mi pueblo, quería un libertador a toda costa y a mis padres y a mí nos parecía que en ese «a toda costa» había algo que no casaba muy bien con la bondad divina. Nosotros también queríamos que viniera el Mesías y que nos liberara del yugo extranjero, pero no a cualquier precio, no al precio del odio, la guerra y la violencia.

Pero estaba aún haciéndome estos razonamientos cuando ya el ángel de nuevo volvía a hablar. Quizá pensaba que yo todavía tenía dudas. El caso es que añadió: «Mira, también Isabel, tu pariente, ha concebido un hijo en su vejez, y éste es ya el sexto mes de aquella que llamaban estéril, porque ninguna cosa es imposible para Dios.»

No hubiera necesitado ese argumento, porque yo ya estaba decidida. Así que, para evitar que sospechara de mi voluntad de aceptar lo que Dios me pedía, me precipité a decirle lo que estaba gritando mi corazón desde el primer momento, una especie de consentimiento matrimonial, un «sí, quiero» que salía de mí con tanta fuerza que incluso me asusté porque no estaba acostumbrada a ímpetus semejantes. «He aquí la esclava del Señor —le dije—; hágase en mí según tu palabra.»

Entonces Gabriel se fue. Me sonrió y se fue. Bueno, también sentí como un beso en mi mano, como un roce de alas de jilguero, suave y dulce. Pero lo mejor fue su sonrisa. Durante todo el tiempo que duró nuestro encuentro, fue como si él hubiera estado nervioso, más aún que yo; era su actitud la de la expectación, la de aquel que teme que se pueda rechazar su petición y se juega la vida en ello. Después he comprendido que no sólo era él, sino la creación entera la que estaba pendiente de mis labios en aquella noche de primavera. Todos esperando a que una insignificancia como yo, una muchacha de quince años que hacía poco que había empezado a ser mujer, le diera permiso al Todopoderoso para inaugurar una nueva creación, una nueva alianza, una historia de amor definitiva y eterna con un pueblo en el que cupieran todos los hombres.

El caso es que le dije sí. Se lo dije al mensajero para que le llevara el recado a su Señor. Las palabras concretas no las pensé demasiado. Fueron las que me salieron del alma en aquel momento. Ya se sabe cómo son estas cosas; si te dieran tiempo, compondrías una hermosa oración e incluso se la encargarías a un rabino o a un hombre experto en letras, pero así, de repente, a una pobre muchacha de aldea como yo sólo se le ocurrió usar el lenguaje sencillo y vulgar al que estaba acostumbrada, sin adornos ni componendas. Por eso dije lo de la «esclava». Yo no era «esclava». Mis padres eran libres y teníamos la dignidad y deseos de libertad que siempre han caracterizado a nuestro pueblo, indómito entre los indómitos y muy celoso de sus tradiciones. Además, estaba y estoy absolutamente en contra de la esclavitud, por más que algunos del pueblo tuvieran esclavos en casa y que otros dijeran que sin su existencia no podría funcionar nada desde el punto de vista económico. Ya digo, en mi casa eso de los medios malos para los fines buenos nunca nos había gustado, como no nos convenció demasiado lo del «mal menor» de que solían hablar otros, generalmente para justificar algo injustificable.

Sin embargo, a la hora de expresar mi consentimiento dije lo de la esclava. Podrá parecer una tontería, un contrasentido incluso, dado que estaba en contra de la esclavitud. Pero es que tampoco me arrepiento, a pesar de haber pasado tantos años y de haber meditado mucho sobre ello. No sólo me salió de repente, sin pensar, sino que si ahora tuviera que repetir lo de entonces, lo volvería a decir.

Quiero ser esclava del Señor. Sólo del Señor, eso sí. Pero de Él, con todas mis fuerzas. Ser su esclava no significa no tener dignidad ni carecer de libertad, sino poner mi libertad a su servicio y confiar mi dignidad a su cuidado. Él sabe cuidar de mí mucho más que yo y, si no, ahí están tantos que presumen de ser libres y luego son esclavos del vino o de cosas aún peores. Yo vivo por Él y para Él. Es algo que he elegido, nadie me lo ha impuesto, como se vio cuando me pidió permiso para que pudiera nacer el Mesías. Pero, desde la libertad que tengo, le digo: aquí me tienes, soy tu esclava, puedes hacer de mí lo que quieras, me abandono en ti, utilízame para tus fines y sólo te pido que seas tú quien cuides de mí; soy obra de tus manos y no deseo otra cosa más que ser un espejo que refleje tu gloria y tu prestigio.

Soy la esclava del Señor. Soy su esposa. Soy la Madre de su Hijo. Pero esta ya es otra historia, querido Juan, que te contaré mañana.

EL DÍA DESPUÉS

Como comprenderás, Juan, apenas pude dormir esa noche. Y el caso es que no estaba nerviosa. Verás, es como si yo lo hubiera sabido todo desde mucho antes de que ocurriera, pero sin ser consciente de ello. Mi cuerpo y mi alma habían estado siempre a la espera de ese momento y de ese inquilino, sin saberlo yo, pero sabiéndolo ellos. Por eso todo era tan normal. Y porque era tan normal, me sorprendía y me preocupaba.

Pasé la noche, casi hasta la madrugada, acurrucada en la cama y rezando. Mi oración no estuvo llena de palabras, sino de silencios cuajados de sensaciones, de preguntas, de consentimientos.

Físicamente no noté nada, por lo que llegué a dudar que todo hubiera sido un sueño, una aparición fantástica que yo misma me había construido. Pero pronto deseché esa idea. No notaba nada, pero algo estaba dentro de mí y yo lo sabía sin el menor tipo de duda. Era algo nuevo, vivo, maravilloso. Pero, ¿qué era?, o mejor, ¿quién era?, ¿de quién se trataba?, ¿qué tipo de Mesías era aquel que venía a nacer en una aldea perdida de la Galilea, en lugar de buscar la capital, Jerusalén? ¿Quién, en su sano juicio, habría elegido por madre a una pobre muchacha, hija de un artesano, en lugar de buscar la protección de una familia poderosa? ¿No fue el mismo Moisés el que, naciendo pobre, se crió y educó en el palacio del faraón? ¿Me sucedería a mí lo mismo, me arrebatarían a este hijo para llevárselo a casa de algún grande a que allí lo educaran? ¿Sería yo sólo madre temporal, apenas nodriza, en lugar de poder disfrutar de la compañía de esta criatura a la que ya quería apasionadamente?

Así me pasé la noche, querido Juan. ¡Tenía tantas preguntas que hacerle al padre de mi hijo! Porque de lo que sí fui consciente desde el primer momento era de que estaba en vías de convertirme en madre y de que el padre no había sido ningún hombre. El cómo había ocurrido yo no lo sé, ni lo entiendo aún hoy, pero me bastó con oír algo que, por lo demás, todos los creyentes aceptamos, que «para Dios no hay nada imposible». Por eso tampoco me supuso mucha dificultad aceptar que Dios podía engendrar en mí al Mesías sin intervención de varón. Y todo esto le convertía a Él, al Todopoderoso, en padre de mi hijo, con lo que yo resultaba ser, de algún modo, su esposa. Además, el hijo que ya llevaba en mis entrañas, ¿qué era con respecto a Dios?, ¿se le podría llamar hijo suyo?, pero ¿cómo iba a ser hijo de Dios un ser humano?, ¿cómo iba a aceptar el pueblo de Israel, que no consentía que se hicieran esculturas ni pinturas que representaran a Dios, un Mesías que fuera a la vez Hijo del Altísimo? Y por si este mar de dudas fuera pequeño, había cientos de cosas más. Por ejemplo, ¿iba a ser mi hijo un guerrero o un constructor de paz? ¿Iba a manchar sus manos con sangre y a empuñar espadas victoriosas, o iba a ser un hombre santo que condujera al pueblo por caminos de renovación interior, de conversión, de misericordia?

Bueno, tengo que decir que de esta última pregunta supe inmediatamente la respuesta. Apenas surgió en mí, noté dentro una reacción, como procedente de aquella minúscula vida que ya se agitaba en mis entrañas. No, él no sería un Mesías guerrero.

28

La violencia nunca empañaría su mirada. Ni con la mejor de las intenciones, ni con la más noble de las causas, llevaría él la destrucción a los hombres y a los pueblos.

Pero esta certeza, que me alegró, me produjo también miedo. ¿Qué dirían entonces mis primos, mis paisanos, el pueblo entero de Israel que, con algunas excepciones como mis padres y pocos más, esperaban un líder victorioso, un caudillo militar? Lo que había sucedido aquella noche, tras la lectura del fragmento de Isaías por Asaf y su significativo silencio, con el rechazo por la mayoría de las palabras del profeta que están escritas a continuación, ¿no sería lo que le sucedería a mi hijo si intentaba predicar la paz y no la guerra? ¿Podría darse el caso de que el Mesías fuera rechazado por el pueblo si no traía el mensaje que la gente estaba deseando oír? Peor aún, tal y como habían sugerido algunos, ¿podría el Mesías ser despreciado e incluso asesinado, como el cordero manso llevado al matadero, y no sólo por los paganos sino por el mismo pueblo elegido?

Compréndeme, Juan. Creí volverme loca. Era todo demasiado complicado para mí, que sólo tenía quince años y apenas había salido de mi aldea para visitar algunas de las poblaciones vecinas. Como no entendía nada, me limité a dejar que fuese mi corazón, mi intuición, la que me proporcionase algo de luz en medio de la confusión en que, al marcharse el ángel, me vi envuelta.

Porque, además, estaba mi propio problema personal. Tú sabes, querido muchacho, lo estrictas que son las leyes de nuestro pueblo, sobre todo comparadas con las de estas tierras griegas. En cierta ocasión, tendría yo alrededor de ocho años, una muchacha de Nazaret había sido lapidada hasta morir. Estaba desposada con Tobías, un zapatero de la aldea, pero se había enamorado de otro muchacho del pueblo, un tal Jacob hijo de Yaír. El caso es que hicieron lo que no debían y ella se quedó embarazada. La noticia fue un terrible escándalo y en Nazaret no se hablaba de otra cosa. El futuro marido se sintió ultrajado y exigió una reparación. Los padres de la chica, Mikal se llamaba la pobrecita, como la hija de Saúl, ofrecieron todo su dinero a Tobías. Él sólo tenía que decir que había mantenido relaciones con Mikal, lo cual no era del todo bueno, pero no llevaba consigo ningún castigo. Pero el zapatero se negó, aunque la oferta era muy tentadora. El asunto había trascendido, lo sabía todo el mundo porque el torpe de Jacob había hablado de ello con sus amigos en medio de una borrachera, así que Tobías repudió a Mikal públicamente y ésta recibió el castigo de las adúlteras y murió apedreada. Llevaron a todas las muchachas del pueblo a ver el terrible espectáculo, y también a todos los jovencitos. A todos menos a mí, y no porque fuera una niña, sino porque mi padre se opuso, ya que estaba en contra de ese tipo de medidas, por más que vinieran recomendadas por la ley y avaladas por la utilidad que dan los escarmientos.

Así que yo sabía bien lo que me podía suceder. Mi caso no tenía nada que ver con el de la pobre Mikal, pero eso, ¿quién se lo iba a creer? Cuando se marchó el ángel empecé a darme cuenta de las consecuencias de lo que había hecho. Esas consecuencias eran, ni más ni menos, que un niño. Un niño que iba a ser visto por todos, previo embarazo de nueve meses, imposibles ambas cosas de ocultar. ¿Qué iba a pensar la gente? ¿Qué iba a pensar José, cómo reaccionaría él? ¿Podría llegar a repudiarme, como Tobías con Mikal? Y, en ese caso, ¿qué iba a ser de mí, y de mi hijo?

Por si fuera poco, estaban mis padres. ¿Cómo les contaba yo lo del ángel? ¿Cómo le decía yo a mi dulce madre que estaba embarazada y que había sido Dios personalmente el que se había introducido en mi seno? Por mucha confianza que tuvieran mis padres en mí, ¿cómo se iban a tragar una historia semejante? Y mi querido padre, con el que nunca había tenido un disgusto y que estaba tan orgulloso de mí, ¿qué iba a pensar? ¿Se reirían de él los hombres del pueblo al ver a su hija deshonrada, embarazada de un extraño del que ni siquiera se sabía su nombre?

Tienes que entender bien todo esto que te cuento, Juan, porque de lo contrario, nadie podrá nunca comprender lo que significó mi aceptación de la voluntad de Dios. Es muy fácil decirle «sí» al Señor, pero no es tan fácil llevarlo a la práctica, sobre todo en momentos como éste. Después, cuando las cosas se arreglaron, sobre todo cuando mi hijo Jesús hacía milagros y todos le aplaudían, algunas mujeres me envidiaban y alababan mi suerte por ser madre del Mesías. Es verdad que todas las muchachas de Israel soñábamos con ello, pero no de aquel modo, no a aquel precio. Yo era consciente de que me estaba jugando la vida, y la vida de mi hijo. Era consciente de que había puesto en manos de Dios mi propio honor, mi reputación, mi futuro, y también el de los míos. Y no sabía cómo se podría encontrar una salida airosa a aquel embrollo.

No lo sabía, pero entonces vino en ayuda de mi debilidad la gracia del Altísimo. El mismo que me había cubierto con su sombra, acudió a tranquilizarme. Noté su mano, dulce a la vez que poderosa, acariciando mis cabellos y diciéndome de nuevo, como antes me había dicho el ángel: «No temas, amada mía, paloma mía, confía en mí. Yo soy el Todopoderoso y para mí no hay nada imposible. ¿No ha sido posible que tú estés embarazada sin perder tu virginidad? No te preocupes, por lo tanto, y ten confianza. Mira los lirios del campo y los pájaros cantores, ni un solo pétalo ni una sola pluma cae de ellos sin que yo lo sepa y lo consienta, ¿y no crees que me importas tú más que todas las flores del mundo y todos los ruiseñores? ¿Crees que he puesto a mi Hijo en tus entrañas para que ahora muera apedreado por una ley que injustamente me atribuyen? ¿Crees que llevo milenios esperando este momento para que unos patanes lo destruyan con piedras y odio? No temas, amada mía, paloma mía. Él y tú, tú y él, estáis a mi cargo y el poder del infierno no prevalecerá.»

Así fue como me dormí. En sus brazos, acunada por la dulzura del Señor, segura de que estaba en sus manos. No recibí luces que iluminaran mi inteligencia. No vi soluciones ni entendí nada de nada. Sólo supe que, si Dios estaba detrás del asunto, todo iría bien y que yo lo único que tenía que hacer era dejarme llevar. Me acordé de una frase de Isaías que mi padre solía repetir porque era su lema favorito: «En la confianza está vuestra fuerza.» En la confianza en el poder de Dios y en su amor estaba mi fuerza. Me puse en sus manos y me quedé dormida. Era ya casi de día.

Fue apenas una siesta. Mi madre entró en mi habitación muy poco después. Con su eterna sonrisa se sentó junto a mi cama y me despertó, regañándome entre bromas y llamándome dormilona.

Abrí los ojos, me incorporé, le eché los brazos al cuello y, sin poder evitarlo, rompí a llorar. ¡Tenía tanta necesidad de desahogarme! Estaba tranquila, creía en Dios sin la más pequeña duda, pero el trago de contárselo a mis padres debía pasarlo y no era un asunto pequeño.

Lloraba con no poca angustia y a la vez con una sorprendente paz. Mi madre me besó las mejillas, me acarició el pelo y me preguntó si había tenido algún mal sueño, si me dolía algo, si había pasado, en fin, mala noche.

Creí morirme cuando tuve que empezar a hablar. Las palabras se negaban a salir. La boca se me quedó completamente seca. Tuve que carraspear varias veces y al fin le dije, mirando a las sábanas de la cama en lugar de dirigir mi mirada a sus ojos: «Voy a ser madre.» Después me quedé en silencio.

El silencio duró mucho tiempo. A mí me pareció

una eternidad. Desde luego fueron varios minutos. Mi madre estaba junto a mí. Seguía con mi mano en la suya y por eso podía saber lo que estaba pasando por su corazón, el calibre del disgusto que le había dado, la decepción que sentía, el dolor inmenso que quebraba su alma santa. Y eso que no sabía nada de quién era el padre.

Al cabo de un rato, me cogió con su mano la barbilla y me hizo que le mirara de frente. Sus ojos estaban llenos de lágrimas, como los míos. Nos miramos largamente y luego me abrazó. No sé cuánto estuvimos así. Llorábamos las dos sin poderlo evitar. Yo por una cosa y ella por otra, pero ambas por lo mismo.

Cuando nos calmamos, me preguntó por José. No quiso saber cuándo había sido, ni cómo. Sólo me dijo que cuándo me iba a ir a vivir con José, porque daba por descartado que él era el padre.

Así que se lo conté todo.

Lo sorprendente fue que me creyó y que respiró aliviada. En realidad no tenía por qué sorprenderme, ya que mi madre era una mujer de Dios y, más allá de mis palabras y de la veracidad de lo que yo decía por increíble que pudiera parecer, el Señor también estaba trabajando en ella. Le ofrecí, incluso, que comprobara que no había perdido la virginidad, a lo que ella se negó rotundamente, porque, me dijo, eso sería no aceptar mi palabra.

—Te creo, hija —me dijo Ana—. Te creo porque la historia que cuentas es demasiado increíble para que, puestos a inventar, tuvieras la más pequeña posibilidad de que pudiera ser aceptada. Te creo, además, porque jamás he tenido motivo alguno para dudar de ti. Has sido una muchacha ejemplar. Nunca nos has dado un disgusto ni a tu padre ni a mí y dudar de ti, por difícil que sea aceptar tu palabra, sería una ofensa que tú no mereces. Si no te creyera, estaría rompiendo algo puro y limpio, la confianza que tú mereces. Pero es que también a mí el Señor me ha contado algunas cosas. Desde hace años, además. He tenido la impresión, desde que naciste, que eras más suya que de tu padre y mía. No quiero decir que en tu nacimiento hubiera nada extraño; fuiste fruto de un amor auténtico entre Joaquín y yo. Lo que digo es que, tanto a tu padre como a mí, y a muchos otros en el pueblo, siempre nos pareció que por tu frente no cruzaban las mismas aguas turbias que por todas las demás, incluidos los más santos de nuestro pueblo. Siempre fuiste de Dios y lo fuiste de un modo que, sin tú notarlo, llamaba la atención por su naturalidad tanto como por su intensidad. Tengo hablado con Joaquín mucho sobre ti. Teníamos la impresión de que el Señor te quería para sí de una manera distinta a como nos llama a nosotros a la unión con Él, pero no sabíamos ni cómo ni cuándo. Incluso dudamos mucho en comprometerte con nadie, hasta que pensamos en tu primo José, que parece hecho de tu misma pasta, aunque no llegue a la altura de ese don extraño que a ti se te ha concedido. Pero aun así, en no pocas ocasiones nos hemos preguntado cómo reaccionarías ante la vida de casada, ante los compromisos que una mujer debe cumplir para con su marido. Con todo, decidimos ir adelante, a la espera de que Dios manifestara de algún modo su voluntad si es que era otra distinta de la que nosotros estábamos planeando. Y ahora ha sucedido esto. No tiene nada que ver con lo que podíamos imaginar, pero estoy segura de que es obra de sus manos, así que todo irá bien.

—¿Quién se lo dirá a papá? —le pregunté a mi madre.

—Déjalo de mi mano. Para ti sería demasiado violento, aunque puedes estar tranquila con respecto a tu padre. No tiene nada que ver con el común de los hombres y eso del honor mancillado no entra en sus esquemas. Además, en tu caso, no sólo no hay ofensa, sino privilegio. Hija, no sé si te das cuenta, porque me imagino que todo ha sido tan rápido que debes estar hecha un lío, pero vas a ser la madre del Mesías y ése es el honor más grande a que pueda aspirar una mujer judía.

Mi madre me echó de nuevo los brazos al cuello. Ya no llorábamos. Con suavidad pasó mi mano repetidamente por mi pelo, mientras me decía, bajito y con ternura, «mi niña, mi niña». Después se levantó y se marchó a buscar a mi padre.

Nuestra casa era pequeña, como todas las del pueblo. Eso sí, acogedora y sobre todo muy limpia. Pero, por su pequeñez, desde mi habitación pude escuchar la conversación entre Joaquín y Ana.

«Joaquín, querido —empezó diciéndole mi madre—, el Señor se ha fijado en nosotros, ha mirado nuestra humildad y nos ha concedido un extraordinario don. Deja de trabajar un momento y escúchame. Estoy un poco nerviosa y no quisiera complicar las cosas más de lo que ya lo están.»

Mi padre dejó el serón en el que estaba mezclando un poco de grano con paja para dárselo de comer a nuestro borriquillo. Miró atentamente a mi madre e, impresionado, dio un profundo suspiro y se sentó. Algo debió intuir en seguida, porque extrajo un pañuelo de su faja y se secó el sudor que, de repente, había empezado a aparecerle en la frente. Le pidió a mi madre un poco de agua fresca y, con el cuenco de barro en la mano, esperó a que Ana le contase aquello tan extraordinario que él no sabía si temer o anhelar.

«Nuestra hija está embarazada —empezó diciendo mi madre—. Pero estáte tranquilo y no te angusties. La muchacha está bien y, sobre todo, no ha hecho nada malo ni ha cometido ninguna falta. Por increíble que te pueda parecer, no hay de por medio ningún hombre, ni siquiera José. Si lo dudas, podemos demostrarte que sigue siendo virgen. Ella dice, y yo la creo, que esta noche se le ha aparecido un ángel del Señor y le ha pedido que aceptara ser la madre del Mesías. Recuerda lo que dicen las profecías, lo que hemos hablado tantas veces e incluso lo que nos contaste anoche. El Señor quiere salvar a su pueblo y hemos sido nosotros, indignos y últimos siervos suyos, los afortunados. Así que no me vengas ahora con pegas sobre honras y deshonras porque lo que tenemos que hacer es ponernos a rezar para darle gracias a Dios y tranquilizar a esa muchacha que está tan nerviosa como un manojo de amapolas sacudido por el viento.»

Según mi madre hablaba, Joaquín se había alzado de su taburete, nervioso y angustiado, y había vuelto a sentarse. Cuando Ana acabó estuvo unos minutos en silencio, primero mirando al suelo de tierra de nuestra casa y luego mirando a los ojos de mi madre. Por fin, con unas palabras que casi no le salían de la boca, le dijo:

«Querida Ana, si no te conociera tanto y no te quisiera tanto, en esta hora me habría enfadado contigo. ¿Por qué piensas que voy a poner pegas, mujer? ¿Es que crees que soy como el padre de aquella muchacha, que fue el primero en empujar a su hija fuera de la aldea lanzándola a la mala vida que ahora lleva allá, en Cafarnaum? ¿Es que crees que sólo tú, como mujer y como madre, quieres a nuestra hija y la entiendes? Ella, nuestra niña María, es la alegría de mi alma, la ilusión de mi vida y la esperanza para mi futuro. Pero de sobra sé, como lo sabes tú, que ella no es nuestra y que desde su nacimiento es de Dios. Esto que me cuentas resulta, efectivamente, duro de aceptar. Quizá nadie en el pueblo se lo crea. Pero tú y yo sabemos que es verdad. Y no necesitamos que nos lo certifique ni siquiera un ángel del cielo; de hecho, habría sido una ofensa para nosotros si el Señor hubiera pensado que no íbamos a creer a nuestra hija y que necesitábamos alguna demostración extraordinaria. La conozco de sobra, como la conoces tú, para estar seguro, absolutamente seguro, de que es incapaz de decir una mentira y de ofender a Dios violando el sexto mandamiento de la ley de Moisés.»

Mi padre y mi madre se abrazaron y, juntos, se pusieron de rodillas. «Oh, Señor Todopoderoso —oí que entonaba mi padre con aquel tono de voz suyo con que gustaba repetir los salmos en la tarde de los sábados—, a ti levanto mis ojos, tú que habitas en el cielo; míralos, como los ojos de los siervos en la mano de sus amos. Como los ojos de la sierva en la mano de su señora, así nuestros ojos en Yahvé nuestro Dios, hasta que se apiade de nosotros.» Cuando hubo terminado de recitar el viejo salmo que escribió el Rey David, Joaquín siguió rezando, ahora ya con palabras suyas. «Eloí, Señor bendito por los siglos, fiel a tus promesas, alzo a ti mis ojos para que los libres de toda duda y quites de ellos la más pequeña sombra de perplejidad. Ayúdame a aceptar tus designios, a someterme a tus planes. Mira mi fragilidad y dame fuerza para estar a la altura de la misión que, como padre de mi hija, acabas de encomendarme. Dame sabiduría para discernir el camino correcto. Ayuda a mi pequeña, que ha estado siempre a tu servicio; no pongas en sus espaldas más peso que el que pueda soportar y, si necesitas alguien que cargue con él, úsame a mí y alíviala a ella. Nosotros, Señor, no aspiramos a grandezas que superan nuestra capacidad. Aunque todos desean contar al Mesías entre los miembros de su casa, nosotros nunca nos hemos atrevido ni a pensar en ello. Sólo te hemos pedido una cosa a lo largo de nuestra vida, poderte ser útiles, poderte servir de algo, aunque fuera en el sitio más humilde y pequeño. Ahora, Eloí, tú te has fijado en nosotros, así que estamos en tus manos. No permitas que lo que has sembrado en el seno de mi hija se malogre, ni que se tuerzan tus designios salvadores. Pero no nos des glorias ni honores que no queremos; ayúdanos tan sólo a cumplir tu voluntad y a no torcer con nuestra torpeza tus proyectos.»

Dicho esto, se inclinó y puso su frente en el suelo. Mi madre hizo lo mismo y así estuvieron los dos largo rato, en silencio. Yo miraba, sorprendida y llena de gratitud, desde mi cuarto, con la cortina semidescorrida.

Algún ruido debí hacer porque ambos alzaron su rostro del suelo a la vez y miraron hacia donde yo estaba. No me escondí. Se levantaron y vinieron a mí. Primero fue mi padre. Me abrazó y me besó tres veces las mejillas y luego, con un gesto que me dejó helada, se arrodilló ante mí y me besó la mano. Yo tiré de él para arriba, casi indignada. Pero él me puso la mano en la boca y, con suavidad, cortó mis reproches. Después hizo lo mismo mi madre. Al final, los tres nos fundimos en un largo abrazo y yo tuve la sensación de que lo más difícil había pasado y que, efectivamente, el Señor lo puede todo, incluso hacer entender y aceptar a mis padres la historia tan maravillosa que había empezado a gestarse en mis entrañas.

Luego, ya más calmados, empezamos a tratar sobre el modo de comportarse a continuación. Mi madre se acordó de que el ángel me había dicho que Isabel, prima hermana nuestra, que vivía al sur, en Ain Karem, cerca ya de Jerusalén, estaba embarazada. Resultaba algo increíble y casi tan difícil de aceptar como lo mío, porque ella era mayor que mi madre y nunca había podido tener hijos. Por lo tanto, se imponía una visita a Isabel, para ayudarle, puesto que estaba ya de seis meses, también para pedir consejo —estaba casada con Zacarías, un sacerdote de pequeño rango pero con influencias en altos círculos del clero—, e incluso para poner un poco de tierra por medio, a la espera de ver cómo se desarrollaban las cosas en la aldea. Mis padres se encargarían de hablar con José. A ninguno se nos escapaba lo delicado de la situación, puesto que si José reaccionaba mal y yo me encontraba en la aldea, mi suerte estaría echada. Se trataba, pues, de salvarme de todo peligro y también de salvar al hijo que llevaba en las entrañas y que era la esperanza de nuestro pueblo.

Decidimos, pues, que esa misma tarde saldría de Nazaret rumbo al sur, a la casa de nuestra prima. El viaje era largo y muy pesado, e incluso peligroso. Pero desde Caná salían con frecuencia caravanas hacia Jerusalén y quizá se podría encontrar a algún pariente o conocido que quisiera acompañarme hasta Ain Karem.

Mi padre fue a ver a Adonías, nuestro amigo, apenas veinticuatro horas después de haber estado en su casa para consultarle sobre el texto de Isaías. Quería pedirle que nos recomendara un lugar de Caná en el que pudiera alojarme y alguien experto en viajes que pudiera responder de mi seguridad, ya que él no podía acompañarme todo el trayecto. No hubo dificultades. Adonías nos habló de su hermano Manasés, que era muy rico a pesar de ser más joven que él. Era mercader y se había casado con una muchacha de muy buena familia, que había aportado una dote espléndida al matrimonio. En casa de Manasés, le aseguró a Joaquín, podría esperar yo hasta que una caravana saliera para Jerusalén, con alguien de confianza que me llevase hasta la misma puerta de la casa de Isabel, mi tía.

Mi padre me llevó hasta la casa de Manasés, en Caná. Esta pequeña ciudad no está lejos de nuestro pueblo, aunque, por estar más metida en el valle, está mejor comunicada, pues por ella pasa la carretera que une la costa con el lago de Genesaret. En sus campos se cultivan hermosos racimos de uvas, que dan fama a su vino, el mejor, dicen, de todo Israel. Y sus cosechas de trigo, de avena y de cebada son también generosas, sirviendo para alimentar a numerosos rebaños.

Joaquín estuvo silencioso casi todo el camino. Él no era, por lo común, demasiado expresivo. Con facilidad se abstraía y se ponía a orar, musitando por lo bajo salmos y párrafos de las Sagradas Escrituras, o desahogando en el Señor su corazón inquieto. Conmigo las cosas habían vuelto a la normalidad, como si nada hubiera pasado. Así lo decidieron de común acuerdo mi padre y mi madre; ambos comprendieron que podía ser malo para mí el que me trataran como si me hubiera convertido de repente en la señorona de la casa. Yo seguía siendo su hija, por más que en mis entrañas llevara el mayor de todos los tesoros.

Con todo, mi padre se negó a que yo hiciera el camino a pie y me obligó a montar en el borrico. Esto era algo tan extraño, no sólo por las costumbres de nuestro pueblo, sino porque yo era una chiquilla fuerte y él un hombre no viejo pero sí mayor. Así que le supliqué que, para no llamar la atención, yo accedería a ir a lomos de nuestro jumento pero sólo cuando ya hubiéramos dejado atrás las casas de nuestra aldea, para cambiar de nuevo cuando estuviéramos a la vista de Caná.

Por el camino, y mientras él llevaba las riendas y yo me dejaba llevar por la caballería, de vez en cuando volvía a mí su mirada y me dirigía alguna de esas palabras amables y cariñosas que habían tejido nuestra intimidad de padre e hija. Me llamaba, como siempre había hecho, «pequeña». No es que yo fuera baja de estatura, sino que se había acostumbrado a denominarme así desde niña y, en el fondo, para él todavía yo no había crecido. Así que se volvía y me decía, con una ternura increíble: «¿Cómo está mi pequeña?, ¿qué tal vas?, ¿te mareas?» O me pedía que le contara cosas de Dios, no de lo que había pasado aquella noche, sino de cómo veía yo las cosas y de qué me parecía a mí que opinaría el Señor sobre esto o sobre aquello.

Así transcurrió el camino, que no era muy largo, en una dulce intimidad. Fue un viaje delicioso e irrepetible, casi una despedida entre padre e hija, una hija que se iba como muchacha, con nubes de tormenta sobre su cabeza, y que volvería como mujer, para dejar definitivamente la casa paterna, si es que podía volver.

Manasés nos acogió magníficamente. Su hermano ya le había hecho saber que íbamos a llegar y tenía dispuestas dos habitaciones de su hermosa casa, una en la zona de las mujeres para mí y otra en la de los hombres para mi padre. Como ya era tarde, nos ofreció el agua para lavarnos y luego nos presentó a su joven mujer y a sus dos niños, todavía muy pequeños. Yo cené con las mujeres y Joaquín lo hizo con los hombres, así que me despedí de mi padre hasta el día siguiente.

Antes de acostarme estuve hablando con Lía, la esposa de Manasés. Era diez años mayor que yo. No tenía padres y había heredado una gran fortuna, que se había repartido con su único hermano. Su matrimonio iba bien, así como los negocios de su marido, que ella había contribuido a favorecer con lo que había aportado al matrimonio. Como nadie sabía nada de lo que me había pasado y la visita a mi pariente Isabel era muy normal debido a su embarazo, a nadie le extrañó mi viaje y la conversación se desenvolvió con normalidad. Lía fue muy amable conmigo y después de un rato me llevó a mi habitación y me dejó sola.

Esa noche dormí de un tirón. Me desperté con el alba, totalmente despejada y como si nada hubiera pasado. Las criadas andaban ya trajinando por la casa y me dejé querer por ellas cuando me ofrecieron leche caliente y pan para la primera comida del día. Antes, apenas me desperté, había rezado para darle gracias a Dios por su protección y para renovar mi disposición a hacer en todo momento su voluntad, siempre contando con su fuerza para poder llevarla a cabo.

Estaba desayunando cuando apareció Lía con su chiquitín en brazos. Estaba malito y había pasado muy mala noche. Tenía la cara llena de granitos y lloraba sin cesar. La joven madre estaba asustada. Se decía que había una epidemia en el pueblo y, de hecho, ʼtres niños habían muerto los días pasados después de mostrar unos síntomas como los que ahora tenía el hijo de Manasés. Yo no sabía qué hacer. Se habían portado tan bien conmigo que deseaba corresponder de alguna manera, pero no entendía de medicina, ni tan siquiera de los viejos remedios que a base de hierbas y emplastos algunas mujeres aplicaban con éxito. Pero sí sabía orar. Así que le propuse a Lía que nos arrodilláramos y le pidiésemos al Señor que ayudase a su niño y que, en todo caso, se hiciese sobre él su voluntad. La madre me miró sorprendida, pero después de un momento de duda aceptó. Se arrodilló junto a mí, con el pequeño en los brazos que no paraba de llorar, y esperó en silencio a que yo hiciera algo. Por mi parte, no tenía ni idea de qué decir. De haber estado allí mi padre, seguro que habría recitado algún viejo salmo o el fragmento de algún profeta, pero yo no me atrevía a hacerlo por no equivocarme. Durante unos minutos permanecimos en silencio, yo un poco nerviosa y Lía meciendo al niño y esperando. Luego alcé mi voz y le supliqué, con palabras sencillas, al Todopoderoso que ayudase a aquella criatura, si era su voluntad, y que ayudase a sus padres para aceptar en todo momento sus designios. Una vez concluida mi pobre oración, le di un beso al pequeñín en la frente.

Y entonces fue cuando ocurrió. Leví, que así se llamaba el niño, se calmó de repente. Sonrió, abrió del todo sus ojitos y se apretó contra su mamá. Después se quedó dormido en seguida. Los granos le empezaron a desaparecer al instante. Lía me miró y comprendió que mi oración había sido escuchada porque el niño tenía una respiración tranquila, como no había tenido desde que le habían aparecido las erupciones. Dejó al niño, con suavidad para que no despertara, en manos de una criada y me dio un fuerte abrazo colmándome de palabras de gratitud.

Yo estaba estupefacta. No porque dudara lo más mínimo de que las oraciones sirvan de algo o de que

Dios me estuviera escuchando. En muchas ocasiones había visto cómo mis súplicas eran atendidas casi al momento, hasta el punto que había decidido pedir sólo cosas importantes, porque tenía la impresión de que el Señor estaba siempre a la espera de que le pidiera cualquier cosa para concedérmela y no quería abusar de Él. Pero nunca me había sucedido nada igual, en lo que a la seriedad del caso se refería. De todos modos, no tuve mucho tiempo para meditar sobre ello. Lía me llevaba de la mano por toda la casa y explicaba a unos y a otros lo ocurrido. Apareció Manasés, su marido, y luego Joaquín, mi padre, que se congratularon de la curación del pequeño. Recuerdo que mi padre me miró muy serio y tuve la impresión de que, si no hubiera estado delante tanta gente, se habría puesto de nuevo de rodillas ante mí como había hecho el día anterior. Pero no dijo nada. Sólo se dirigió a Manasés para recomendarle una vez más que velara por mí y preparó todo para su vuelta a Nazaret.

Le vi marchar por el camino surcado de olivos. Tuve la impresión de haber puesto sobre sus hombros una pesada carga, la de tener que explicar ante todos —incluido José— que su hija se había quedado embarazada antes de haber regularizado definitivamente su matrimonio. Fue uno de los momentos más duros de aquellos años. Suspiré profundamente viendo a mi padre partir y le pedí al Todopoderoso que le ayudara. Yo sabía que hay que ser fiel a Dios antes incluso que a los hombres y, tal y como enseña la Torá, sabía que el mandamiento de amor a la familia es el cuarto, mientras que el del amor a Dios es el primero. Pero no podía dejar de sufrir pensando en Joaquín y también en Ana, en el trago que estaban pasando por mí, así que supliqué a Dios que fuera benévolo con ellos y que les ayudara a encontrar una salida airosa y digna.

Una nueva vida empezaba para mí desde aquel momento. Estaba sola, sin nadie de los míos a mi lado, y era muy joven. Pero tenía dentro una fuerza más poderosa que la de un ejército; la que a cualquier mujer le da saberse portadora de una criatura en sus entrañas. Tenía que luchar por sacar a mi hijo adelante y me sabía, de una manera absoluta, en manos de Dios, en las mejores manos.

Entré entonces en casa de Manasés. Lía, con el pequeño Leví en los brazos, me estaba esperando. Había preferido estar dentro para dejarnos a solas a mi padre y a mí en la despedida. No sabía nada de lo que pasaba, pero intuía que yo estaba sufriendo. Apenas me vio, el niño extendió hacia mí sus manos y yo le cogí. Aquel niño vivía por la gracia de Dios, gracia que, de alguna manera, yo había conseguido para él. Comprendí que aquello era un símbolo, el símbolo de lo que debía ser mi vida y la de mi hijo: renunciar a tener nada propio, para poder ser de todos y cuidar a todos; renunciar a mi vida, para distribuirla entre los demás; renunciar incluso a los míos para que todos pudieran considerarme suya. Y le dije de nuevo a Dios que sí. Se lo dije con un beso al pequeño Leví, con una sonrisa a su madre, y con una lágrima furtiva que se coló por mis ojos porque no lograba dejar de pensar en las espaldas encorvadas de mi padre.

JOSÉ, UN NOVIO SORPRENDIDO

Lo que te voy a contar hoy, Juan, no lo supe hasta mucho después. Hacía un mes que me encontraba en casa de mi prima Isabel y todo se desenvolvía del mejor modo posible cuando recibí un mensaje de mi padre. Lo he guardado celosamente durante todos estos años, entre mis escasas pertenencias. Tómalo. Intuirás por él lo difícil que resultó todo, aunque los detalles no los conocí hasta mi regreso a Nazaret que, por cierto, no pude llevar a cabo sino mucho más tarde de cuando deseaba mi familia.

Shalom, querida hija. Que el Señor siga protegiéndote y te muestre siempre, como hasta ahora, su rostro.

Nosotros, tu madre y yo, estamos bien, esperando y añorando tu vuelta. Sin ti nuestra casa está vacía y sólo la certeza de que todo lo que ocurre es querido por Yahvé nos sirve de consuelo. Espero que tú también estés bien, tal y como nos hiciste saber a tu llegada a casa de Isabel, a la que te pido que saludes de nuestra parte y a la que agradezco la hospitalidad que te brinda.

Te escribo para hacerte saber que puedes volver cuando quieras. Todo ha ido del mejor modo posible, aunque no fue fácil al principio. Te lo contaré todo con detalle a tu regreso, pero sólo te adelanto que por un momento estuviste a punto de ser repudiada. Tuvo que intervenir el Señor y lo hizo de tal modo que José no sólo no ha vuelto a poner dificultades, sino que te espera con los brazos abiertos y se considera afortunado de acogerte a ti y a tu hijo en su casa.

Ven pronto, hija. Tu madre y yo te necesitamos a nuestro lado. Hemos sufrido tanto que sólo tu presencia puede ahora confortarnos. Queremos cuidarte y también, perdona que te lo diga, servirte. Nos morimos de ganas de estrecharte de nuevo en nuestros brazos.

Ya he hablado con Manasés y pronto regresará una caravana suya que partió hace dos semanas hacia Jerusalén. Pídele a Zacarías que te acompañe al cruce de los caminos y no hagas nunca el viaje sola.

Cuídate, luz de nuestros ojos. Que el Señor te llene siempre de su paz. Saludos de tu madre y míos.

JOAQUÍN

Mi padre me contó, cuando por fin pude regresar a casa, que, efectivamente, al despedirse de mí en Caná se le vino el mundo encima. Ante mí se había hecho el fuerte, poniendo al mal tiempo buena cara para no preocuparme. Pero cuando se quedó solo y apenas me dio la espalda, rompió a llorar, apesadumbrado.

¿Cómo iba él ahora a explicar a sus amigos y vecinos que su niña, su pequeña, esperaba un hijo sin haberse casado? Por más que no fuera la primera vez que ocurriera, y siempre y cuando José aceptara reconocer a la criatura como propia, no dejaba de ser pasto de comidillas de comadres el que María no hubiera sabido esperar unos meses antes de consumar el matrimonio con su prometido. La cosa era legal, ciertamente, pero era la costumbre que los desposados no tuvieran relaciones hasta que cohabitaran, tras la segunda y definitiva fase del matrimonio.

Para mi padre mi nombre era sagrado. Que mi fama y mi honradez pudieran ser puestas en duda por la gente, era algo que le sublevaba. Siempre se había sentido orgulloso de mí, porque no era como las demás muchachas, no participaba en las trastadas que a veces hacían los otros niños y no coqueteaba, como hacían a veces mis amigas, con los jovencitos de la aldea. Y ahora todo aquel orgullo se le venía abajo.

Ya oía los comentarios llenos de ironía de las mujeres de Nazaret: «Mira, mira, tan buena como parecía María, tan santita. Fíjate en la mosquita muerta, embarazada, ahí la tienes. Para que te fíes de las aguas mansas.» Temblaba pensando en las preguntas de los hombres: «¿Qué tal, Joaquín, cómo va tu muchacha? Hay que ver cómo está hoy la juventud. En cuanto te descuidas te hacen abuelo.»

De repente, según me contó, notó algo extraño. El sol había ido subiendo y estaba llegando casi al cenit. La primavera se mostraba, como en los días anteriores, en todo su esplendor. Pero no fueron esos signos externos de esperanza los que le animaron. Era algo que estaba fuera de él y a la vez dentro. No se trataba de una aparición, sino de una presencia divina. Una presencia que mi padre notó en seguida, acostumbrado como estaba a la intimidad con Dios.

Joaquín, como ya he dicho, era un hombre religioso. Religioso en el mejor sentido de la palabra. No pertenecía a la secta de los fariseos, ni a ninguna otra de las sectas o asociaciones que tanto proliferaban en nuestro pueblo. Más bien era un *anawin*, uno de aquellos de los que había profetizado Isaías cuando dijo que quedaría un resto en Israel del cual nacería el Mesías. El «resto», la pequeña porción de auténticos israelitas a la que pertenecía mi padre, se caracterizaba por buscar el espíritu de la Ley y no obsesionarse con la letra. Su relación con el Señor era una relación del corazón antes que de preceptos minuciosos cumplidos con escrupulosidad, sin que con eso quiera yo decir que los infringía; simplemente, les daba su valor justo, ni más ni menos.

Mi padre no necesitaba, pues, de apariciones espectaculares. Estaba acostumbrado a tratar con Dios, a hablar con Él desde el respeto pero también desde la intimidad. Así que, en seguida, Dios utilizó el canal que tenía abierto de manera permanente con él y le explicó y se explicaron.

«Vaya lío en el que te he metido —empezó diciéndole Dios a mi padre—. Querido Joaquín, sé que estás apesadumbrado y que te parece que la carga que he puesto sobre tus hombros es superior a tus fuerzas. Pero no es verdad. Si no te puedo pedir esto a ti, ¿a quién se lo pediré? ¿Acaso no eres tú el que durante tantos años me has dicho que podía contar contigo, incluso sin pedirte permiso? ¿O es que todo lo que hemos construido juntos en este tiempo no era más que un juego, una apariencia que valía en tanto no se ponía a prueba tu disponibilidad? Por lo demás, Joaquín, deberías sentirte muy, muy feliz por el hecho de que en tu casa vaya a nacer el Mesías. ¿No es ése, acaso, el sueño de todo buen judío? ¿No te envidirían todos tus amigos, cuyo juicio ahora temes, si supieran lo que ha ocurrido?»

«Señor Todopoderoso —contestó mi padre—, tu nombre es eterno y tu misericordia va de edad en edad y de generación en generación. Perdona a este siervo tuyo si se ha sentido en algún momento probado más allá de sus fuerzas. Es cierto que estoy angustiado, pero no creas que me tiembla el pulso ni me vacila la decisión. Has hecho bien en actuar en mi casa sin pedirme permiso, porque mi casa es tuya y yo soy tu siervo y tú mi Señor. El permiso ya se lo pediste a mi hija y ella, que es la que debía decidir, te lo dio. Así que no tengo nada más que decir. Al contrario, sé que estoy siendo objeto de un gran honor por haberte fijado en mi pequeñez y haberme concedido la inmensa fortuna de que sea mi humilde casa la que dé un renuevo al tocón de la casa de Israel. Pero, Señor, no te extrañes de que tenga miedo. No lo tengo por mí, ni por el apuro que me toca pasar a la hora de contar las cosas. Lo tengo por ella, por María, y lo tengo por el hijo que lleva en sus entrañas. ¿Qué va a hacer José? ¿Qué será de ellos si él, como es lo más probable, la rechaza como su esposa? Es verdad que, actuando con rapidez, he logrado ponerla a salvo y dentro de poco estará muy lejos. Pero, si no puede volver a Nazaret, deberá vivir siempre lejos de su hogar, como una proscrita, sin recursos ya que nosotros somos pobres.»

«Joaquín, Joaquín —dijo el Señor—, ¿en tan poco me tienes? ¿Dudas de que yo, que he construido el Universo y ante cuya palabra se abrieron las aguas del mar Rojo, no sea capaz de resolver una cosa tan sencilla? Tú ten confianza en mí y no temas. Es en la confianza, no lo olvides nunca, donde reside tu fuerza. Déjame hacer a mí y estáte atento a mi voz para actuar tal y como yo te diga, por más que a veces te parezca que el abismo se abre ante tus pies.»

En esto llegó a Nazaret. Terminaba ya la mañana y pronto sería hora de comer. Mi padre se encaminó hacia su casa, subiendo despacio la colina, fatigado como estaba y procurando no llamar la atención. Encontró a mi madre sola, como era de esperar ya que con mi ausencia la familia se reducía a ellos dos. Ana se le echó al cuello y le pidió noticias. Joaquín le puso al corriente de todo, incluido el milagro que se había producido tras mi oración, así como la conversación tan consoladora que había mantenido con el Señor durante el viaje. Ana, por su parte, le dijo que aquella misma mañana había pasado José por la casa y que se había extrañado de que María hubiera marchado tan precipitadamente hacia Ain Karem, sin tan siquiera despedirse de él. Quería saber cuánto tiempo estaría fuera porque estaba ya deseando ultimar los detalles de la boda. Estaba tan enamorado, decía mi madre, que se le partía a uno el corazón pensando en el golpe que estaba a punto de recibir.

Mi padre tragó saliva ante esas noticias, pero no

abandonó la decisión que había tomado: confiar en Dios y no dudar en ningún momento de que todo estaba en sus manos y que, por lo tanto, todo saldría bien. Convino con Ana en que esa misma tarde iría a ver a José y que a él, antes que a nadie, había que explicarle las cosas. Después comieron y mientras mi madre arreglaba las cosas de la casa, Joaquín se fue a descansar un rato.

Caía ya el sol cuando Joaquín pidió permiso para entrar en casa de José. Era una casa muy parecida a la mía y no estaba lejos de ella. Vivía José solo; sus padres habían muerto pocos años antes y no tenía más que una hermana que vivía en otra parte del pueblo. Allí, en su casa, tenía su taller de carpintería, que en realidad era un poco de todo, porque él era un artesano que lo mismo construía una puerta que herraba un caballo o reparaba un arado si hacía falta. José le invitó a entrar y le ofreció, amable, agua para sus manos y la mejor banqueta para que se sentara. En seguida comprendió que algo grave pasaba, lo cual no era difícil de adivinar a la vista del semblante preocupado de mi padre. Éste fue directamente al grano.

«José, como sabes, María está camino de Ain Karem, junto a Jerusalén. Tenemos allí una prima, Isabel, a la que quizá conoces, casada con Zacarías. Es ya mayor, de la edad de Ana, mi mujer. Hasta ahora no había tenido hijos y todos la considerábamos ya estéril y la compadecíamos por tan terrible desgracia. Pero el Señor se ha apiadado de ella y de la casa de su marido. Está embarazada de seis meses y María ha ido a acompañarla hasta el momento del parto. Pero no es esto lo que he venido a decirte —ahí mi padre hizo una pausa, aspiró profundamente y se lanzó de lleno hacia una confesión que tenía visos de increíble y que contaba con todas las condiciones para terminar mal—. Lo que quiero decirte, José, es que María está embarazada. Sabemos que no has sido tú y te podemos asegurar que ella es completamente inocente y que te quiere. No te puedo decir más. La cosa no es pública. Su embarazo es recentísimo y ahora está en tu mano la decisión de lo que quieres que se haga.»

Según me contó mi padre, José se echó a llorar. Ciertamente, estaba enamorado de mí. Y yo de él. Habíamos simpatizado muy fácilmente y, en nuestro caso, el matrimonio pactado por nuestras familias había sido un acierto pleno. Era un hombre bueno hasta decir basta. Era religioso, al estilo de mi padre y de mi madre, sin alharacas ni afectaciones. Temeroso de Dios y fiel cumplidor de sus preceptos, pero no para descubrirle las trampas a la ley y hacer el mínimo con la conciencia tranquila, sino para ajustar su vida a la voluntad del Señor con normalidad y alegría.

Cuando se calmó, sin que mi padre se atreviese a decirle nada ni tan siquiera a poner la mano sobre su hombro, por miedo a una reacción brusca, José alzó los ojos. Miró a mi padre y le pidió explicaciones. ¿Qué había pasado? ¿Había sido una violación? ¿Estaba yo enamorada de algún muchacho de la aldea? Y, sobre todo, ¿cómo era posible que yo, a la que él y todos en el pueblo consideraban incapaz de cometer ni siquiera una falta leve, hubiera podido hacer semejante desatino? Mi padre se negó a darle explicaciones. Sólo le reiteró que yo era inocente de lo que había ocurrido, que no había ningún hombre de por medio y que tampoco había sido una violación. Comprendiendo lo difícil de la situación no quiso llevar las cosas hasta el extremo, pero insistió con fuerza en que, más allá de las apariencias, yo era una persona digna y que nadie tenía nada que reprocharme.

José no salía de su asombro ante lo que estaba oyendo. ¿Cómo que no había ningún hombre de por medio? Y entonces, ¿cómo se había producido el embarazo? Y si yo era inocente, ¿quién había sido el que me había violado? En fin, demasiadas preguntas que no tenían otra respuesta más que la verdad de lo que había ocurrido, pero que mi padre se resistía a contar porque habría sonado a patraña, a excusa increíble. Joaquín confiaba en Dios y había decidido dejar en sus manos las explicaciones, pues Él, Dios, era quien había desencadenado todo.

Cuando José se hubo calmado un poco, con el sofocón aún asomando por los ojos, le aseguró a mi padre que no me iba a denunciar. Efectuaría mi repudio ante el rabino, pero lo haría en secreto, sin reclamar para mí el castigo que cae sobre las adúlteras y al que él tenía derecho para que su honor no quedara mancillado. Eso sí, exigía que yo no debería volver nunca al pueblo y le pedía a mi padre que no se hiciera público mi embarazo ni tampoco el parto de mi hijo cuando se produjera. Confiaba en que las noticias llegaran a Nazaret pasados unos meses, cuando quizá él hubiera contraído matrimonio con alguna otra muchacha de la aldea.

Mi padre le dio las gracias por su generosidad. Aunque era muy duro lo que había dicho, Joaquín sabía que José se había comportado como muy pocos hombres de Nazaret hubieran hecho. Acababa de perdonarme la vida. Mi sentencia estaba ya dictada: era una proscrita de los míos y debería vivir errante, sin marido, con un hijo sin padre, ayudada sólo por Joaquín y Ana mientras pudieran hacerlo, y luego condenada a quién sabe qué tipo de esclavitud. Pero, de momento, se me daba un respiro.

Joaquín no abrazó a José, ni le dio los dos besos de paz con que siempre se saludaban al encontrarse y al despedirse. Sentía haber hecho sufrir a aquel buen muchacho, al que quería de verdad como a un hijo. Comprendía su dolor y no le reprochaba su actitud, aunque todo el tiempo había estado esperando un milagro. Pero el milagro no se había producido. Salió de la casa con la cabeza gacha y con el corazón entre angustiado y aliviado. Dentro dejaba a un hombre joven completamente hundido y con la vida rota. Era ya de noche en Nazaret. Una noche tremenda para Joaquín, Ana y José, por más que la luna insistiese en pintar de blanco las calles y los tejados de la aldea.

Meses más tarde, cuando todo se hubo ya resuelto, José me contó lo que había sucedido tras irse mi padre. Se puso de rodillas. Metió su cabeza entre las manos y estuvo llorando durante horas. No podía odiarme ni despreciarme, pero a la vez tampoco podía salir de su sorpresa por lo que había ocurrido. No podía dejar de pensar en mí ni modificar el cariño que sentía. Sólo era capaz de repetir «¿por qué?, ¿por qué? ¿por qué?». Luego empezó a maldecirse a sí mismo por su estúpido orgullo, que le había llevado a repudiarme, aunque si bien la forma de hacerlo me salvaba la vida. ¿Por qué tenía que rechazarme? ¿Por qué no podía vivir conmigo y aceptar el hijo que yo esperaba como si fuera suyo? ¿Qué estúpidas manías le impedían ignorar lo que había pasado y seguir adelante conforme a los planes que ya se tenían? Y, sin embargo, no podía comportarse como si no hubiera ocurrido nada. Era superior a sus fuerzas. Su amor hacia mí, el dolor que le destruía por dentro al pensar que ya no podríamos compartir juntos la vida, no era lo suficientemente fuerte como para aceptarme con el hijo de un extraño, de alguien que además ni tan siquiera sabía quién era porque mi padre no se lo había querido decir.

Pasó mucho tiempo así. La noche ya estaba avanzada cuando se acostó. Como suele suceder cuando se ha llorado, concilió el sueño en seguida. Pero al instante se despertó. En la habitación había alguien. Se incorporó sobresaltado y con miedo. Por un momento pensó que se trataba de una pesadilla, de un mal sueño fruto quizá de sus remordimientos. Pero no, ahí estaba, con una luz tenue que salía de él y alumbraba toda la habitación.

«Me miraba con calma y en silencio —me explicó José cuando me contó lo ocurrido—; parecía esperar, lleno de tranquilidad, a que yo me serenase. Más calmado, con la impresión de que no me iba a hacer ningún daño, pero manteniéndome alejado de él todo lo que podía, le pregunté quién era y qué quería de mí. "José, hijo de David, soy un ángel del Señor, un mensajero de buenas noticias. Vengo de su parte a transmitirte una orden suya. No temas tomar a María como tu mujer porque lo engendrado en ella es del Espíritu Santo."»

José se quedó de piedra. Si aquella criatura era un hombre significaba que el asunto de María se había sabido, con lo cual la situación se complicaba aún más. Pero si era, tal y como decía, un ángel de Dios, entonces las misteriosas palabras de su suegro Joaquín se entendían perfectamente. Algo extraño había detrás y esa situación se podía comprender si se trataba de una intervención divina que había tomado como mediación a su prometida, María. El corazón empezó a darle brincos de alegría. Podía tratarse todo de un engaño, pero también podía estar ante la salida del túnel tenebroso en el que la revelación de Joaquín le había sumergido. Y más le parecía lo segundo que lo primero. Así que le preguntó:

«¿A qué se debe todo esto? ¿Por qué Dios se introduce en nuestra vida y cambia los planes de las personas sin consultar con ellas? ¿Qué hay detrás de una intervención así, tan extraña, tan extraordinaria? Y, además, ¿cómo sé que tú eres un enviado de Dios?»

El ángel no fue prolijo en explicaciones. Le recordó algunas de las profecías, particularmente aquella del profeta Isaías: «Ved que la virgen concebirá y dará a luz un hijo, y le pondrá por nombre Emmanuel»; le habló incluso de la escena que, el pasado sábado, había tenido lugar en la sinagoga. Había llegado la hora de la aparición del Mesías y su prometida, María, había sido la elegida para que ese nacimiento pudiera tener lugar. Era a ella a quien se le había pedido permiso, como correspondía. Y ahora él tenía que cumplir su parte para que todo resultara bien y la obra salvadora de Dios pudiera llevarse a cabo. «María dará a luz un hijo —concluyó el ángel dando por zanjadas las explicaciones—, y tú le pondrás por nombre Jesús, porque él salvará a su pueblo de sus pecados.» En cuanto a la prueba de que procedía del Altísimo y que era un mensajero suyo, le dijo con ironía: «¿Tanto tiempo siendo amigo de Dios y aún no sabes distinguir lo que viene de Él por la paz que produce en el espíritu? Si quieres te puedo dejar alguna prueba más contundente, pero sería preferible que no tentaras al Todopoderoso con tu desconfianza y que te limitaras a escuchar a tu corazón.» José agachó la cabeza, avergonzado, pues, efectivamente, sabía sin ninguna duda que se trataba de un mensajero divino y comprendía que se había equivocado al exigirle más pruebas que las que su certeza le daba. Al verle así, el ángel sonrió y, en silencio, como había sucedido conmigo, se retiró.

José no tuvo ya ninguna duda de lo que debía hacer. Es verdad que todo podía ser una trampa, una sugestión, un sueño. Pero estaba seguro de que no era así. Aquella aparición había sido verdadera, tan verdadera como que él estaba ahora de pie, en su habitación, dentro de su casa cerrada. Además, todo encajaba. Encajaba, sobre todo, lo que para él era más importante: la honradez de su prometida, mi honradez, querido Juan. Sintió un profundísimo dolor: por un momento había dudado de mí y eso que jamás le había dado motivo alguno para ello. Comprendió que debía haber aceptado la palabra de Joaquín, aunque lo que se le contara fuese disparatado. Comprendió que la mayor prueba de la honradez de una persona es la palabra de esa persona cuando se trata de alguien que es de fiar, y que todas las demás pruebas juntas pueden ser completamente falsas y fabricadas a propósito para engañar a los que exigen papeles o mil testigos.

Se vistió rápidamente y salió a la calle. Alboreaba ya, aunque todavía las sombras se aferraban a las callejuelas estrechas de Nazaret. Llegó a casa de mis padres y llamó suavemente a la puerta para no despertar a todo el vecindario. Mientras esperaba, cantó el primer gallo. Su sorpresa fue aún mayor cuando le abrió mi padre, completamente vestido y sonriente. Le hizo pasar. Mi madre estaba dentro, esperándole.

El misterio se desveló en seguida, según le fueron explicando lo que había sucedido. A poco de salir de su casa, Joaquín sintió una gran paz. Había cumplido su parte, había pasado el trago más amargo, y ahora estaba seguro de que todo iría bien, por más que hubiera dejado tras él a un muchacho desolado. Sabía que Dios actuaría y que el resultado sería el mejor posible.

Al llegar a nuestro hogar habló con mi madre y se dieron cuenta de que sólo podían hacer una cosa: rezar. Dios tenía que actuar pero tenía que hacerlo de prisa y había que urgirle a que no se demorara. Decidieron quedarse la noche en vela, orando, para suplicar al Señor que acelerase la hora y que ayudase a José a comprender que Él estaba detrás de todo aquel inmenso embrollo. Poco antes de que José llamase a su puerta, ambos habían tenido la certeza de que su súplica había sido escuchada. Así que se levantaron, después de dar gracias a Dios, y decidieron esperar, porque estaban seguros de que José no tardaría en aparecer por su casa para dar explicaciones, como así había sido. Le conocían, sabían de su inmensa bondad, y por eso no dudaban de que no dejaría pasar tiempo antes de acudir a tranquilizarles.

Los tres se abrazaron y prorrumpieron en cantos de alabanza al Señor, que se había dignado fijarse en ellos para encomendarles la tarea más preciada a la que podía aspirar cualquier miembro del pueblo elegido: servir de cuna al nacimiento del Mesías.

Después hicieron planes. Había que dar la noticia al pueblo del embarazo de María, pasando por el apuro de aceptar que José era el padre, aunque sin dar demasiadas explicaciones. Había que preparar todo lo necesario para la boda a fin de que el niño naciera ya en el seno de la familia plenamente constituida. Y, sobre todo, tenían que avisarme de que podía volver cuando quisiera porque estaba todo resuelto. Inmediatamente, mi padre me escribió la carta de la que ya te hablé, Juan. Pero lo que ellos no sabían era que yo me había encontrado con otro regalo de Dios al llegar a Ain Karem y que no podía dejar sola a mi prima Isabel y volver inmediatamente a Nazaret, como era su deseo.

LA EXALTACIÓN DE LA ESCLAVA

Yo había llegado a Ain Karen tras un viaje pesado pero muy tranquilo. La curación milagrosa del pequeño Leví, el hijo de Manasés y Lía, no sólo me había abierto de par en par el corazón de aquella pareja, sino que me había rodeado de una aureola de misterio y respeto ante los criados. Todos me miraban de una forma algo extraña, como si en vez de ser una jovencita de quince años fuera alguien muy importante. Yo me dejaba atender y cuidar, sobre todo porque estaba un poco asustada ante un viaje tan extraordinario para mí, que hasta hacía muy poco no había salido prácticamente de mi aldea.

No faltando mucho para Jerusalén, en un cruce de caminos tal y como estaba previsto, me esperaba Zacarías, el marido de mi prima, con dos criados, para conducirme a su casa. Zacarías no podía hablar; se había quedado mudo misteriosamente, coincidiendo con el embarazo de su esposa. No obstante, me dio a entender su sorpresa por haberme enterado del próximo nacimiento de su hijo, ya que habían tenido mucho cuidado en que la noticia no trascendiera, pues siendo Isabel ya mayor, no querían exponerse a curiosidades intempestivas. En fin, a través de los criados me pude enterar de algunas cosas, ya que circulaba el rumor de que la concepción del hijo de Isabel había sido maravillosa, aunque no como en mi caso, y que la falta de fe de Zacarías había sido lo que le había provocado la mudez como castigo de Dios.

Así, hablando con uno por señas y con los otros de palabra, y contemplando un paisaje montañoso que me pareció el más bello del mundo, quizá por estar tan cerca de nuestra querida Jerusalén, llegamos al valle en el que vivían Zacarías e Isabel. Ella no estaba en casa en ese momento. La siega, que en nuestra tierra como sabes es más temprana que en esta orilla del mar, estaba a punto de comenzar, así que se había marchado hacia una finca que tenían a corta distancia de su casa para disponer almacenes, trillos y eras. Como yo no estaba demasiado cansada y tenía muchas ganas de ver a mi prima, dejé a Zacarías en su casa y, acompañada de una joven criada, fui a buscar a Isabel.

Me costó subir la cuesta, pero por fin llegué. Allí estaba, muy avanzada ya su gestación, mucho más mayor de lo que yo recordaba, pero tan enérgica y decidida como siempre. No pude contener un grito de saludo. «¡Isabel!», le dije, «ya he venido». Ella volvió la cabeza. Sabía que estaba al llegar y, sin embargo, pareció sorprendida. Apenas me vio, lo dejó todo y corrió hacia mí. Llevaba el sobresalto pintado en su cara, como si algo le acabara de suceder. Me echó los brazos al cuello e incluso, ante mi sorpresa y la de todos, hizo ademán de ponerse de rodillas, lo cual logré impedir con gran esfuerzo.

«Bendita tú entre las mujeres —dijo en voz tan alta que todos interrumpieron sus faenas para mirarnos— y bendito el fruto de tu seno; y ¿cómo es posible que la madre de mi Señor venga a mí? Porque, apenas llegó a mis oídos la voz de tu saludo, saltó de gozo el niño en mi seno. ¡Feliz la que ha creído que se cumplirían las cosas que le fueron dichas de parte del Señor!»

Yo no salía de mi asombro. No hacía ni dos semanas que estaba embarazada, casi lo que había durado el viaje. Nadie, excepto mis padres, lo sabían. Podía haber sucedido que, en el pueblo, ya se hubiera corrido la voz, pero era casi imposible que la noticia hubiera llegado a casa de mis primos antes que yo misma. No, allí detrás había otra cosa. Allí estaba, una vez más, la mano de Dios.

Y entonces, poseída yo también por una fuerza misteriosa que hablaba a través mío, la del Espíritu de Dios, me desahogué con ella y dejé que saliera todo lo que llevaba dentro y que tanto había meditado por el camino. Así que exclamé:

«Proclama mi alma la grandeza del Señor, se alegra mi espíritu en Dios mi salvador. Desde ahora me felicitarán todas las generaciones, porque el poderoso ha hecho obras grandes por mí. Su nombre es santo y su misericordia llega a sus fieles de generación en generación. Él hace proezas con su brazo, dispersa a los soberbios de corazón, derriba del trono a los poderosos y enaltece a los humildes; a los hambrientos los colma de bienes y a los ricos los despide vacíos. Auxilia a Israel su siervo, acordándose de su misericordia, como lo había prometido a nuestros padres en favor de Abraham y su descendencia por siempre.»

Nos quedamos las dos sorprendidas. Éramos conscientes de que el Señor se había servido de nosotras para proclamar un mensaje, tal y como había hecho en épocas pasadas con jueces y profetas. Un mensaje que, diciéndoselo la una a la otra, quedaba en la memoria de ambas y se debía transmitir, a través de nosotras, a toda la humanidad.

Yo, sobre todo, me daba cuenta de que había dicho cosas que me sobrepasaban. Te repito, Juan, que sólo tenía quince años. Todo lo que estaba ocurriendo era demasiado para mí y por eso dedicaba largas horas a meditar con calma unos acontecimientos que me desbordaban. Y aquel saludo de mi prima, llamándome «bienaventurada» y aludiendo a mi embarazo, me había dejado sorprendida. Tan sorprendida como lo que yo misma le había contestado, pues practicamente le había recitado un salmo, un *tehillim* como decimos en nuestro idioma hebreo. En realidad, ya te digo, ambas habíamos sido instrumentos del Espíritu Santo, como antaño lo fueron los profetas.

En cuanto al contenido de mis palabras, creo que sucedió algo parecido a lo que pasó con la respuesta que le di al ángel Gabriel aquella bendita noche en la que todo empezó. Me refiero a lo de «esclava» que ya te conté.

Verás, Juan, ni mi familia ni yo fuimos nunca partidarios de la secta de los zelotas, los *qanna'im*, aunque teníamos algún primo, casi hermano, que andaba de partidas con ellos por los montes tramando atentados contra las patrullas romanas. No pretendo dármelas de revolucionaria pues ya te he dicho que, mucho antes de que todo esto empezara, influida sin duda por mis padres y por el mismo Dios, era muy contraria a guerras y violencias, incluidas las que tenían como fin la liberación de nuestro pueblo. En mi alma no había lugar para el odio; nunca lo hubo, y no sé si fue por virtud o por gracia.

Te cuento todo esto porque sé que las palabras que me dijo Isabel y las que yo le contesté han corrido por ahí en estos años y no quiero que se malinterpreten. Mi prima, inspirada por el Espíritu, había adivinado no sólo mi embarazo, sino también la forma en que se había producido. Me reveló algo que yo misma ignoraba y que aún ahora prefiero no tocar, porque me da pudor: que yo había estado siempre llena de la gracia de Dios. Así debía de ser, como comprenderás, no por honor a mí, sino como homenaje a Aquel que debía ocupar mi casa como suya y de cuya carne Él tenía que nacer. Pero, querido Juan, no pienses que es mérito mío. Todo es obra de Dios, todo es gracia. Yo también he sido salvada por mi Hijo, sólo que a mí me redimió antes, evitando que cayera, y a los demás os ha redimido después.

Esto he tardado en comprenderlo, pero por fin también la luz se ha hecho para mí.

En cuanto a lo que yo le contesté a Isabel, lo más importante que te quiero aclarar, querido muchacho, es que yo no soy partidaria de ningún tipo de violencia. Cuando afirmé que Dios derriba del trono a los poderosos y enaltece a los humildes, no estaba instigando a ningún tipo de revuelta, por más que me gustaría que lo mucho bueno que hay en la tierra estuviera mejor repartido, y que ni unos derrocharan ni a los otros les faltara. Pero, en realidad, lo que el Señor me inspiró fue una proclamación de su grandeza. Los poderosos y soberbios están en los palacios, pero no siempre todos los que están allí lo son, y no todos los que están fuera dejan de serlo. La soberbia es el pecado del Maligno, el peor de los pecados, el pecado que cierra la puerta a la acción de Dios. Ningún pecado es tan pernicioso como ese y si yo he recibido, eso creo por lo menos, un don del Altísimo, es el de olfatear dónde está la soberbia para alejarme de ella al instante. Eso es lo que quise decirle a mi prima, contestando a su saludo: que sólo Dios es grande, que a Él es a quien debemos gloriar y que si somos capaces de hacer cosas maravillosas —como ser Madre del Mesías, por ejemplo— es de Él el mérito. Nosotros somos, como una vez dijo mi Hijo, siervos inútiles y cuando hacemos las cosas bien tenemos que concluir la jornada diciendo que nos hemos limitado a cumplir con nuestro deber, y nada más.

Pero mi estancia en Ain Karem no estuvo cuajada de gestas heroicas, ni de momentos de arrebato y profecía. No. La vida se desarrolló con normalidad. Mi prima me quería mucho y yo le ayudaba estando a su lado y colaborando en la organización de las cosas de la casa, porque ella tampoco quería que me pusiese a trabajar, ya que era un huésped y no una criada, y además lo que más necesitaba de mí era compañía y conversación sobre Dios y sus cosas.

Así transcurrieron aquellos tres meses. En este tiempo recibí la carta de mi padre, de la que ya te he hablado, y supe que todo marchaba bien en Nazaret. Pero, a pesar del ruego de los míos, no regresé en la primera caravana de Manasés. Me encontraba a gusto en Ain Karem, mi prima me necesitaba y, sobre todo, estaba aprendiendo muchísimo sobre algo que para mí se había convertido en el objetivo más importante de mi vida: cómo convertirme, no sólo en madre, sino en educadora.

Mi prima no había tenido hijos. Era ya mayor cuando el ángel Gabriel, el bendito mensajero que me anunció a mí la concepción de mi hijo, se le apareció a Zacarías, el marido de Isabel, para anunciarle que su esposa, a pesar de la edad y la esterilidad consumada, iba a quedar embarazada. Zacarías no se lo creyó, e incluso exigió una prueba. Con Dios no se puede andar jugando, o estás con Él o te pones inmediatamente contra Él. Quizá lo que más le molesta, después de los soberbios, son los tibios, los que están toda la vida rezando pero sin terminar de entregar el corazón, sin ir de verdad por su camino, calculando cuáles son los mínimos que hay que dar para no ir al *se'ol*, al infierno. El caso es que Zacarías, que era sacerdote y del prestigioso turno de Abías nada menos, no creyó al ángel y pidió una prueba. El Señor se la dio inmediatamente: le dejó mudo y así estuvo hasta el nacimiento del muchacho, el malogrado y valiente Juan el Bautista.

Pero en aquel momento, ni Isabel ni Zacarías, ni por supuesto yo, sabíamos cómo se desarrollaría el futuro. Yo lo único que sabía es que había encontrado en mi anciana pariente un pozo sin fondo lleno de sabiduría.

Como te decía, Juan, ella no había tenido hijos, así que no podía darme consejos sobre papillas, enfermedades y pañales. Pero era una gran mujer. Tenía «mundo», como correspondía a la esposa de un distinguido sacerdote, pero ese «mundo» no ha-

64

bía entrado en su alma para apagar la chispa del Señor, la unión con Él. Así que decidí que si Yahvé me había enviado a Ain Karem, sin duda lo había hecho para que yo pudiera aprender algo de lo mucho que en aquella casa se sabía. Aprender para enseñar luego, pues como bien sabes, Juan, ser madre es muchísimo más que engendrar un hijo; educar es más difícil, y casi te diría más importante, que concebir.

Con Isabel pasé una de las temporadas más dulces de mi vida. Nunca olvidaré Ain Karem. Desde su casa se veía el valle, poblado de pinos, unos pinos como estos que crecen aquí en Éfeso y que se desplazan hasta el mar en busca del beso de las olas. Muchas tardes, mientras ella pudo, cuando ya el sol se compadecía de los hombres y empezaba a notarse algo de fresco, nos sentábamos en la terraza de su casa y hablábamos. Bueno, hablaba ella, porque yo la contemplaba casi embobada, bebiendo ávidamente la sabiduría que derrochaba conmigo.

Isabel era de nuestra tierra galilea. Su matrimonio la había encumbrado, pero no por eso había dejado de ser una sana mujer de pueblo, aunque tenía, como te he dicho antes, mundo. No era una mujer pasiva, una especie de criada del marido, como la mayoría en nuestra tierra. Isabel era una buena esposa, dócil y cumplidora de sus deberes, pero era consciente de que tenía vida propia, de que Dios también quería de ella algo. Eso le permitía comprenderse a sí misma al margen de sus obligaciones domésticas, las cuales las llevaba a cabo porque eran la voluntad de Dios y no sólo porque no tuviera otro remedio.

Había reflexionado mucho sobre la relación de Yahvé con su pueblo. Esposa de un sacerdote, conocía todos los trucos de la ley. Sabía, porque lo había oído infinidad de veces en las cenas y comidas que los compañeros de su marido llevaban a cabo en su casa, la importancia económica que tenían las ofrendas de los fieles y comprendía que, desde hacía mucho tiempo, el dinero se había convertido en una especie de lepra que estaba destruyendo el culto y la verdadera relación con Dios. Galilea como era, se sentía en inferioridad de condiciones ante la culta gente del círculo sacerdotal de Jerusalén. Pero había visto hasta qué punto era fachada mucha de la respetabilidad de aquellos sacerdotes, escribas y fariseos, que alargaban sus filacterias y que no infringían el más pequeño precepto de la ley pero que, a la vez, tenían un corazón durísimo, incapaz de compadecerse del prójimo. «Filtran el mosquito —me dijo un día— y se tragan el camello.» «Son respetuosísimos —añadió— con el precepto del sábado (ella decía siempre *sabat*), pero a la hora de ayudar a los demás, si no hay negocio de por medio no te conocen. Los mandamientos, siempre son para ellos cuestión de mínimos. Hay que hacer lo mandado, pero todo lo que no sea estricta obligación, como no es forzoso cumplirlo, no lo cumplen.»

Ella fue quien me descubrió al profeta Amós, tan temible y tan duro con los sacerdotes. «Yo detesto, desprecio vuestras fiestas, no me gusta el olor de vuestras reuniones solemnes. Si me ofrecéis holocaustos no me complazco en vuestras oblaciones», me recitaba, para enseñarme que hay una parte de los libros sagrados en los que Yahvé ha hablado claramente contra la hipocresía del cumplimiento externo de los preceptos mientras se mantiene duro el corazón.

Pero mi prima no despreciaba la ley. Al contrario. Ella me ayudó a entender su importancia, mejor aún que mis padres, porque, como mujer de sacerdote, conocía bien todos los detalles de la misma. Pero, del mismo temple que mi familia, me enseñó a darle a cada cosa su justo valor. De ella aprendí que el corazón de la ley es la alianza y que el corazón de la alianza es el amor y no el negocio, el trueque, el te doy algo a cambio de algo. La palabra amor la escuché muchas veces de sus labios, sobre todo cuando me recitaba al profeta Oseas, que era su favorito: «Cuando Israel era niño, yo lo amé, y de Egipto llamé a mi hijo», me decía, recordándome que Dios nos quiere aunque no lo merezcamos y que es fiel a su amor por nosotros, a pesar de nuestras reiteradas traiciones.

También me enseñó cosas sobre los hombres. Ella no conocía a José, así que no sabía la gran suerte que a mí me esperaba. Pero me advirtió que, en general, los hombres tienden a perderse en teorías, a tener extraordinarios y grandes ideales, pero que luego se olvidan de los detalles concretos. «Se pasan el día —me decía— arreglando el mundo con los amigos, mientras que es la mujer la que tiene que solucionar las cuestiones cotidianas, sin las cuales la vida sería insostenible. Y esto pasa hasta entre los mejores», añadía, y me ponía como ejemplo a su Zacarías. De ella aprendí que se puede servir al Señor también en la cocina y haciendo los trabajos más humildes de la casa. Que, si lo que importa es el amor, es grato al Señor servir una buena cena tanto como recitar una *haggada*, un largo salmo sin equivocarse, un fragmento extenso de un profeta o incluso guardar estrictamente un ayuno. Y aun me enseñó que hay momentos en los que el Señor prefiere que se sirva al prójimo la cena más que recitar el salmo, aunque en otras ocasiones sea la oración la que deba ocupar nuestro tiempo.

«Los hombres —me dijo un día— son, casi siempre, como niños. Están pendientes de la recompensa, de la palabra de elogio que de pequeños les decía su madre. Siempre quieren averiguar el porqué ocurren las cosas, cuando en realidad lo que importa es saber cómo se puede vivir una vez que han ocurrido, pues pocas son las desgracias importantes que se pueden evitar. No saben convivir con el misterio y quieren tenerlo todo claro en su cabeza, como si ésta fuera tan grande como para contener a Dios y a todas las cosas que Él ha creado. Les encanta hacer planes y se sienten satisfechos cuando los han hecho, aunque luego éstos no sirvan para nada. No tienen miedo a la guerra, por ejemplo. Pero no saben mucho del sufrimiento cotidiano, de la angustia que pasamos las mujeres cuando ellos, maridos o hijos, se han ido a luchar, o de lo que significa sentirse botín para el ejército conquistador. Por eso, querida María —añadió—, tú y yo tenemos una misión especialmente importante. Tenemos que educar a nuestros hijos para que, aun siendo hombres, tengan algo de nuestra alma femenina. Intenta que tu Jesús, el futuro Mesías, lleve siempre la paz en la mirada. Enséñale a valorar las cosas pequeñas, a comprender que a Dios le importa el amor que se pone en lo que se hace y no sólo lo que se hace. Enséñale también a valorar a las mujeres; que comprenda que no somos animales, ni burros de carga; enséñale que valemos para mucho más que para parir hijos y que podemos ser tan fieles o aún más que los hombres, porque éstos con facilidad tienen la boca llena de promesas que olvidan cuando las cosas vienen mal dadas. En fin, querida María, por tus pechos pasará la sabiduría que instruirá al mundo, que salvará a Israel, que rescatará el auténtico mensaje revelado por Dios a nuestro pueblo.»

Cuando Isabel dio a luz aún estuve con ella unos días. Juan era un niño hermosísimo, nada tranquilo, lleno de fuerza. Se adivinaba lo que llegaría a ser luego, un gran profeta, el precursor del Mesías. Su padre rompió a hablar el día en que le preguntaron por el nombre de la criatura y dijo cosas muy distintas de las que antes solía proclamar. Me acuerdo de una frase que estaba en completa sintonía con las conversaciones entre mi prima y yo y que demostraba que la lección que le había dado Dios había modificado su alma y le había ayudado a convertirse:

«Y a ti, niño —afirmó dirigiéndose a su pequeño hijo, ante al asombro de todos—, te llamarán profeta del Altísimo, porque irás delante del Señor a preparar sus caminos, anunciando a su pueblo la salvación, el perdón de sus pecados. Por la entrañable misericordia de nuestro Dios —añadió, mirándome a mí— nos visitará el sol que nace de lo alto, para iluminar a los que viven en tinieblas y en sombra de muerte, para guiar nuestros pasos por el camino de la paz.»

Aquélla fue mi despedida. Si Isabel me había acogido en su casa llamándome «bienaventurada» y saludando al fruto que llevaba en el vientre con el apelativo de «Señor», Zacarías, el sacerdote, tan escrupuloso él con el cumplimiento de la ley, ya no parecía estar tan preocupado por el respeto al sábado, sino por el perdón de los pecados, la misericordia de Dios y, en sintonía con la intuición de su esposa, había descubierto que mi hijo iba a ser el que iba a derramar todas esas gracias sobre el pueblo, conduciéndole, antes que nada, por el camino de la paz.

Poco después pude unirme a una caravana de Manasés, que regresaba de Jerusalén a Caná. Así dejé Ain Karem. Zacarías, Isabel y el pequeño Juan en brazos de su madre, salieron a despedirme. Me llevaba en el alma un tesoro de sabiduría. Había llegado como una chiquilla asustada y me iba convertida casi en una mujer, que ha abierto los ojos a la vida y que empezaba a intuir la importancia de la misión que le esperaba. Estaba ya casi de cuatro meses, aunque todavía me era fácil disimular mi embarazo. La paz, como te digo, y la misericordia de Dios, me envolvían. Y éstos eran los dos mensajes que me propuse transmitir a mi hijo, cuando naciera, cuando tuviera la dicha de tenerle entre mis brazos.

Pronto, sin embargo, tendría que volver a viajar hacia el sur, desandando lo andado. Pero esta historia, querido Juan, te la contaré otro día. Ahora estoy cansada y emocionada. Estos recuerdos me resultan dulces y me ponen algo más que humedad en los ojos. Déjame ahora con ellos. Necesito estar a solas con Dios para darle gracias por lo que un día fue y todavía ahora sigue iluminando mi alma con su memoria.

DE NUEVO EN CASA

El viaje fue una oración que duró una semana. Los criados de Manasés me trataron con idéntico respeto que a mi llegada. No sabían nada de mi embarazo porque yo lo disimulaba con éxito, aunque sí se había corrido la voz de que mi boda con José estaba próxima.

Sin ser molestada por nadie, dediqué aquellas largas y fatigosas jornadas a meditar. Aprovechaba la calma para repasar mentalmente las cosas que en los días precedentes había ido guardando en mi corazón, a fin de no dejar pasar en vano tesoros que yo intuía muy grandes pero que, al recibirlos, superaban con mucho mi capacidad inmediata de comprensión.

Además, como ya notaba al niño dentro de mí, empecé a hacer lo que hacen todas las madres: hablar con él. Verás, Juan, yo ya sabía, a esas alturas, que era el Mesías y, después de haber escuchado a Zacarías y a Isabel, era mucho más consciente que al principio de la grandeza espiritual de su misión. Pero no podía tratarle como si fuera otra cosa distinta que mi hijo. Me resultaba ridículo hablar con él como si estuviera hablando con un gran señor, un jefe de tribu o un importantísimo sacerdote. Era mi hijo y no podía hablarle más que desde el amor. No te creas que había en eso ninguna falta de respeto.

Simplemente, que el respeto hacia Él, aun no sabiendo yo entonces bien lo de su naturaleza divina, era superado por el amor, ya que el amor es la plenitud de todos los sentimientos. Así, pues, por un lado me sentía pequeña ante esa pequeñez que sentía bullir en mi interior; pero por otro, me sentía no su superiora, sino su madre, la que tenía que cuidarle, la que tenía que ayudarle y, más que ninguna otra cosa, la que le amaba con locura, intensamente, infinitamente.

Mi amor por él me sorprendió desde el primer momento en que fui consciente de su intensidad. Nunca había amado así. Ni a mis padres siquiera, ni tampoco a José, y mira que a éste le quise mucho. Había oído lo enorme del amor de las madres a los hijos y como no tuve más hijo que Jesús, no puedo comparar. Pero el caso es que al principio, al notar lo muchísimo que le quería, tuve algo de miedo. ¿Estaría Dios celoso de ese amor? Si Él dice que debe ocupar el primer lugar en el corazón del creyente, ¿no le estaría yo relegando a un segundo puesto al querer a alguien tanto como quería al que ya notaba en mis entrañas? Y ahí fue cuando empecé a comprender que mi hijo era Dios. Lo empecé a intuir porque sentí que Dios no estaba celoso en absoluto; más aún, notaba que no había un Dios y mi hijo, como si fueran dos realidades distintas, sino que el amor a mi hijo era amor a Dios, y esto de una manera distinta a como ahora sabemos que se ama a Dios cuando se ama al prójimo.

Pero, en fin, tampoco una semana da para tanto, y yo andaba en estas meditaciones cuando llegué a Caná y allí me encontré con mi padre, que me esperaba en casa de Manasés y que, para ahorrarme explicaciones que pudieran resultarme molestas, se empeñó en que emprendiéramos de inmediato el viaje a Nazaret, a pesar de mi cansancio, alegando que mi madre estaba tan impaciente por verme que no soportaba ni un retraso de una hora.

Joaquín me puso, en seguida, al corriente de todo. Bueno, primero me regañó por no haber regresado antes y me dijo que no me daba cuenta del lío en que estaba metida y del compromiso en que podía poner a José si se llegaba a notar que estaba embarazada. Yo le hablé de la situación de mi prima Isabel, de la enorme necesidad que tenía de mi presencia junto a ella y también de lo importante que había sido para mí estar en aquella casa, que se había convertido en una verdadera escuela para una jovencita aldeana como era yo. Además, le dije, sin tono de desafío pero con firmeza: «Querido padre, nosotros no podemos guiarnos por motivos exclusivamente humanos. ¿Es que vamos a seguir nosotros los criterios de la prudencia y del egoísmo? Padre, si yo hubiera querido ser prudente y no meterme en líos, le habría dicho al ángel que no, que se buscara a otra. Nosotros hemos elegido estar siempre de parte de Dios y si abandonamos por un instante su camino, entonces es cuando estaremos perdidos. Nuestra salvación está en confiar en Él y en hacer que el amor sea la luz de nuestros pasos.»

Mi padre sonrió. Me miró, ya más tranquilo, y me dio la razón. Acababa de notar que yo ya no era una niña, que regresaba más mujer, más segura de mí misma y también con más conciencia de lo que tenía que hacer. Además, como era un hombre bueno, sabía distinguir en seguida la razón allí donde se encontraba, sin obcecarse en sus opiniones sólo por el hecho de que eran suyas. Así que me dijo que le disculpara si había estado nervioso, pero que debía comprender que todos en la familia estaban deseando dejar las cosas resueltas cuanto antes. La boda, añadió, sería inmediata, a la semana siguiente. Convenía aprovechar que nadie notaba mi gravidez para evitar murmuraciones y malos ratos. «Ahora —me dijo por último— te toca a ti hablar con José. Estáte tranquila, porque Dios ha intervenido en el momento oportuno, pero conviene que le tranquilices y que os deis explicaciones sobre cómo va a ser vuestra vida, porque esto, sinceramente, ni tu madre ni yo lo sabemos y no se lo hemos podido aclarar. El muchacho te quiere a rabiar y no puedes imaginar lo que ha sufrido, aunque, como te digo, ya está mucho mejor.»

Llegamos a casa en pocas horas. Era casi de noche, así que pudimos cruzar la aldea sin ser vistos. Ana me esperaba, con el fuego encendido y la pobre mesa de nuestro hogar preparada. Dio un brinco apenas sintió nuestros pasos merodeando la casa y se echó en mis brazos. En seguida rompió a llorar, mientras me comía a besos y me preguntaba, con voz entrecortada, por mi salud y por el fruto de mis entrañas.

Por mi parte, estaba muy tranquila. Acaricié a mi madre y, sonriendo, le aseguré que todo iba bien. «Sobre todo —le dije—, conviene no perder la calma. O tenemos fe en Dios o pereceremos. No tenemos por qué ponernos nerviosos. Si el Señor ha iniciado esta obra entre nosotros, Él sabrá cómo llevarla a buen término.» Después, ya sentados en torno a la mesa y mientras comíamos nuestras aceitunas, el pan y el queso de las cabras de mi padre, les expliqué todo lo que había ocurrido en Ain Karem y las huellas de Dios que había encontrado en casa de Zacarías e Isabel.

A la mañana siguiente, apenas había alboreado, ya estaba José en mi casa. Así lo habían convenido con mis padres. Él no podía más de impaciencia y había tenido que hacer un esfuerzo para no acompañar a Joaquín a Caná a buscarme. Mis padres nos dejaron solos y los dos nos sentamos, uno frente al otro, con la mesa de por medio.

Yo no tenía rubor, ni nada de qué avergonzarme. Tampoco tenía miedo. Él ya lo sabía todo y lo había aceptado. La verdad es que me habría gustado que se hubiese fiado de mí, como habían hecho mis padres; pero ya fue un acto de generosidad por su parte el que decidiera repudiarme en secreto en lugar de denunciarme públicamente, aunque esa decisión hizo necesaria la intervención del ángel. En todo caso, hay que tener en cuenta en su descargo lo inverosímil de la historia y también que él me conocía mucho menos que Joaquín y Ana.

Sea como fuere, allí estábamos los dos, novios aún, inminentes esposos. Yo embarazada del Espíritu Santo y esperando al Mesías, él sin saber qué hacer ni qué papel debía adoptar para conmigo y para con mi hijo. Durante un momento aguardé, con la mirada en la mesa, un poco por educación, ya que así se nos enseñaba que había que comportarse con los hombres, y otro poco por no ser la primera en romper el fuego de las explicaciones a fin de no ir más allá de donde conviniera.

Así que fue él quien empezó. Y lo hizo dando en el clavo, como buen carpintero que era. «Perdóname —me dijo—. Nunca debí dudar de ti. Te he ofendido, aunque haya sido sin querer y aunque tenga como excusa que tu padre no quiso darme ninguna explicación cuando me lo contó. Debí creer lo imposible. Tú te mereces que acepte que los burros vuelan antes que dudar de tu honradez. En el fondo, me comporté como un novio despechado y como alguien sin fe, porque no imaginé que quien podía estar detrás era Yahvé. Y lo que es peor, cuando decidí repudiarte, aunque fuera en secreto, no hacía más que llamarme tonto a mí mismo; algo dentro de mí me gritaba que era un imbécil por no aceptarte a ti, con el niño incluido, ya que tú seguías siendo lo más valioso de mi vida y yo comprendía que al rechazarte me estaba condenando a mí mismo a la pena más negra. Pero ya sabes lo ridículos que somos los hombres y cómo nos han enseñado a no llorar, a no mostrar debilidades, a no pedir y también a no perdonar. Así que tuvo que intervenir el ángel. Menos mal que fue bueno conmigo y que no me dio el castigo que merecía por haber pensado por un momento en rechazarte.»

Dicho esto, extendió su brazo sobre la mesa y me alargó la mano. Esperaba un gesto mío, lo suplicaba no sólo con la mano; sus ojos estaban húmedos y su mirada era la de alguien traspasado por el dolor y por la vergüenza, que espera una caricia como señal de que ha sido perdonado. Yo no me hice de rogar. Estreché con mi mano la suya —era la primera vez que nos tocábamos— e hice aún más. La acerqué a mis labios y se la besé con ternura.

«José —le dije, con un valor y con unas palabras de las que hasta hacía poco me hubiera creído incapaz—, te quiero mucho. Voy a ser tu mujer y lo voy a ser por voluntad propia. Quizá ahora, más que antes, me doy cuenta de lo que te quiero. Pero no voy a ser un mueble en tu casa, ni tampoco una criada. Voy a ser tu mujer. Sin embargo, entre nosotros algunas cosas serán distintas de como son en los demás matrimonios. No vamos a tener más hijos, ni las relaciones normales entre marido y mujer. Quiero que lo sepas ya desde ahora, cuando aún estás a tiempo de no seguir adelante. Ésta es una decisión que yo ya intuía antes de que todo esto pasara y que no sabía cómo te la tenía que explicar, ni tan siquiera si era justo que te la exigiera. Siempre soñé con ser de Dios toda entera, aunque cuando mis padres me propusieron en matrimonio contigo no me repugnó la idea, entre otras cosas porque te tenía mucha simpatía y porque tampoco veía yo cómo podía llevar a cabo esta llamada interior a consagrarme al Señor, ya que en nuestra religión no existen las vírgenes vestales como hay entre los romanos. Sé que esto que te pido es difícil de asumir, pero tú y yo somos creyentes y, antes que a nada y a nadie, respetamos a Dios y sabemos lo que establece el primer mandamiento de la Ley. Por eso, querido José, recapacita un poco y date cuenta de que si a nosotros, a ti y a mí, no nos pudiera pedir esto el Señor, a quién se lo iba a pedir. En cuanto a lo de dudar de mí —seguí diciéndole, siempre con mi mano en la suya—, la verdad es que me hubiera gustado que no hubiera tenido que intervenir el ángel, como ocurrió con mis padres, que se fiaron de mí sin necesidad de que Dios tuviera que hacer gestos extraordinarios; pero también es verdad que tú me conocías muchísimo menos que ellos y, además, ya fue mucho por tu parte aceptar separarte de mí sin exigir una reparación pública. En definitiva, lo que cuenta es que tenemos, tú y yo, tienes que entenderlo bien, los dos, una gran misión que cumplir. Yo voy a ser la madre del Mesías y tú vas a ser el padre. Nadie, hasta que Dios no lo quiera, sabrá cómo se ha producido la gestación del que va a nacer. Ante los ojos de todos tú serás su padre tanto como yo su madre. Además, en la práctica te va a tocar la parte más importante de esa paternidad, porque ser padre, lo mismo que ser madre, no es sólo engendrar y concebir, que no somos animales sino personas; tenemos que sacar adelante y educar a nuestro hijo y, en esa tarea, José, no me puedes dejar sola.»

José se comportó como lo que era, como un hombre de Dios. Mientras le hablaba estuvo muy sereno y yo noté que le costaba asumir lo de que nuestras relaciones no serían las normales entre un marido y su esposa. Pero noté también que aceptaba todo porque sabía que era Dios quien se lo pedía. Apenas terminé de hablar se levantó, dio la vuelta a la mesa y me pidió permiso para besarme en la frente. Se lo di, me abrazó y, al oído, me dijo: «Paloma mía, amada mía, me has dicho lo más importante, lo que yo necesitaba oír y sin lo cual mi alma hubiera estado en pena toda la vida, aunque hubiera pasado por todo por amor a Dios y a ti. Me has dicho que me querías, que vas a ser mi mujer y que estás enamorada de mí. Todo lo demás me sobra. El amor, lo he comprendido estos días, no es sólo un contacto físico. Respetaré tu virginidad y te ofreceré la mía, para que sean útiles al Señor. En nuestra casa sólo habrá amor y en ese amor educaremos a nuestro hijo, que, como dices, es también mío. Por él y por ti lucharé como un león, y te aseguro que no habrá padre en Galilea más abnegado que yo a la hora de sacar adelante a mi familia. Que todo esto sea lo que Dios quiere es para mí suficiente. Que además tú me ames es el mayor regalo que podía esperar del Altísimo y de la vida.»

No hubo más, Juan, te lo aseguro. Y así fue siempre. Gestos de ternura entre nosotros, sí los hubo, porque éramos marido y mujer. Pero nunca, absolutamente nunca, hubo nada más. Comprendo que a los griegos y a los romanos les resulte difícil entender esto, tan relajadas como están sus costumbres. Pero el que no entienda que dos personas puedan convivir, queriéndose mucho, y a la vez manteniéndose vírgenes es que cree que el hombre es sólo un animal, que come cuando tiene hambre y que copula cuando le apetece. Nosotros, José y yo, nos pusimos en las manos de Dios, porque sabíamos que la empresa era ardua, y nunca nos faltó su gracia. Además, cuando nació nuestro hijo, la casa se llenó de su presencia y, te lo aseguro, nos atrajo de tal modo que lo sagrado se convirtió en cotidiano y, verdaderamente, como me había dicho mi prima Isabel, veíamos andar al Señor entre los pucheros de la cocina y entre los maderos y clavos de la carpintería. Estando a su lado, viéndole crecer, sintiéndonos llenos de su presencia, ¿quién tenía alma e incluso cuerpo para otra cosa que no fuera para vivir para Dios y sólo para él?

Después de aquella conversación entre nosotros, llamamos a mis padres. Entraron y en seguida sonrieron al ver que estábamos de acuerdo en todo. Como José era huérfano y dueño de sus actos, no tenía por qué dar demasiadas explicaciones a los suyos, así que se ultimaron los preparativos para que la boda se celebrara en el plazo de una semana.

Todo salió muy bien, siguiendo el más estricto ritual que establece la ley judía. El *migdanot*, lo que el novio entrega a la familia de la novia, le fue dado a mi padre con esplendidez y él me lo dio inmediatamente a mí para que yo lo aportase al matrimonio además de la dote. Eran cincuenta siclos de plata y algunos vestidos, lo normal en un hombre de condición modesta como era José. Por mi parte, recibí de mis padres otro tanto en dinero y mucho más en ajuar; cosas que Ana y yo habíamos tejido durante años, preparando mi futura casa y que ahora se convertían en las prendas que estaban destinadas a acoger al Mesías. El conjunto no era mucho, pero para nosotros, para José y para mí, nos pareció una maravilla, sobre todo cuando nos vimos en casa, en su casa, que desde ahora era también la mía. Las fiestas, como era costumbre en nuestro pueblo, duraron una semana y en costearlas se nos fue parte del dinero que teníamos, aunque mis padres y otros familiares nos ayudaron mucho. Me daba pena ese gasto, porque era privar de algo al chiquitín que pronto iba a nacer y al que yo quería ofrecer lo mejor del mundo. Sin embargo, no hacerlo hubiera sido llamar la atención y dar que hablar y eso, querido Juan, habría sido mucho peor. Así que ya desde entonces empecé a educar a mi niño y le decía, sintiéndole moverse en mi interior, que para amar es necesario a veces romper con todo, mientras que en otras ocasiones lo mejor se convierte en enemigo de lo bueno.

La boda se llevó a cabo como las demás de la aldea. Acompañada por los míos y por mis amigas, fui a la casa de José. Me pintaron menos que a las demás, pero no pude evitar que pusieran carmín en mis mejillas, también por lo mismo que te he dicho antes. Más me gustó, en cambio, la diadema de flores con que me habían adornado el pelo. Mientras íbamos por las calles, de la casa de mis padres a la de José, el griterío era enorme, pero al llegar, cuando él me levantó el velo, me cogió de la mano y, ante el rabino, pronunció la frase ritual: «María es mi esposa y yo su marido, desde hoy para siempre», el silencio fue completo. Yo no pude evitar un sentimiento de duplicidad. Por un lado me casaba con aquel muchacho al que quería de verdad y, por otro, le renovaba a Dios, interiormente, mi primer «sí», aquel que le di al ángel Gabriel unos meses antes. Yo era la esposa de Dios y futura madre del Mesías. Era también la esposa de José. Estaba decidida a ser fiel a ambos compromisos, pero un escalofrío me recorrió el cuerpo porque no se me escapaba lo difícil de la empresa.

La verdad es que sólo duró un instante. Mientras a mi alrededor volvían a estallar los gritos de alegría, esos gritos tan típicos que hacen las mujeres de nuestro pueblo con la lengua, yo le dije al Señor que no tenía miedo en absoluto. Estaba en sus manos y no tenía ningún motivo para dudar de que Él sabría conducirme por el laberinto en el que Él mismo me había introducido. Si alguien era digno de confianza, ése era Dios, así que cualquier duda al respecto significaba una ofensa imperdonable a su amor y su providencia. Con todo, algo debió notar José. Con un gesto rápido secó una lágrima que corría por mi mejilla, me apretó la barbilla y me dijo, susurrando al oído: «No temas. Todo irá bien. Dios está con nosotros y yo no voy a vivir para otra cosa más que para protegerte. Me siento el hombre más afortunado del mundo por poder hacerlo. Cumpliré mi promesa de respetarte, porque estoy enamorado de ti y estar a tu lado y poderte ayudar y querer es ya para mí más que suficiente.»

LOS SENDEROS TORCIDOS

En nuestro pueblo, querido Juan, ya sabes que se dice que «Dios escribe derecho con senderos torcidos». He visto que esto también lo saben aquí, en Éfeso, y quizá sea fruto de la experiencia común de todas las gentes que vivimos alrededor de este mar que los romanos llaman suyo. No se me ocurre otro consejo mejor que ése para designar lo que pasó poco después de casarnos.

No tardó mucho en notarse mi embarazo. No tardaron mucho en desatarse las lenguas de las comadres. No había ningún peligro, porque estábamos casados y, además, a los ojos de los demás aquello no era más que un síntoma de que José había ido demasiado rápido a la hora de tomar posesión de su futura esposa. Ni era la primera vez que sucedía en Nazaret, ni sería la última. La diferencia estaba en que de nosotros, de José y de mí, no se podía esperar algo así.

A los dos, y también a mis padres, que eran los que estábamos en el secreto, no nos dolía demasiado el ver que se decían cosas más bien picantes de nosotros. No es que nos gustara, ni mucho menos, pero estábamos preparados para recibir esas puyas y, cuando le habíamos dado a Dios nuestro sí ya contábamos con ello. Es una ventaja, querido Juan, aceptar de antemano que va a haber problemas y asumirlos. Te prepara para llevarlos sin hundirte. Me preocupan esas parejas que se casan creyendo que todo va a ser fácil. Las dificultades son inevitables y lo mejor que se puede hacer es saber que van a venir y no extrañarse de que eso ocurra. ¿Qué esperabas, habría que decirle a la muchacha que descubre tras la boda que su marido tiene defectos? ¿Creíste que te casabas con un ángel? Y, por supuesto, lo mismo habría que decirle a él.

Por eso, para José, para Ana y para Joaquín, los comentarios mordaces nos hacían menos daño de lo previsto porque ya contábamos con ellos. Cada vez que alguna vecina le decía algo a mi madre cuando iba a comprar, ella no se indignaba ni saltaba airada para defender mi honor injustamente mancillado, sino que interiormente se lo ofrecía al Señor y decía una oración que repetíamos todos: «Por ti.» En este «por ti» encontrábamos fuerza para resistirlo todo. La verdad es que para ellos era más difícil que para mí, porque al ser yo el principal blanco de las críticas, ya que a José más bien le felicitaban sus amigos, ellos llevaban peor que yo las cosas, ya que hubieran querido ser ellos los que sufrían para ahorrarme a mí dificultades. Ya sabes, en el amor siempre es así, el que ama desea sustituir al amado en los problemas. Pero tanto ellos como yo nos confortábamos con aquel «por ti» que repetíamos cada vez que algo nos hería. Sí, Juan, crecimos mucho espiritualmente en aquellos días gracias a todo aquel asunto. Fueron aquéllas unas lecciones que después le pude enseñar a mi hijo. Como también le enseñé a callar cuando te insultan, como decía el profeta: «Fue oprimido, y él se humilló y no abrió la boca.» Así que ya ves, Juan, desde el seno ya era mi hijo el siervo paciente que anunció Isaías. Concebido milagrosamente, de la manera más pura y limpia que imaginarse pudo el ser humano, tuvo que escuchar, a través de los oídos de su madre, calumnias que menoscababan no sólo mi honor sino también el suyo. Por eso mi silencio, ofrecido a Dios, fue desde el comienzo la mejor escuela para lo que despés tuvo que llevar a cabo en la cruz.

Pero no fueron aquellos los únicos senderos torcidos a través de los cuales el Señor escribía rectamente sus planes. No llevábamos mucho de casados, yo acababa de entrar en el octavo mes y ya nos preparábamos, mi madre y yo, para acoger al niño que iba a nacer. Los comentarios en la aldea se habían diluido, como pasa siempre con estas cosas, y nuestro silencio humilde había hecho posible que no tuviéramos enemigos, lo cual no habría ocurrido si hubiéramos contestado con acritud a la ironía de los vecinos. Así que todo iba bien cuando llegó una patrulla romana y reunió a los hombres en la plaza, junto a la sinagoga. El escrito se leyó en latín y, luego, un escriba que acompañaba a los soldados lo tradujo al arameo para que nos enteráramos. Fue una sorpresa para todos, pero más para José y para mí.

Se trataba de un edicto del emperador Augusto, que, según se contaba, era válido para todo el imperio y por lo tanto también para Israel. Por él se ordenaba que cada hombre acudiera con los suyos a empadronarse a su lugar de nacimiento o al lugar del que procediera originariamente su familia. Aquello era, políticamente, terrible, pues nos recordaba una vez más nuestro sometimiento a los romanos; de hecho, no faltaron motines ni revueltas entre los grupos de guerrilleros zelotes, que hablaron de resucitar la antigua rebelión de los macabeos contra las pretensiones de Antíoco el sirio. En realidad, era una medida económica, destinada a tener controlada a la gente para poder cobrarles bien los impuestos y que nadie escapase de ellos por no constar en el censo. Esto lo entendió todo el mundo y por eso la gente se sentía dolida, pues les afectaba más al bolsillo que al honor.

Pero para José y para mí el problema era muy

distinto. José era de la estirpe de David. Se veía forzado, pues, a desplazarse a Belén, que está al sur de Jerusalén. Desde Nazaret y en mi estado era un viaje de una semana larga, parecido al que había hecho cuando estuve en casa de Zacarías e Isabel. Corríamos muchos riesgos al hacerlo; riesgos de abortar, porque mi estado era muy avanzado y el viaje era fatigoso; riesgos de sufrir atentados y pillajes, no sólo por parte de los bandidos sino también por parte de los zelotes, que en seguida amenazaron con matar a los que secundaran el edicto de Augusto acusándoles de idólatras y colaboracionistas; riesgos, en definitiva, porque no sabíamos qué encontraríamos en Belén, ya que eran muchos en Israel los que tenían su origen en David y, si todos acudían allí, no habría ninguna posibilidad de encontrar acomodo en el pueblo.

Sin embargo, teníamos que obedecer. Una vez más nos sentimos como una caña azotada por el viento. Nos miramos, con las manos cogidas y la preocupación en los ojos. El niño jugaba dentro de mí y no dejaba de darme golpes, lo que contribuía a ponerme más nerviosa porque me recordaba lo inminente de su nacimiento y la fragilidad de su estado y del mío. Además, yo estaba continuamente fatigada, pues era mi primer parto y no tenía ninguna experiencia sobre cómo llevar aquel cansancio que se apoderaba enteramente de mí y que me dejaba casi inútil desde primeras horas de la tarde.

—¿Qué vamos a hacer, María? —me dijo mi marido—. Si no vamos, tendremos muchos problemas con los romanos. Si nos ponemos en camino, tendremos que arriesgarnos a un ataque de los zelotes y a ponerte a ti y a nuestro hijo en peligro por el duro viaje.

—José —le contesté mientras le sonreía para tranquilizarle—, me parece que vamos a tener que acostumbrarnos a las sorpresas. Yo ya me he llevado unas cuantas en estos ocho meses y estoy segura de que ésta no será la última. No olvides lo que ya hemos hablado: sólo si creemos ciegamente en Dios y en que Él está detrás de todo, incluido lo más incomprensible, estaremos a salvo. Si dudamos, si nos ponemos nerviosos y queremos aplicar a toda costa nuestros planes es muy probable que nos equivoquemos. ¿No crees tú que si Dios se ha tomado la molestia de emprender esta obra, la del nacimiento del Mesías, no permitirá que se frustre por un edicto del emperador romano? ¿No es Él mucho más grande y poderoso que todos los señores de la tierra? De nuevo, José, te repito las palabras del profeta, palabras que nunca debemos olvidar: «En la confianza está vuestra fuerza.» Así que, vamos a prepararlo todo para partir cuanto antes.

No tardamos muchos días en hacerlo. Como no éramos los únicos que teníamos que viajar, se organizaron numerosas caravanas en una y otra parte del país, con lo que los caminos se vieron atestados de gente. Era una molestia más, pero a la vez era una medida de protección contra los bandidos.

Mi marido me preparó el borriquillo que teníamos en casa con todo esmero y me hizo una especie de cesta en la que yo podía ir protegida del sol y con una relativa comodidad. Él, en cambio, marchaba siempre a pie, junto a mí, llevando las bridas del animal. Afortunadamente, éste era tan manso que no nos dio un solo susto en el camino. En esta ocasión no hicimos escala en Ain Karem, para no desviarnos y tardar así menos en llegar a Belén. Tampoco pasamos por Jerusalén, sino que la rodeamos para evitar la enorme aglomeración de personas que había en la ciudad y que a mí me daba fatiga sólo con verla de lejos. Sí paramos, casi al inicio de nuestro viaje, en Caná, en casa de Manasés y Lía. Habían asistido a nuestra boda y nos habían hecho un espléndido regalo que nos ayudó mucho en los primeros pasos del matrimonio, con tanto gasto. Ahora nos acogieron con el agrado de siempre y nos facilitaron el viaje hasta Jerusalén, pues Manasés había organizado varias caravanas para conducir por casi todo Israel a los peregrinos que, como José, tenían que cumplir con lo ordenado en el edicto. Lía me mostró al pequeño Leví, que había dado un buen estirón en ese tiempo, y le hizo que me besara, a la vez que me pedía que siguiera rezando por él, porque no quería que estuviera sano sólo de cuerpo, sino también de espíritu. Al marcharnos de su casa, como siempre hacían, nos entregaron varios siclos, que José se negó a aceptar y que tuve que coger yo para no desairarles a ellos. No me sentí mal al aceptarlos, porque, querido Juan, no hay nada malo en ser pobres y en aceptar limosna cuando uno es trabajador y hace todo lo que puede para salir adelante. Lo malo viene cuando te acostumbras a vivir de esa ayuda. Además, me pareció que aquel y los demás regalos de Manasés y Lía eran contribuciones de todos los hombres buenos de Israel a la causa del Mesías, aunque ellos no tuvieran ni la más remota idea de lo que se estaba gestando en mi vientre. Si se daban generosas limosnas al templo, ¿por qué, entonces, no se iban a aceptar los donativos que pudieran permitir que el Mesías llevara a cabo su misión? Y no hay que olvidar que ayudar a las obras de Dios es una suerte, por lo que la limosna no es un favor que se le hace a aquel de quien todo procede, sino la ocasión de poder contribuir, con algo de lo que Él mismo nos ha dado, a la mejor de las causas, la suya. Pero esto era más difícil de entender por parte de José, así que fui yo la que lo aceptó y lo guardó. Pronto, por otro lado, nos hizo mucha falta.

Llegamos a Belén a media mañana. Era la última etapa de nuestro viaje. Debíamos instalarnos allí y empadronarnos, para regresar a Nazaret lo antes posible, para lo cual deberían pasar unos meses, porque el parto estaba ya encima y yo no quería viajar con el niño recién nacido. Sabíamos, por otros peregrinos que encontramos en el camino, que la ciudad de David estaba abarrotada de gente. Era pequeña y no tenía capacidad para acoger a tantos como se decían descendientes del gran rey de Israel. De hecho, muchos habían decidido instalarse en Jerusalén o en otras aldeas, a la espera de que se pudiera llevar a cabo la inscripción en el registro romano. Pero nosotros, acosados como estábamos con la premura del parto, no podíamos permitirnos el lujo de estar yendo y viniendo, y José no quería, de ninguna manera, dejarme sola. Así que no teníamos más remedio que buscar acomodo en alguna posada o en alguna casa que quisiera acogernos.

Fue de ver, querido Juan, lo que tuvimos que pasar en Belén. José no tenía allí a ningún conocido y las cartas de recomendación que nos dio Manasés no nos sirvieron de nada. Los dos albergues que había en la aldea estaban a rebosar y, sinceramente, me alegré de no encontrar sitio en ellos, por el desbarajuste que reinaba y el mal ambiente que en ellos había. José estaba nervioso; conduciendo de la brida al pollino, me llevaba de casa en casa pidiendo por favor un sitio. Incluso me mostraba a las mujeres para que se compadecieran de mí, alegando que estaba a punto de dar a luz. Todos los sitios estaban llenos, sobre todo de familiares, aunque también en algunas casas habían alojado a extraños como nosotros pero que habían tenido la suerte de llegar antes. No es que nos trataran mal; muchas mujeres se compadecían de mí y me prometían ayuda para cuando se produjera el parto, pero me mostraban la casa, llena de gente e incapaz de albergar a nadie más.

Por fin, una señora, al ver nuestro agobio, nos habló de unas cuevas que se encuentran a la salida de la aldea, iniciando ya la caída hacia el valle. «Allí —nos dijo—, sólo se guarda el ganado, pero es probable que podáis encontrar algún hueco donde guareceros, al menos por esta noche.» De hecho, el tiempo había pasado y con tanto ir de casa en casa, el día estaba ya acabando y las sombras de la noche se nos echaban encima. Decidimos probar y, preguntando a unos y a otros, dimos con las cuevas que, efectivamente, no están lejos de la aldea. No había nadie en ellas. Las ovejas, principal ganado del pueblo, estaban más abajo, en el valle, donde están los pastos de invierno. Las cuevas eran unos laberintos de más longitud que anchura y en el que estaba más cerca de la entrada decidimos acomodarnos, en parte porque allí el olor era menos intenso.

Se te venía el alma a los pies, querido Juan, al ver aquello. Era una cueva como tantas otras, que además servía de aprisco para el ganado y que estaba llena de sus excrementos. El olor era insoportable y te daba miedo mirar la negrura de sus recovecos, por si salía de allí alguna alimaña. José se introdujo por ellos con una tea encendida y volvió asegurándome que estaban vacíos. Agotada por el trajín y ayudada por él, limpié como pude un rincón de la primera cueva donde nos introducimos y allí extendimos nuestras mantas y nos dispusimos a pasar la noche. El pollino se quedó junto a nosotros, para darnos calor y para protegernos con su cuerpo.

Tuve que tranquilizar de nuevo a José, aunque, te lo confieso, Juan, aquella noche yo también hubiera necesitado que alguien me tranquilizara a mí. Pero ya sabes cómo somos las mujeres, siempre tenemos que hacernos las fuertes, aunque estemos temblando por dentro. Él, mi pobre y buen José, estaba desmoralizado al ver aquella cuadra miserable.

—No es éste un lugar adecuado para que nazca el Mesías —decía con rotundidad—. Mañana mismo nos vamos de aquí. Al precio que sea, conseguiré un sitio digno para ti y para él. ¿Qué clase de hombre soy yo —añadía el pobrecillo— si no soy capaz de buscar un lugar decente para que nazca mi hijo, que además es el enviado de Dios para salvar a su pueblo?

—Querido mío —le contesté—, no te pongas nervioso. Recuerda lo que le sucedió a tu antepasado, el rey David, por cuya causa por cierto estamos aquí esta noche. Él también quiso edificar un gran templo al Señor y Yahvé no se lo aceptó. Quizá quiso darle una lección. Es posible que también a nosotros y a los demás hombres quiera enseñarnos algo con esta humillación que ahora pasamos. Porque la verdad, José, es que no hay en Jerusalén palacio suficientemente digno para albergar al Mesías. Cualquier cosa es poco para él. Entonces, ¿no será ésta una señal del Altísimo, que nos quiere decir que lo que el Mesías ha venido a buscar no son lujos ni honores sino la humildad del corazón? Si naciera en un palacio, ¿cómo le sentirían suyo los que viven en cuevas? ¿Cómo podrían aspirar a darle algo los que no tienen nada si él ya lo tuviera todo desde su cuna? Y, sin dar, ¿cómo se puede experimentar el amor? En el fondo, y esto te lo dice una mujer que está a punto de ser madre, sólo se ama aquello que te cuesta un poco, aquello que, de alguna manera, tú has construido, aquello que depende de ti. Si Dios se nos presenta Altísimo, podremos adorarle y temerle, pero si, además, se nos presenta humilde, podremos también ayudarle, y así nos será más fácil quererle. ¿No comprendes, querido José, que está a punto de nacer el Mesías y que el Señor nos está dando lecciones, a ti y a mí, para que luego se las demos a él y a todo el pueblo? Ésta será una de las primeras lecciones que le daremos: «Hijo, nosotros quisimos ofrecerte un palacio y sólo pudimos darte una cueva. Muchos hombres harán igual, desearán que su espíritu sea una casa lujosa para ti y en cambio sólo conseguirán hacerte sitio en un lugar en el que abunde la suciedad del pecado; no los rechaces, no huyas de los pobres de cuerpo o de alma, mira más bien su buena intención y si no pueden darte más que una cuadra no te niegues a vivir en ella, porque tú naciste en una cueva refugio de animales y no rodeado de mármoles y sedas.»

Así nos dormimos aquella noche. Teníamos algo de frío, a pesar del calor de nuestro burro, pero también aquello se lo ofrecimos al Señor. El «por ti» fue, una vez más, más eficaz que la mejor recompensa para afrontar algo que habría hecho retroceder a cualquiera que no estuviese animado por el motivo más grande: el amor.

Por la mañana José salió a buscar otro lugar. Decía que no se quedaba tranquilo si no intentaba encontrar algo mejor. Yo estaba segura de que todo aquello no era casualidad y que, por algún motivo que yo no entendía pero que empezaba a intuir, todo entraba en los planes del Todopoderoso. Así que me dispuse a hacer de nuestro trozo de cueva un lugar relativamente limpio y confortable. Por eso, cuando José volvió, descorazonado y con todas las negativas del mundo encima, se encontró con un sitio mucho más acogedor del que había dejado. Traía comida y algo de ropa, que había tenido que comprar a precios de usura, pues los betlemitas se estaban haciendo ricos en poco tiempo a base de explotar a los extranjeros como nosotros.

Estábamos comiendo nuestro pan con aceite y queso cuando llegó un campesino. Traía consigo una vaca y se sorprendió al encontrarnos allí. Irritado, nos preguntó que quién nos había dado permiso, porque aquella cueva era suya y allí metía él a su ganado, entre otros a aquella vaca que acababa de ordeñar y que no había podido dejar allí la noche anterior porque no le había dado tiempo. Pero ahora el animal debía ocupar su puesto y nosotros teníamos que marcharnos de la cueva inmediatamente. Yo pensé: «Hasta esto, Señor, hay que aceptar. Que una vaca sea preferida a tu enviado. Que el salvador de Israel deba nacer en el campo, con el frío y el miedo, para que un animal esté guarecido. No sólo no tenemos casa, sino que los animales son preferidos a nosotros. Pero, Señor, que en esto como en todo se haga tu voluntad. En tus manos estamos, mi hijo incluido, y no seré yo quien dude de tu providencia amorosa.» Así que cogí a José de la mano, que estaba discutiendo con el campesino y le argumentaba sobre mi estado, y le pedí que callara y que saliera de la cueva. Nos marchamos. No pude evitar una lágrima, pero sólo fue una. Interiormente perdoné en seguida a aquel hombre, para que no hubiera en mí ni rastro de ira, pues sentía que cualquier mal sentimiento haría más daño a mi hijo que la peor helada que pudiéramos padecer afrontando la noche al raso en pleno invierno.

Pronto estuvimos fuera, donde se encontraba nuestro borriquillo, que no habíamos querido meter en la cueva durante el día. Allí estaba también la vaca. Nos miró con esos ojos asombrados y un poco tontos que tienen estos animales y siguió comiendo la escasa hierba que había en el suelo. Yo me subí al pollino y ya nos disponíamos a irnos cuando apareció el paisano con una de nuestras mantas en la mano. Estaba malhumorado, más consigo mismo que con nosotros. Nos arrojó la manta sin decir palabra y cogió a la vaca del cencerro para meterla dentro. Pero el animal no se movió. El campesino se giró sorprendido y empezó a maldecir. «¿Qué te pasa? —le decía—. Pero si tú eres la más mansa del pueblo, venga, muévete o te muelo a palos.» José y yo mirábamos sorprendidos y un poco compadecidos al animal. La vaca, impasible, separó un poco más las patas y resistió a las tentativas del paisano. Éste agarró una estaca y empezó a golpearla ferozmente, descargando en ella la ira que sentía contra sí mismo por su mala acción. El animal ni tan siquiera mugió. Con la cabeza agachada, aguantaba los golpes. De vez en cuando nos miraba y seguía resistiendo la soberana paliza. El único ruido que se oía era el de nuestro borrico, que de repente empezó a rebuznar y a ponerse nervioso, con lo que yo tuve que bajarme por miedo a que me tirara. Así, hasta que aquel hombre se cansó. Nos miró a José y a mí, que estábamos consternados ante el estallido de cólera que le poseía, pero que no nos atrevíamos a intervenir para que no descargara sobre nosotros su saña. Por fin, sudando a chorros, dejó de golpear al animal, que sangraba por varios sitios y se volvió hacia nosotros. «Ahí tenéis la cueva —nos dijo—. Y también la vaca. Dios sabe por qué no quiere entrar. Quizá ella tiene más corazón que yo, que he estado a punto de obligar a una mujer a que dé a luz en la calle. Quedaos en paz —decía con la voz entrecortada por el cansancio— y ya me daréis lo que podáis por el alquiler de la cueva y del animal. Que os aproveche.» Y se fue. Quise darle las gracias, pero José me lo impidió. No era propicio el ambiente para otra cosa más que para el silencio. Después, más adelante, tuvimos ocasión de hacernos amigos suyos y de comprender la amargura de su espíritu.

José me cogió suavemente del brazo y me ayudó a entrar en la cueva, cuidando de que no resbalara. Sonriendo, me dijo: «Recuerda lo de la burra de Balaam. En este caso, no ha hablado la vaca, pero sí ha estado muy explícita a la hora de defender los derechos del Mesías. Tendremos que cuidar de ella.»

Así fue como nos aposentamos en aquella bendita cueva que tantos buenos recuerdos me trae. Así fue como llegamos a Belén, por un decreto de un lejano emperador que ni sabía de nosotros ni le importábamos, pero que permitió que se cumplieran las Escrituras y que de mi hijo, de la descendencia de David, se pudiera decir lo que había anunciado el profeta Miqueas: «Y tú, Belén, tierra de Judá, no eres, no, la menor entre los principales clanes de Judá; porque de ti saldrá un caudillo que apacentará a mi pueblo Israel.»

El Señor sabía, Juan, la importancia que los de nuestra raza dan a las antiguas profecías y no quería dejar ningún cabo suelto. Yahvé mira desde el cielo y lo ve todo, el pasado, el presente y el futuro; nosotros, en cambio, apenas vemos un par de palmos por delante de nuestras narices y ya creemos que todo lo sabemos; por eso, cuando no entendemos algo, nos ponemos nerviosos y hasta llegamos a dudar de que Dios exista o de que nos quiera. Te lo dice una anciana, Juan: ten calma, ten siempre confianza y verás el rostro resplandeciente de Dios brillando en el cielo, disipando los más negros nubarrones.

En cuanto a cómo se produjo el nacimiento de Jesús, te lo contaré otro día. Ahora voy a descansar un rato y a recordar, que estas historias tan lejanas son para mí más dulces que la miel y más preciosas que el mejor de los tesoros.

EL VERBO SE HIZO CARNE

No estuvimos mucho tiempo en la cueva, pues pronto pudimos encontrar una casa, muy pobre eso sí, en la que alojarnos. Pero, mientras tanto, tuvo lugar el nacimiento de mi hijo.

¿Cómo te lo explicaría para que tú, un hombre, pudieras entenderme? Apenas creo que me comprenda una mujer, porque lo que pasó aquella noche del mes de Tebet, no se parece en nada a ningún otro parto. Y sin embargo, lo fue. Fue sólo eso, un parto. El niño nació. José estaba allí, a mi lado, rompiendo la costumbre que mantiene a los hombres alejados de las mujeres en esos momentos, pero es que estábamos muy solos. Aunque no del todo. Dos mujeres de la aldea habían accedido a acompañarme cuando se acercara el momento y José tuvo tiempo de ir a avisarlas antes de que ocurriera. Así que eran tres para ayudarme, aunque mi buen esposo no sabía hacer otra cosa que mantener el fuego encendido y retorcer su túnica entre las manos.

El niño nació como si un rayo de luz atravesara un cristal, limpiamente. Las mujeres no se dieron cuenta, con lo de la sangre y la atención del chiquitín. Menos aún José. Yo noté algo raro, pero tampoco estaba para muchos detalles. El caso es que apenas me dolió y los esfuerzos y las contracciones me produjeron más angustia y nervios que daño. Pero no te extrañes de esto, querido Juan; recuerda que para Dios nada hay imposible. Más difícil era que yo me quedara embarazada sin contacto alguno con varón y había ocurrido. He pensado sobre ello muchas veces y, la verdad, quizá todo podía haber sido de otra manera, me refiero a lo del parto, pero fue así; quizá el Altísimo quería poner de manifiesto, una vez más, su presencia, su poder, su paternidad especialísima; quizá se trataba de protegerme a mí, de que mi virginidad no quedara menoscabada, aunque pienso que lo más probable es que se quería dar, ya desde los primeros momentos de vida de mi hijo, una lección: él no había venido al mundo para hacer sufrir a nadie ni para romper nada que estuviera entero, sino para redimir a todos y reconstruir lo que estaba roto. Lo mismo que el pecado no entró por la voluntad de Dios, sino contra ella, así pasó con mi hijo: el sufrimiento que estuviera ligado a su persona —y fue y ha sido tanto— no es culpa suya sino de aquellos que se le oponen y que, al hacerlo, se causan daño a sí mismos y a los otros.

Pero todo esto son detalles menores comparado con lo más importante de todo: mi hijo estaba allí, había nacido y yo lo tenía en mis brazos. ¡Cómo explicártelo, Juan! Era un niño más y, sin embargo, era único, distinto; parecía un lucero, pero qué digo, más que un lucero, pues era el mismísimo sol. Al cogerle en mis brazos, tan pequeño, tan frágil, una cosita diminuta y arrugada, con sus ojitos cerrados y su boquita que buscaba mi pecho y que lloraba al no hallarlo, me parecía imposible que fuera otra cosa más que un niño normal. José también lo miraba con curiosidad y con un poquito de temor; ese temor que suele asaltar a los padres cuando tienen en los brazos, por primera vez, a su hijo; miedo a que se le cayera, a apretarle demasiado, a hacerle daño, a romper aquel muñeco tan delicado. Quizá pensaba que sería de otra manera, que nacería con algún distintivo de poder, que sería, ya desde el principio, más fuerte, más despierto, más sobrehumano. Pero nada de eso ocurrió. Era un niño completamente normal, tan normal que ninguna de las dos mujeres se dio cuenta de nada, así que, al poco, me felicitaron por el feliz alumbramiento y se fueron a sus casas.

José y yo nos quedamos solos. Yo estaba muy cansada, pero era incapaz de dormirme. Le tenía allí, en mis brazos, acurrucado debajo de las mantas, recibiendo el calor de mi pecho y no demasiado lejos de los dos animales que obstruían la entrada de la cueva e impedían que pasara el viento frío de principios de Tebet. Afuera era de noche y, sin embargo, a la luz de la pequeña hoguera que José mantenía encendida —no muy crecida para no llenarlo todo de humo— la cueva parecía iluminada por el mayor de los resplandores. No te creas que del niño salían rayos de luz. Es que él era la luz. Su carita de ángel era blanquísima y el resplandor del fuego se multiplicaba en sus mejillas como si fuera un espejo de esos que usan las nobles señoras.

No podía dejar de contemplarle. Le miraba y, por primera vez, allí, en aquella cueva que yo hubiera querido convertir en un palacio en honor a él, noté un sentimiento que hasta entonces no había tenido. Le miraba y, de repente, empecé a adorarle. Me asusté. Tú sabes que en nuestra religión está prohibida toda representación del Altísimo y que somos muy severos incluso a la hora de mencionar el nombre de Dios. El Omnipotente no puede ser plasmado por las manos de los artistas, tan inclinados a fabricar ídolos a los cuales luego honran tanto como manipulan. Y, sin embargo, tenía dentro de mí ese sentimiento. ¿Quién es este niño?, me pregunté mientras mis ojos estaban prendidos de su sueño. Es el Mesías, me dije al instante. Pero, ¿qué Mesías? y, sobre todo, si es sólo un enviado del Altísimo para rescatar a su pueblo de la esclavitud, como Moisés o como los jueces o los reyes, ¿por qué no ha nacido de una manera normal? ¿Por qué no ha sido engendrado como los demás hombres, del amor entre el esposo y la esposa? Si él ha venido al mundo de esta forma y con este origen, ¿quién es su verdadero padre? Porque, si está claro que yo soy la madre, sólo Dios puede reivindicar su paternidad.

No creas que eran demasiadas conjeturas para una mujer que acaba de dar a luz, Juan. Al contrario, era lo mínimo que cabía pensar en aquella noche tan dichosa. Allí, dándole calor y dándole de la abundancia de mi pecho, sosteniendo su débil cuerpecito y cuidando la fragilidad de aquel que había sido anunciado como el Mesías, lo único que se podía hacer era quedarse pasmado ante el plan de Dios y meditar sobre el porqué de las cosas y el desarrollo que éstas tendrían.

«Te quiero», le decía besándole la frente. «Te quiero y le doy gracias a Dios por tenerte conmigo. No ha sido fácil y he pasado mucho miedo. Pero ahora que estás aquí lo doy todo por bien empleado. Casi te diría, mi pequeñín, que no me importaría que no ocurriera absolutamente nada de todo lo que me anunció el ángel. Nunca soñé con grandezas que superan mi capacidad, ni aspiré a ser respetada y admirada. Ahora, convertida en la madre del Mesías, todo parece tan extraño. ¿Qué Mesías eres tú, que has nacido en una cuadra de ovejas y que tienes por corte a una vaca y a un borrico y por padres a dos humildes paletos? ¿Dónde está tu poder, dónde tu grandeza? Y, sin embargo, no me siento decepcionada. Tú vales más que todo lo que se obtenga de ti y esto lo sé yo, que soy tu madre, y ojalá que lo aprenda todo el mundo cuando crezcas y cumplas la misión para la que has nacido. Quizá los hombres te quieran por lo que les das, por lo que representas, por tu mensaje, por tus victorias o, quién sabe, por tus milagros. Yo, querido niño mío, te querré por ti. No es que lo demás no me importe, porque sería como despreciar los planes de Dios, pero, entiéndeme, yo soy tu madre y en este pecho podrás encontrar siempre amor puro, amor a ti y no sólo a lo que traigas contigo. Tú eres el regalo, tú eres el tesoro, y si no hubiera nada más, para mí ya sería bastante.»

José me escuchaba, sentado a mi lado y siempre pendiente del fuego. De repente, me pidió al niño, que dormía tranquilito. Ya antes, como te conté, lo había cogido, como establece la ley, pues, apenas lavado, las mujeres de la aldea se lo habían llevado, gozosas, anunciándole que era un varón. Pero lo había soltado en seguida, dándomelo a mí, como si tuviera miedo a que se le cayera. Ahora, en cambio, era él quien me lo pedía. Me incorporé un poco para que pudiera cogerlo sin que se despertara y él lo sostuvo en sus fuertes brazos, arropadito con la tela más fina que habíamos podido conseguir en el pueblo.

Así, en los brazos de aquel hombre al que yo tanto quería y que había aceptado aparentar ser su padre sin serlo, e incluso, más aún, dejar de serlo para siempre de otros hijos, así estuvo mi niño un buen rato, dormidito y caliente. José, siempre tan callado, apenas dijo nada. Sólo, después de mirarlo largamente, le besó su frente de papel y le dijo, suavecito, para no despertarle: «Hijo mío, yo también te quiero. No sé qué sangre corre en tus venas, aparte de la de tu madre. No sé quién eres, si un hombre normal o un ser extraordinario bajo esta apariencia tan sencilla. No sé ni siquiera si debo postrarme ante ti, como al Mesías que eres. Lo que sí sé es que, ahora, al menos ahora, me necesitas y con todo lo que soy puedes contar. Le doy gracias al Altísimo por haberse fijado en mí para colaborar en su obra. Ayudarle a Él, que es el Todopoderoso, es el mayor de los honores, la mayor suerte. No sé qué dirán tus seguidores algún día, si es que los tienes; quizá a alguno le pese tu servicio; será porque no ha entendido nada. Ser un instrumento de Dios no es una carga, sino un privilegio. Gastar por Él, en ti, mi vida entera, es la mayor fortuna a que podía haber aspirado jamás. Por eso, yo te llamo hoy hijo mío y te digo que estoy aquí, para dar la vida por ti, para velar tu sueño, para cuidar de tu madre, para hacer posible que, cuando Dios quiera, puedas emprender la obra para la que has venido.» Volvió a besar al niño y me lo devolvió.

Apenas dormimos aquella noche. José se acostó a mi lado, para darme todo el calor y, de vez en cuando, se levantaba para añadir algo de madera al fuego. Pronto amaneció. Afortunadamente, la vaca de nuestro casero daba ya muy buena leche, después de haber estado sin ella varios días a causa de la paliza. José la ordeñó y me calentó la leche, desmigando en ella un poco de pan y mezclando algo de miel. Me la dio a beber, se aseguró de que todo estaba en orden y se marchó a la aldea. Tenía que cumplir con el requisito de la inscripción, como manda la ley y le urgía hacerlo, como si, después de hecho, se hubiera liberado de un gran peso.

Cuando volvió, ya nos había inscrito, al niño, a él y a mí, en el registro romano. Había logrado pagar, por los tres, el primer impuesto, gracias en buena medida a la ayuda que la generosa Lía nos había dado. Así empezaron, Juan, las personas buenas a colaborar en la obra de la redención de mi hijo.

Y no tardaron en venir otras. El primer día yo no me moví apenas del camastro que José me había construido y que, relleno de paja como estaba, resultaba confortable y calentito. Él estuvo yendo y viniendo a la aldea, preparando la comida y muy atento a todas mis necesidades. Tan mañoso como era, incluso me había preparado una cuna con un viejo pesebre que había en otra de las cuevas, para que yo pudiera, al día siguiente, dejar allí a mi niño un rato. Las dos mujeres que me ayudaron en el parto se habían presentado a media mañana; me habían traído, en una olla de barro, caldo de gallina con un huevo cocido dentro y unas pastas de miel riquísimas. Por lo demás, parecía que el mundo nos ignoraba y nosotros no estábamos para más visitas.

Era ya noche avanzada y José dormía, como el día anterior, muy cerca de mí para darme todo el calor posible, cuando nos despertaron unos pasos en la boca de la cueva. El borrico se levantó y empezó a rebuznar. La vaca amenazó con erguirse, aunque optó por seguir echada. José dio un brinco y salió en seguida afuera, asustado y poniéndose en lo peor, dispuesto a jugarse la vida para defendernos. Una voz ronca y quemada por el vino le tranquilizó en seguida. Yo, desde dentro, lo oía todo, preocupada al principio, sorprendida después, estrechando al chiquitín contra mi pecho y dispuesta a huir por el otro extremo de la cueva y a buscar refugio afuera, en la oscuridad de la noche.

Eran unos pastores que contaban una historia extrañísima, que contrastaba con lo normal que había sido todo en el nacimiento y en las primeras horas de la vida de mi hijo. Aunque era ya invierno y se trataba de la época más fría del año, ellos dormían abajo, en el valle, junto a sus rebaños de ovejas, pues ni siquiera en esa época deja de haber hierba en nuestra tierra, como sabes. Para defenderse de los ladrones, hacían turnos de vela y, mientras unos se guarecían en una cueva, dos permanecían junto a los animales y junto a la hoguera generosa que mantenían siempre encendida. En los días anteriores José y yo habíamos visto, en la noche, esos puntos de luz que sembraban el fondo del valle de tímidas estrellas y sabíamos que alrededor de ellos se calentaban aquellos hombres rudos y buenos.

Eran ocho o nueve. El que había empezado a hablar, el mayor del grupo, le contó a José una extraña historia. Un ángel se les había aparecido y, después de tranquilizarles, les había dicho: «Os anuncio una gran alegría, que lo será para todo el pueblo y no sólo para vosotros. Hoy, en la ciudad de David, os ha nacido un Salvador, que es el Cristo Señor. Esto os servirá de señal: encontraréis un niño envuelto en pañales y acostado en un pesebre.» El jefe de los pastores, Rasón de nombre, dijo también que les había parecido oír coros de ángeles en el cielo y que algunos creyeron escuchar una especie de himno, como el que se canta en el santo templo de Jerusalén, que venía a decir algo así: «Gloria a Dios en las alturas y en la tierra paz a los hombres que ama el Señor.»

Eso había tenido lugar a primera hora de la noche. Habían corrido hacia la aldea y habían preguntado en las posadas si se había producido algún nacimiento en esos días. Nadie sabía nada. Ya desesperaban cuando un escriba, de los que habían acudido a Belén acompañando al funcionario romano para tomar nota de las inscripciones en el registro y cobrar los impuestos, les había dicho que esa misma mañana, muy temprano, un hombre se había presentado a inscribirse con su esposa y su hijo, que, según él, acababa de nacer y al que había puesto por nombre Jesús. Pero no sabía dónde vivía. Otro, entonces, se acordó de que su mujer le había contado que la pareja que se alojaba en las cuevas de las afueras había tenido un niño y que ella había estado ayudando a la madre, que era tan joven como guapa y pobre.

No necesitaron más señas. En cuatro zancadas se plantaron ante nuestra cueva y allí estaban, suplicándole a José que les dejara ver a la criatura, porque forzosamente tenía que ser muy especial aquel niño que, según el ángel, sería el salvador de Israel y al cual el mensajero celestial había incluso designado con un título que está reservado al Dios Altísimo, el de «Señor». No querían hacernos ningún daño, sólo rendirnos homenaje y alegrarse con nosotros. Mucho les extrañaba, eso sí, que el Mesías hubiera ido a nacer a un lugar tan mísero, pero no se atrevían a poner en duda las palabras del ángel, al menos hasta no comprobar con sus propios ojos si se trataba o no de alguien extraordinario.

José estaba indeciso, recelando alguna trampa.

Yo lo intuí y, desde dentro, medio incorporada en mi camastro como estaba, le pedí que les dejara pasar. «Quizá —pensé— mi hijo deba empezar pronto su trabajo.»

Entraron en la cueva en fila y de uno en uno, precedidos por mi marido. Llevaban en la mano su gorra y en bandolera su zamarra de piel en la que habían metido, precipitadamente, algún pobre presente. Me contemplaron, nos contemplaron a Jesús y a mí, muy sorprendidos. Durante unos minutos que me parecieron eternos, nadie habló y el silencio no fue roto ni por el ruido de los animales. De repente, uno de ellos exclamó: «Esto es una farsa. Aquí sólo hay un niño normal, en la misma cueva en la que nosotros metemos las ovejas. Yo no veo al Mesías por ninguna parte. Hemos debido de equivocarnos y quizá ha nacido otro niño en alguna otra casa de Belén. Vámonos y dejemos a estos muertos de hambre tranquilos, que tienen de padres del salvador de Israel lo que yo de profeta.» Inmediatamente Rasón saltó como si le hubiera picado una serpiente y le propinó a su compañero un pescozón que casi le tira al suelo. «¡Cállate, so animal! —le dijo—. ¿Quién te ha nombrado a ti identificador del Mesías? ¿Es que no nació David en una casa humilde y es que no se confundió el mismísimo Samuel y le tuvo que corregir Yahvé advirtiéndole que la mirada de Dios no es como la mirada del hombre, porque el hombre mira las apariencias mientras que Dios mira el corazón? Si nosotros, que nos preciamos de ser descendientes del gran rey David no hemos aprendido esa lección, ya me dirás quién lo va a recordar en Israel. Este niño puede ser tan grande como Sansón o como Gedeón. ¿Quiénes somos nosotros para ponerlo en duda? Además, no sólo está la palabra del ángel, sino que aquí, en esta cueva, se nota algo que yo nunca había percibido, ni siquiera cuando estoy en la sinagoga o cuando voy al templo de Jerusalén. No sé qué es, pero mirando a esta criatura y a su madre, noto algo por dentro que es como si las tripas y el corazón me estuviesen pidiendo que fuese un poco más bueno.»

Dicho esto, Rasón puso una rodilla en tierra, como se hace ante los nobles y grandes señores. Los demás, incluso el que parecía más reticente, le imitaron al punto. Nos pidieron que rezáramos al Altísimo por ellos y por sus familias y dejaron junto a mi cama las pocas cosas que habían traído. Después, comprendiendo que no eran horas para molestar a una madre casi recién parida, y aunque el niño ni se había despertado en todo el rato, hicieron ademán de marcharse.

Ya se estaban despidiendo cuando José les detuvo para pedirles un gran favor. «Quisiera pediros, amigos —les dijo—, que mantengáis en secreto lo del ángel. Si se corre la voz, quizá la vida del niño pueda correr peligro, pues no faltará quien se sintiera amenazado con la llegada de un Mesías. Así que no le digáis a nadie nada e incluso os pido que nos ayudéis a pasar desapercibidos en Belén. Vamos a estar aquí unos días y en cuanto podamos, dado que ya hemos hecho la inscripción en el censo de Augusto, volveremos a nuestro pueblo. Eso sí, si sabéis de alguna casa en la que podamos instalarnos y de algún trabajo para mí, que soy un buen artesano, os agradecería que me lo dijerais.»

«Ya ves —me dijo cuando se fueron—, no estamos dejados de la mano de Dios, aun cuando a veces nos parezca estar tan solos. El Señor lleva adelante sus planes de forma misteriosa y lo que ha ocurrido con los pastores debe ayudarnos a perseverar en la fe en Él. Ahora descansa mientras yo coloco estos regalos, que mañana seguramente encontraremos un buen sitio donde trasladarnos hasta que tú estés fuerte para volver a casa.»

No fue así. Aún debimos estar en la cueva dos semanas, hasta que la gente que acudía a Belén para el empadronamiento fue menguando y pudimos, por fin, encontrar acomodo en una vieja casuca de las afueras de la aldea que nos cedió la familia de uno de los pastores que nos habían visitado aquella noche. Por cierto, ellos se portaron estupendamente. Apenas les veíamos, pero casi cada día encontrábamos algún regalo a la puerta de la cueva, algo siempre humilde pero muy de agradecer para quien todo lo necesitaba como nosotros. Lo dejaban por la noche, mientras dormíamos, y sólo en alguna ocasión se hacían presentes durante el día en grupos muy pequeños, para suplicarnos que les dejáramos ver al niño y para pedirme, como el mayor de los regalos, que se lo dejara sostener un ratito en los brazos. Decían que esperaban contar a sus hijos y a sus nietos que habían ayudado al Mesías a salir adelante y que eso, serle útil a Dios, era para ellos, que se sabían tan poca cosa, una bendición del cielo.

Con los pastores aprendí, Juan, lo diferente que somos los hombres, a veces por algo que se nos escapa, como es nuestro origen. Para los pobres, cualquier regalo que reciban es motivo de dicha; para los que lo tienen todo, nada agradecen y nada les resulta suficiente. Para los humildes y sencillos, ayudar a Dios es una bendición, pues comprenden que se engrandecen al poder ser útiles al Todopoderoso. En cambio, los que tanto podrían dar, consideran que si ayudan van a perder algo y que, además, Dios no les hace un favor al solicitar su ayuda, sino que al contrario el Altísimo debería estarles agradecidos si acceden a atender sus demandas. Con los pastores, Juan, tuve ocasión de darme cuenta de que tienen razón nuestros mayores cuando dicen que el pecado del Maligno es la soberbia. La soberbia nos separa de Dios y de su gracia más que ninguna otra cosa y la soberbia aparece, a manos llenas, cuando no nos damos cuenta de que Dios se merece todo y que nosotros, al dárselo, no hacemos otra cosa que cumplir con nuestro deber.

A la semana, como manda la ley, llamamos al

105

mohel para que acudiera a circuncidar al niño. Tuvimos que hacerlo en la cueva, pero ni a mí me dio vergüenza ni tampoco a nuestros nuevos amigos, porque la pobreza sólo es vergonzante cuando procede de la desidia y ése no era nuestro caso. Ageo, el mohel de Belén, le hizo a José la pregunta ritual: «¿Qué nombre quieres imponer al niño?» Y mi marido, ante la sorpresa de todos, contestó tal y como el ángel le había mostrado: «Se llamará Jesús, porque salvará al pueblo de sus pecados.» El circuncidador, de un corte limpio, dejó en mi pequeño la marca de nuestra raza mientras decía: «Bendito sea el Señor Dios nuestro, que nos santificó con sus preceptos y nos mandó la circuncisión.» Tras esto, José, los diez testigos que manda la ley y yo misma contestamos: «Bienaventurado aquel a quien tomaste y elegiste.» Mientras, el niño lloraba desconsolado en mis brazos. Casi fue la primera vez que lo hizo, como un símbolo de que aquella ley le había de servir de dolor y sufrimiento. Su pequeño trocito de piel y su sangre estaban encima de la mesa, manchando un limpio paño de lino; el rojo sobre el blanco, la carne desprendida. No sé qué nube me turbó entonces la vista, qué presagios funestos cruzaron por mi corazón, pero apreté a mi hijito contra el pecho y, dándome la vuelta, le di de mamar, con lo que conseguí que se callara.

En fin, los días transcurrían y, entre tanto, José pasaba el tiempo trabajando para allegar algo para la casa. Generalmente le pagaban sus pequeñas faenas en especies: pan, vino, una gallina vieja en cierta ocasión que nos dio un caldo buenísimo, legumbres, algo de ropa. Teníamos la leche de la vaca y así íbamos tirando. Por fin, como te digo, pudimos abandonar la cueva.

En la nueva casa nos encontrábamos cuando se cumplieron los cuarenta días desde el nacimiento, tiempo que prescribe la ley para rescatar, en el templo, a nuestro hijo, que era el primogénito. Y también para proceder a mi purificación puesto que, según la misma ley, yo estaba contaminada por la concepción y el parto. No es que yo me sintiera en falta, como comprenderás, por haber aceptado que la voluntad de Dios se cumpliera en mí y hubiera podido nacer el Mesías, pero decidimos que era mucho mejor no dar que hablar y nos dispusimos a cumplir escrupulosamente lo ordenado. De nuevo, como en tantas ocasiones, se impuso la prudencia. No se trataba de cobardía. Era, simplemente, sabiduría de los pobres. No merece la pena llamar la atención nada más que por cosas verdaderamente importantes, como después haría mi hijo cuando hacía curaciones en sábado para aliviar a alguien. Casi siempre es mejor la paz, aunque para eso tengas que pagar el precio de no hacer exactamente lo mejor, y es que lo mejor es con frecuencia enemigo de lo bueno. Los conflictos tienen que ser evitados siempre que se puedan evitar, siempre que el bien que esté en juego no sea superior, porque la paz es algo tan grande que hay pocas cosas por las que merezca la pena perderla.

Compramos en el mercado las dos tórtolas y las ofrecimos al levita, junto con los cinco siclos del rescate por el niño. Entonces fue cuando aquella mujer, Ana, que tenía fama de profetisa y que llevaba casi toda su vida al servicio del templo, se acercó a mí sin que yo lo advirtiera. Al parecer ésa era una de sus ocupaciones, escudriñar a las madres que acudían a la casa de Dios con sus criaturas y, tras pronunciar unas palabras amables, pasar a otras, como si estuviera siempre a la búsqueda de alguien al que no terminaba de encontrar. Algunos pensaban que estaba loca, mientras que para otros era simplemente una buena mujer que no había tenido hijos y a la que le gustaba hacer arrumacos a los de las demás. En cuanto vio a Jesús se deshizo en elogios de él, en nada comparables a los que decía de los otros niños. Pero apenas tuve tiempo de darle las gracias por las hermosas palabras y bendiciones que profería porque Ana nos pidió que no nos moviéramos de aquel sitio durante un momento.

No tardó en volver. Venía acompañada de un anciano, Simeón, otro de los habituales de los alrededores del templo. Ana le dijo: «Mira, mira, fíjate bien en sus ojos. Mira la luz que tiene su pelo. Haz uso de tu viejo olfato Simeón y date cuenta de la pureza de la madre. Está aquí, es él, por fin lo hemos encontrado.» Simeón se acercó a mí, despacio. Yo, al principio, apreté al niño contra mi pecho e hice ademán de marcharme, porque todo aquello me asustaba. ¡Tenía siempre tanto miedo a que le pudiera pasar algo malo a aquella criatura tan frágil! Me parecía sentirme acechada por el aliento del Maligno, que no podía soportar que hubiera nacido el redentor de los hombres. Entonces él dijo algo que me dejó inmóvil. Me llamó con el mismo título con que lo había hecho mi prima: «Llena de gracia —me dijo con una voz ronca y quejumbrosa que podía hacer estremecer de miedo a los niños en las noches de invierno—. Déjame, te lo suplico, que le vea.» Miré a José y, ante su duda, opté por mostrárselo un poquito, pero sin soltarlo de mis brazos. El chiquitín estaba despierto y ya empezaba a sonreír, cosa que hacía frecuentemente y a casi todos los que se le acercaban. Esa sonrisa fue la que vio Simeón cuando acercó su cara a la de mi hijo.

Así estuvo durante unos minutos, encorvado sobre el niño, alto como era. Le miraba, con aquellos ojos suyos de carbón que surgían de su cara arrugada y que le daban una expresión casi terrible. Así estuvo hasta que se separó de mí y elevó sus brazos al cielo, permaneciendo otro rato en silencio con la mirada puesta en lo alto, contemplado, también en silencio, no sólo por Ana, José y por mí, sino por un grupo de curiosos que cada vez se hacía más grande. De repente, exclamó con voz potente: «Ahora, Señor, según tu promesa, puedes dejar a tu siervo irse en paz, porque mis ojos han visto a tu salvador, luz para alumbrar a las naciones y gloria de tu pueblo, Israel.»

Eran palabras muy hermosas las suyas, que fueron acogidas por los presentes con muestras de alegría y de sorpresa y que a nosotros nos ayudaban a reafirmarnos en la certeza de que detrás de la aparente normalidad de nuestro hijo, se escondía un misterio de salvación que los hombres santos lograban captar. Por eso, con permiso de José, le dejé que lo cogiera. Lo tomó en sus temblorosos brazos, siempre bajo nuestra mirada, alertas a que se le pudiera caer. Le besó la frente y luego nos lo devolvió. Para sorpresa nuestra, a continuación, teniendo yo ya a Jesús conmigo, se puso de rodillas ante él, cosa que, como sabes Juan, jamás hacemos los judíos ante ningún ser humano, pues nos está rigurosamente prohibido. José le ayudó a levantarse rápidamente, no fuera a ser visto por algún sacerdote y se viera acusado de blasfemo.

Nos habíamos despedido ya de Ana y de él y les habíamos dado la espalda, caminando presurosos hacia la salida del templo para alejarnos de la turba de curiosos que querían contemplar al niño, cuando oímos un grito suyo a nuestra espalda. Giramos en redondo, temiendo que se hubiese desplomado y que necesitara nuestra ayuda. Entonces le vimos, erguido, con las piernas abiertas y los dos brazos, en aspa, hacia el cielo; su nudoso cayado estaba en el suelo, a su lado. Parecía, realmente, una figura profética de las que nos hablan nuestros mayores.

Su grito había sido de dolor, de desgarro, de terror casi. Su mirada estaba clavada en el cielo y así siguió durante unos minutos. Rápidamente se volvió a formar a su alrededor un corro, esta vez más nutrido. Muchos de los asistentes habituales al templo le conocían y le respetaban, así que todos tuvieron conciencia de que acababa de recibir una inspiración del cielo. Pasado un tiempo bajó los brazos y sus hombros se hundieron, como bajo un gran peso. Entonces me miró a los ojos. José y yo nos habíamos acercado a él, siempre dispuestos a sostenerle si sus fuerzas flaqueaban y caía a tierra. Estábamos muy cerca, así que casi sentía su aliento sobre mi cara. Me habló en voz baja, con un tono parecido al de la agonía. «Éste está puesto —dijo— para caída y elevación de muchos en Israel y para ser signo de contradicción, a fin de que queden al descubierto las intenciones de muchos corazones. ¡Y a ti misma una espada te atravesará el alma!»

José me echó el brazo por el hombro y me atrajo hacia sí, pero yo no podía dejar de mirar a Simeón, por cuyos ojos habían empezado a correr gruesos lagrimones, casi rojizos. Nos habíamos quedado de piedra, rígidos, en medio de aquel círculo de curiosos que empezaron a comentar lo extraño de la profecía que el anciano había arrojado sobre aquel niño y aquella madre, sin saber si se trataba de una bendición o de una maldición por lo ambiguo de su contenido. Simeón, de repente, dio media vuelta y se alejó de nosotros rápidamente, sollozando. Ana le seguía, preguntándole qué había visto, a qué se refería, por qué me había dicho aquello tan terrible de la espada. Inmóviles, vimos cómo se abrían paso entre la gente y desaparecían en uno de los patios del templo. La gente se volvió, curiosa, hacia nosotros y nos costó mucho trabajo desprendernos de ellos y poder salir del templo, con un susto enorme en el cuerpo y en el alma.

Andando hacia Belén, tuvimos tiempo de meditar sobre lo que nos había ocurrido. En vano José se esforzó en quitarle importancia. Los dos sabíamos que la tenía, que era un nuevo aviso del cielo. Y lo peor es que no sabíamos a qué se refería el anciano Simeón cuando había pronunciado su extraña profecía. Entonces sentí como si un ángel pasara su dulce mano por mi corazón oprimido. Atardecía y el cielo estaba, como correspondía a la estación, cubierto de nubes que rebajaban la luminosidad de la tarde. Sin embargo, noté que la claridad del Señor nos envolvía y recuperé la paz. «Mira —le dije a mi marido—, conviene que veamos el lado bueno de las cosas. Ha sido una lección maravillosa la que nos han dado esos dos ancianos, que han hablado, sin duda, de parte de Dios. Lo más importante es que este niño que tenemos que cuidar es, efectivamente, el Mesías. Y que su labor será la de redimir a su pueblo. Pero no tenemos que extrañarnos de que esa tarea le vaya a acarrear dificultades. En todo caso, detrás siempre tendrá al Todopoderoso, que velará por él como lo ha hecho hasta ahora. En cuanto a mí, me da miedo lo de la espada, pero creo que ése es el papel de todas las madres, vivir siempre sufriendo por nuestros hijos, temiendo sus desgracias y padeciendo más que ellos mismos cuando les sobrevienen. Además, cuando acepté la invitación del ángel no lo hice para cubrirme de gloria y ser homenajeada por las demás mujeres de Israel como madre del Mesías, sino para serle útil a Dios. Sólo le pido al Señor que lo que me tenga que suceder a mí le sirva a él de descargo y de alivio. Que sufra yo, pero que no padezca él. Que la espada que traspase mi corazón, como ha profetizado el buen anciano, no entre, a cambio, en el corazón de nuestro hijo. Y que Dios me dé fuerza para soportarlo todo.»

Así fue como transcurrió aquella extraña jornada. Llegamos a nuestra humilde casa y, en los días siguientes, nos preparábamos ya para regresar lo antes posible a Nazaret cuando nos ocurrió algo que volvió a introducir el misterio en nuestra vida.

EL GRITO DE RAQUEL

Era media mañana. Yo estaba ya muy recuperada de las fatigas del parto que, como te conté, en realidad no habían sido tantas. El niño era muy despierto y abría ya sus ojitos para fijarlos, torpemente aún, en su padre y en mí, así como en aquellas cosas que le poníamos delante. Era tranquilo como un atardecer en el lago de Galilea y hermoso como una luna llena. Ya hacíamos planes, Juan, como te dije ayer, para regresar a Nazaret e incluso preveíamos hacer una pequeña escala en Ain Karem, que está al norte de Jerusalén, para pasar unos días con Zacarías, Isabel y el pequeño Juan.

En esto, como te digo, a media mañana, oí un alboroto grande en el pueblo. Nuestra choza estaba en la falda de la colina, en el lado opuesto al camino que une Belén con Jerusalén, pero, por lo que llegaba hasta mí, algo grande debía de estar ocurriendo en la aldea. Yo estaba sola, pues José solía salir a buscar trabajo, bien en el campo con la tierra o el ganado, bien haciendo algún arreglo en las casas. Ahora en Belén había dinero en abundancia tras el paso de tanto forastero y muchos aprovechaban para mejorar sus hogares. En esto, mi marido descorrió de golpe la estera que servía de puerta a nuestra casa y se metió dentro. Venía muy agitado. «Acaban de llegar al pueblo unos personajes misteriosos,

113

en una caravana con camellos y caballos. Vienen preguntando por el Mesías. Toda la aldea ha salido a recibirlos y nadie sabe darles razón de quién sea el tal Mesías. He visto a dos de nuestros amigos, los pastores, que me han mirado preocupados y les he hecho una seña para que callen. Uno ha ido en busca de Rasón, mientras yo corría para aquí. No sé si debemos salir huyendo o si tenemos que dejar que nos encuentren.»

Todavía estaba hablando cuando se presentó un hombre muy bien vestido a la puerta de la choza. Tras él, a corta distancia, estaba aquel pastor que había insinuado que nuestro hijo era un impostor porque no había nacido con signos externos de grandeza. A pesar de las advertencias de los otros, no dudó en contar a los nobles señores que él sí sabía dónde estaba el presunto Mesías e inmediatamente, tras negociar una gratificación, los trajo hasta nuestra casa. No sabía si lo que conducía hasta nosotros era el bien o era el mal. Había obrado por despecho y por avaricia. Pero, sin saberlo, como ocurrió años más tarde con nuestro pobre Judas, le había servido a Dios de instrumento. De nuevo los senderos torcidos. De nuevo Dios que actúa sacando el bien incluso del pecado.

Porque el caso es que acertó. El que primero se asomó era un paje. Luego lo hicieron sus señores. Eran tres, ataviados de modos muy distintos. Uno de ellos era del color de los esclavos nubios que a veces habíamos visto en las comitivas romanas, pero, al contrario que ellos, no iba desaharrapado, sino vestido con elegancia, como sus compañeros. José, como hacía siempre que había algún peligro, se interpuso entre el niño y yo y les preguntó, sin alzar la voz pero con firmeza, quiénes eran y qué querían.

«Somos —contestaron— unos sabios que venimos de Oriente. Nos dedicamos, en las tierras de donde un día salió este pueblo elegido y numeroso, a escudriñar las estrellas. Conocemos al Dios Altísimo y a Él sólo damos culto, a pesar de no ser de vuestra raza. Por eso, un día, hace meses, recibimos de Él un mensaje que nos invitaba a dejar nuestra tierra, como hizo vuestro padre Abraham, en busca de alguien que habría de revelarnos la plenitud de la sabiduría. Este alguien no podía ser otro que el rey de los judíos, el descendiente de David y del gran Salomón. Así que acudimos a la capital, Jerusalén, y nos fuimos al palacio de Herodes porque supusimos que sería allí, de entre su descendencia, donde Yahvé habría escogido al Mesías. Pero Herodes no sabe nada e incluso nos ha pedido que le digamos dónde está ese Mesías para acudir él también a rendirle homenaje y a cederle su trono. Los sabios de Israel nos han contado que es en esta aldea de Belén, cuna de David, donde está profetizado que nazca el redentor del pueblo y por eso hemos venido. Ahora, ese hombre que está afuera, nos ha contado la aparición del ángel a los pastores y, aunque nos ha dicho que a él le parece que sois unos impostores, ha accedido a mostrarnos el camino. Queremos saber si está aquí el Mesías y, si es así, que nos dejéis verlo.»

José les cerraba el paso, aunque permanecía en silencio, indeciso. Entonces yo me asomé y, con el niño en brazos, protegiéndole pero sin esconderlo, les dije: «Aquí está. No sé si os pasará como al pastor que os ha traído a esta casa y os decepcionará su pequeñez y nuestra pobreza. No es tarea nuestra convenceros de nada, porque no os hemos llamado y tampoco os necesitamos. Sólo os digo que éste es el Mesías. Que creáis en él o no, es asunto vuestro.» En esto, el niño abrió los ojos y los miró. Te lo aseguro, Juan, no hizo nada más, ni un solo gesto extraordinario o impropio de un pequeñín como él. Pero bastó aquella mirada para que los tres, al unísono y sin mirarse entre sí, cayesen de rodillas. No sólo eso, sino que, casi al momento, se echaron a llorar.

Uno de ellos, Melchor de nombre, dijo entonces, llamándome por primera vez con este título que ahora tantos me dais: «Señora, madre del salvador de Israel y de todas las naciones, no podéis entender lo que nosotros sentimos. Hemos pasado la vida buscando la sabiduría. Hemos dejado en ese empeño nuestra juventud y tantas posibilidades de placeres y todo lo dábamos por bien empleado con tal de conseguirlo algún día. Somos famosos no sólo en nuestra ciudad, sino también en Grecia, en Roma y aun en la lejana India. Nuestros amigos son los más célebres sabios del mundo y ellos nos tienen a nosotros por los primeros de todos. Pues bien, lo que acabamos de ver es la ruina de nuestro conocimiento. La sabiduría, dignísima señora, no es una idea, un pensamiento, un concepto que se atrapa y se formula, con el que se trabaja día y noche dándole vueltas y puliéndolo como los ríos hacen suaves las piedras a base de darles golpes. La sabiduría, señora, es un niño. La sabiduría es la vida. La sabiduría es que Dios se ha acordado de los hombres y ha decidido volver a intervenir en su auxilio. La sabiduría es el amor que hay en esa criatura, tan frágil que un tirano puede matar, pero tan poderosa que, sin violencia, puede cambiar el mundo. El amor, noble señora, es la suma de todos los conocimientos y el resumen de todo el saber. Y esto, aunque ni vos ni vuestro marido lo sepáis, es lo que protegéis ahora en vuestros brazos.»

Los magos nos hicieron regalos de gran valor y llenos de simbolismo. El oro, el incienso y la mirra. Me turbaron un poco sus palabras y tuve después mucho tiempo para meditar sobre ellas lo mismo que sobre el hecho de que tantos lloraran al encontrarse con mi hijo. Estaba conmocionada, aunque sin miedo alguno. El pueblo entero de Belén se agolpaba a la puerta de nuestra casa, pues había seguido a los forasteros, y sólo los criados de los tres extranjeros conseguían mantener a la gente fuera.

José les invitó a sentarse en los taburetes que él mismo había fabricado. Querían saberlo todo y todo les contamos. Cada vez estaban más admirados. Curiosamente, también ellos, como antes nuestros amigos los pastores, como el anciano Simeón en el templo, me pidieron poder sostener un momento al niño en sus brazos. Era como si tocarle les atrajera a todos irremediablemente. «Cuidar de él —me decían— es el mejor de los regalos. Con haberle podido servir un instante, ya nos sentimos recompensados.» Nos advirtieron del miedo que les daba Herodes y de cómo un noble anciano judío de los que viven en el palacio les había aconsejado a escondidas que intentaran burlar la vigilancia del Rey, pues éste lo último que estaba dispuesto a hacer era poner su trono a disposición del Mesías. Así que nos dijeron que, a la salida, iban a decir a todos los de Belén que se habían equivocado y que nosotros no éramos los que buscábamos, para alejar las sospechas, pero que haríamos bien en marcharnos cuanto antes.

Dijeron esto, tomaron por cortesía algo de los alimentos y del agua fresca que yo les ofrecí y, tan rápidamente como habían venido, se marcharon.

Durante un largo rato pudimos oír la algarabía de su cortejo y de la gente que les seguía. Algunos merodeaban por la casa, pero José, Rasón y los demás pastores, apostados en la puerta, impidieron que me molestaran. La noche cayó pronto, pues estábamos en pleno invierno, aunque ya había empezado a crecer el día, y con las sombras todo volvió a la calma.

«¿Qué hacemos, María? —me dijo mi marido, sentado junto a mí al lado del hogar, mientras Jesús dormía en el viejo pesebre que aún le seguía sirviendo de cunita—. Estos extraños mensajeros de Dios nos han aconsejado que nos vayamos cuanto antes. Por más que ellos intenten despistar a Herodes, sus espías les tienen que haber seguido hasta aquí y es muy probable que a estas alturas ya esté informado de esta visita. Mañana o en los días próximos podemos ser atacados por sus esbirros. Por eso creo que debemos marcharnos cuanto antes. Además, nosotros ya habíamos pensado partir, así que sólo se trata de acelerar nuestro regreso a Nazaret, sin pasar por casa de Isabel como habíamos planeado.»

Recuerdo que le tranquilicé y que asentí a sus planes. Estaba tan desconcertada, tan sorprendida y, en el fondo, tan alegre, que ni aunque se hubiera presentado en ese momento una patrulla romana ante nuestra puerta me habría inquietado. Le aconsejé que nos acostásemos cuanto antes y que, al alba, empezásemos a prepararlo todo para salir ese mismo día.

Pero no habían terminado ahí los azares de la jornada. Estábamos ya durmiendo cuando una luz vivísima nos sobresaltó, incluido al niño, que se despertó pero no se echó a llorar sino que se quedó mirando fijamente al que, poco a poco, se vislumbraba tras la luz. Podrás pensar, querido Juan, que estábamos ya tan acostumbrados a las apariciones de ángeles, a los oráculos de ancianos venerables y a las visitas de magos portentosos que aquello se había convertido en algo rutinario. No era así. Ni para José ni para mí, desde luego, aunque al niño, con su mesecito casi recién cumplido, nada parecía extrañarle.

El caso es que el ángel se arrodilló ante la cuna de Jesús y rozó con su frente el suelo. Luego, como aquella vez primera, besó con una de sus alas mi mano y, por último, tras una inclinación y con una voz llena de respeto, se dirigió a José: «Levántate —le dijo—, toma contigo al niño y a su madre y huye a Egipto; y aguarda allí hasta que yo te lo diga. Porque Herodes va a buscar al niño para matarle.» No dijo más y nosotros no preguntamos nada. Estaba todo bien claro. La única diferencia es que si antes planeábamos ir hacia el norte, ahora Dios nos decía que era más seguro que fuésemos hacia el sur.

El ángel desapareció y José y yo no lo dudamos

ni un instante. En poco tiempo teníamos recogidas nuestras pocas cosas y habíamos aparejado el borriquillo. Con el niño bien arropadito y muy pegado a mi pecho emprendimos la huida. Salimos de la aldea en plena noche, pero, por si acaso alguien nos veía, tomamos el camino contrario al que deseábamos y nos dirijimos hacia Jerusalén. Luego, tras haber recorrido una distancia prudencial, por atajos y senderos, nos pusimos en marcha hacia Egipto.

Lo que más sentí fue no despedirme de nuestros amigos. Rasón y los otros habían sido muy buenos con nosotros y ahora teníamos que huir así, sin decir nada. Pero José me había hecho callar cuando se lo comenté, alegando que era mejor para ellos no saber nada de nosotros por si acaso les interrogaban los enviados de Herodes. Además, entre ellos no todos eran de fiar, como se había puesto de manifiesto al ser conducidos los magos ante nuestra casa. Ellos, por otro lado, comprenderían perfectamente lo que había pasado, pues no en vano habían estado con José, después de que los magos se hubiesen ido, comentando el riesgo que el niño corría si Herodes llegaba a localizarle. «Afortunadamente —me dijo José—, yo no les he mentido cuando esta tarde les he dicho que pensábamos irnos a Nazaret lo antes posible, porque eso era lo que yo creía entonces. El caso es que, si alguien les pregunta, eso será lo que dirán porque no sabrán otra cosa.»

El resto de la noche casi no hablamos. Procurábamos fijarnos atentamente en el camino, para evitar tropezar, cosa que no era difícil gracias a la hermosa luna que brillaba en el cielo. Al amanecer ya estábamos lejos de Belén y aún lo estuvimos más cuando hicimos el primer alto para tomar alimento. Entonces fue cuando José se desahogó.

«No entiendo nada de lo que está pasando —me dijo—. No he entendido nada desde el primer momento, aunque he hecho esfuerzos para aceptarlo todo y ponerme al servicio de los planes del Altísimo. Pero esto de salir huyendo como criminales en medio de la noche, esto sí que me desborda. Nos han enseñado, María, que Dios premia a los buenos y castiga a los malos y que, por lo tanto, cuando a alguien le castiga es porque es malo. ¿Qué hemos hecho nosotros de malo para tener que huir? ¿Por qué el Todopoderoso no envía un ejército de ángeles para enfrentarse incluso a las legiones romanas si se atreven a atentar contra su Mesías? ¿Nos va a suceder esto siempre? ¿Qué peligros nos esperan en esta tierra extraña a la que vamos, en la cual padecieron tanto nuestros antepasados? ¿Tendremos que permanecer en ella para siempre y será Jesús quien tenga que volver a la cabeza de un ejército para liberar a Israel?»

Como yo también había estado meditando durante las largas horas de viaje, y las preguntas que me hacía eran parecidas, pude contestarle a algunas. «Querido José —le dije—, recuerda que a nosotros no nos toca entender, sino sólo tener fe. Lo que ha ocurrido no es fruto de la inteligencia humana, sino de los planes de Dios. Así que nuestro deber es obedecer y secundar lo más fielmente posible la voluntad divina. Es verdad que somos como una caña azotada por el viento, como una hoja seca que es llevada de aquí para allá sin que pueda evitarlo. Es verdad que, desde hace casi un año, tu vida y la mía han cambiado tanto que no se parece en nada a lo que podíamos haber planeado. Pero ni a ti ni a mí nos cabe la menor duda de que Dios está detrás de todo, así que debemos tener confianza pase lo que pase. En cuanto a eso que dices sobre el premio y el castigo, ya sé que así se enseña en las sinagogas, pero también es cierto que algunos profetas hablan de otra manera e incluso ahí está la historia de Job, que sufrió siendo inocente. El sufrimiento es un misterio y siempre me ha parecido demasiado fácil atribuirlo a un castigo de Dios por los pecados del que está sufriendo. Nuestro hijo, en todo caso, es absolutamente inocente y ya le ves, ni ha nacido en el mejor de los palacios como merecía, ni tiene a su servicio una corte de criados, ni tan siquiera puede crecer tranquilo sin que le amenacen mil peligros. Pero, en fin, lo que te digo, José, son cosas de una muchacha inexperta como soy yo. Por eso te pido que te tranquilices y que estés seguro de que ni en Egipto ni en ningún sitio Dios dejará de protegernos, aunque tengamos que errar hasta el fin de nuestros días. Lo importante es salvar a nuestro hijo y eso, hasta ahora, lo estamos consiguiendo.»

José se acercó a mí y me besó en la mejilla. Lo hacía pocas veces y siempre con un gran respeto. Pero en aquella ocasión tuve la sensación de que era el beso de un hijo a su madre, como si, a pesar de ser él el hombre de la casa y más mayor que yo, mis palabras le hubieran servido de apoyo y hubiese encontrado en mí el ánimo que a él había empezado a faltarle.

El viaje a Egipto fue difícil. Hicimos muchas escalas y conocimos a gente muy diversa. Nos movimos siempre en caravanas de judíos, pues el tráfico comercial entre Alejandría y Jerusalén era constante, dado que en la gran ciudad egipcia había una colonia judía muy considerable. Allí vivimos unos años, hasta que, otra vez, el ángel nos avisó de que ya había pasado el peligro. La muerte de Herodes y las luchas que se desataron entre sus descendientes hicieron que nuestro caso se olvidara y que pudiéramos regresar sin peligro. Con todo, como Arquelao, hijo de Herodes, reinaba en Judea, dimos un gran rodeo y, sin pasar siquiera por Jerusalén, nos instalamos en Galilea, en nuestra querida Nazaret.

Pero fue en el camino de vuelta, viajando con una caravana desde Gaza hasta Jerusalén, cuando nos enteramos de todo lo que había ocurrido tras nuestra salida de Belén. José se quedaba alguna vez en las tertulias que se organizaban por las noches en torno al fuego del campamento. La historia que contaban aquel día le llamó en seguida la atención y luego pudo contármela a mí. Se comentaban los últimos sucesos políticos, la difícil herencia de Herodes y los últimos años de ese sanguinario rey. Uno de los que hablaban, para destacar su crueldad, dijo que, cuatro años antes de morir y estando Herodes muy preocupado con lo de su sucesión, se habían presentado en Jerusalén tres magos de Babilonia, en busca del Mesías. Según esos astrólogos, había nacido y creían poder encontrarle en el palacio del rey, como era lo lógico. Como Herodes hacía tiempo que no tenía ningún hijo, a pesar de lo numeroso de sus concubinas, supo que no era en su casa donde había nacido el Mesías. Tramó matar a los magos, pero antes los envió en busca del que, según la profecía, debía ser el libertador de Israel, porque si llegaba a oídos del pueblo su existencia, se convertiría en un serio rival a heredar su reino, desplazando a sus hijos. El caso es que los magos lograron burlar la vigilancia de sus espías y que sólo pudo saber que el nacimiento había tenido lugar en la aldea de Belén.

Como había habido tanta gente en ese pueblo con motivo de la inscripción en el registro romano, era muy difícil saber quién había nacido allí y quién no. Tampoco sabía cuánto tiempo hacía que había nacido el niño, pues los magos no habían sido precisos a la hora de determinar su edad, si bien le dijeron que se trataba, con toda seguridad, de un niño pequeño. En fin, que Herodes dio muestras de su crueldad ordenando a sus soldados que mataran a todos los niños menores de dos años, de Belén y de sus alrededores, para asegurarse de que no dejaba vivo al que decía ser el Mesías. Aquélla fue —terminaba el narrador— una de sus últimas fechorías, pues años después murió en medio de unos dolores espantosos. Otro de los presentes, que también conocía la historia, como muchos en Judea, recordó que algunos sabios de Jerusalén, al conocerse la terrible noticia de la matanza de los niños habían citado un oráculo del profeta Jeremías: «Un clamor se ha oído en Ramá, mucho llanto y lamento: es Raquel que llora a sus hijos, y no quiere consolarse, porque ya no existen.» Nadie sabe, decían los narradores, si Herodes tuvo éxito en su intento de acabar con el Mesías. Probablemente sí, concluían, porque nunca más se ha vuelto a oír nada de él.

José no dijo nada y se limitó a escuchar. Al cabo de un rato se levantó y regresó a la tienda, donde yo le esperaba con el niño, que ya tenía cinco años. Nadie sospechaba, me dijo, que éramos nosotros los protagonistas de la historia. Todos nos veían como una familia que regresaba a Israel después de haber estado en Egipto para hacer fortuna, fortuna que, por cierto, no fue otra que los espléndidos regalos que nos habían dejado los magos al marcharse y que, sabiamente administrados por mi marido, nos permitieron no sólo sobrevivir en Egipto, sino instalarnos en Nazaret con comodidad.

Ni José ni yo pudimos evitar las lágrimas cuando él me relató la historia que acababa de escuchar junto al fuego. Pensamos en los niños de la aldea que habían perecido a manos del tirano y también en la suerte que podían haber corrido algunos de nuestros amigos, interrogados brutalmente por los esbirros de Herodes en busca de pistas sobre nuestro destino. ¿Y todo por qué?, nos preguntábamos. Pero entonces se despertó nuestro hijito. Se incorporó sin llegar a levantarse y nos preguntó el porqué de nuestras lágrimas. Luego se levantó, se acercó hasta nosotros y empezó a colmarnos de besos. Yo le abracé, en un arrebato de miedo y de ternura. Nos secamos las lágrimas y nos dispusimos a seguir adelante. El porqué de lo ocurrido estaba allí, en aquel niño de cinco años, que a todos hacía feliz sin darse cuenta él mismo del don que tenía y hacia el cual todos se sentían extrañamente atraídos. Pero el porqué estaba, sobre todo, en la maldad de los hombres, en su rechazo al plan de Dios. Era el pecado que mi hijo había venido

a derrotar el que daba sus últimos y terribles coleta-
zos, haciendo daño a justos e injustos, lo mismo que
el sol sale sobre malos y buenos. ¿Era de Dios la culpa? ¿Era Dios responsable del mal del mundo y del
pecado de los hombres por haberles hecho libres?
¿Era Dios, en último término, el culpable de la matanza de los inocentes al haber puesto en marcha el
proceso de la redención con el nacimiento de mi
hijo? No. Dios todo lo había hecho bien, desde la
creación del mundo hasta la concepción de mi niño.
Dios todo lo había hecho bien, incluso el crearnos a
su imagen y semejanza. Éramos nosotros los que uti-
lizábamos aquella libertad para volverla contra Él y
contra nosotros mismos. Y ahora era de nuevo Dios
el que quería intervenir en la historia para darnos
una nueva oportunidad. Pero, por desgracia, no iba a
ser fácil conseguirlo porque el Maligno no iba a
abandonar el terreno conquistado sin presentar una
feroz batalla.

EDUCAR A DIOS

Nuestra llegada a Nazaret causó sensación. Desde hacía más de cinco años no tenían noticias de nosotros e incluso algunos pensaban que habíamos muerto. La historia de mi embarazo prematuro se había olvidado o, al menos, nadie la recordó. En el fondo, no era tan importante puesto que aquello había tenido lugar dentro del matrimonio, pues yo ya estaba desposada con José, aunque aún no hubiéramos empezado a vivir juntos.

Encontré a mis padres muy envejecidos y muy preocupados por nosotros. Ana me dijo que en ningún momento habían temido ni por mí ni por el niño, ni tampoco por José, porque eso habría sido dudar de Dios. Estaban seguros de que estábamos bien, pero el hecho de no tener noticias nuestras les confirmaba en su sospecha de que habíamos tenido problemas, pues de lo contrario les habríamos hecho llegar algún recado. Ellos, por su parte, se habían puesto en contacto con Isabel en Ain Karem, la cual tampoco sabía nada de nosotros. Los empleados de Manasés, nuestro amigo de Caná, habían preguntado por aquí y por allá, cuando viajaban con sus caravanas, y todo parecía indicar que se nos había tragado la tierra. Sin embargo, insistieron mis padres, para ellos era más fuerte la certeza de que Dios no abandona nunca a sus hijos que la carencia total de noticias, así que, en medio de la preocupación, nunca perdieron la esperanza de volvernos a ver algún día.

A Nazaret, como a las demás aldeas de Galilea, llegó la noticia de la matanza de los niños en Belén, pero la versión que circuló por nuestra tierra no tenía nada que ver con lo que había sucedido realmente. Para aquellos campesinos del norte, tan metidos en sus cosas y tan alejados de la vida política, el rey tenía un gran prestigio y les resultaba difícil dar crédito a las críticas que los más instruidos les dirigían. Por eso pensaron que se trataba de un ajuste de cuentas, cruel e inhumano, pero dedicado a aclarar la línea sucesoria al trono. Incluso, me dijo Joaquín, alguno llegó a justificar esa acción, alegando que así habría menos pretendientes y que no correríamos el riesgo de una guerra civil.

El caso es que en Nazaret nadie sospechó que hubiésemos podido estar implicados en la terrible matanza y que Herodes nos hubiese buscado en su día para acabar con Jesús. Les contamos a todos la parte de la verdad que nos pareció prudente, para justificar de algún modo nuestra ausencia, y así les dijimos que José había sido llamado a Egipto por un poderoso señor que le ofreció un buen trabajo y que, acabada la faena, le había despedido diciéndole que podía regresar de nuevo a su tierra. Como no veníamos mal equipados, ya que José había sabido acrecentar moderadamente los bienes que nos dejaron los magos, fue fácil que nos creyeran. Pudimos instalarnos en Nazaret, en la antigua casa de José, que había permanecido todo el tiempo cerrada, y él pudo adquirir algunas herramientas nuevas para su negocio, poniendo en práctica además ciertas técnicas que había aprendido en los talleres artesanos de Egipto. Eso nos permitió vivir con una cierta holgura, siempre dentro de la humildad de nuestra estirpe, que coincidía, además, con nuestros deseos.

Todo empezó, pues, a ser normal. Teníamos tantas ganas de ese tipo de vida que, durante muchos años, ni nos preguntamos por la posibilidad de que las cosas pudieran e incluso debieran ser de otra manera. Vivíamos, José y yo, pendientes el uno del otro y, ante todo, del niño. Pero no estábamos encerrados en nosotros mismos, en nuestra familia. Lo primero en nuestra casa era el honor debido a Dios. También eran importantes los nuestros, mis padres y los parientes de José y míos, con los que manteníamos una relación muy estrecha, tanto más cuanto la pequeña abundancia de que disfrutábamos nos permitió ayudarles en varias ocasiones. Los amigos también contaban. Seguimos manteniendo la relación con Manasés y con Lía, de Caná, que por cierto habían tenido ya otros dos hijos. A pesar de la distancia, no perdíamos la ocasión de enviar y recibir noticias de Zacarías y de Isabel, así como del pequeño Juan, que ya desde el principio dio muestras de su carácter decidido tanto como de su arrebatada fidelidad a Dios. Y no en último lugar estaban todos los demás, los vecinos de la aldea, los pobres, los enfermos, los que pasaban por Nazaret como emigrantes. A unos y a otros intentábamos ayudar en la medida de nuestras posibilidades, con el corazón primero y, cuando era eso lo que necesitaban, con el dinero también. Ése fue el ambiente en el que creció Jesús, en el que se educó y en el que aprendió a vivir como un hombre.

Nuestra vida era muy normal y eso era, para nosotros, un gran regalo. Pero si lo era hacia fuera, no lo era tanto hacia dentro, y no me refiero a las relaciones entre José y yo, que discurrían por los senderos del amor casto que nos habíamos propuesto al principio. Me refiero al desarrollo de nuestro hijo.

A primera vista, Jesús era un niño como los demás. Bueno, no exactamente como los demás porque era guapísimo. Otros dirán, Juan, que exagero y que es pasión de madre, pero tú, que le querías casi tanto como yo, sabes que mi hijo era de verdad una hermosura, aunque tú le conociste ya de hombre y yo tuve la inmensa fortuna de verle crecer día a día a mi lado.

Jesús era un niño como los demás y, sin embargo, era muy distinto. Jugaba, como todos, pero se reía más que ninguno. Era el que más fácilmente podía convertirse en el jefe de su pandilla, pero se negaba a ello cuando eso significaba tener que pelearse con algún otro niño que aspiraba a lo mismo. Así fue reuniendo un grupo de amigos que tenían otros gustos y a los que no les divertía jugar a matar romanos, arrojar piedras a los nidos o hacer travesuras en los sembrados. Uno de esos amigos fieles fue su primo Santiago, del que muchos creían que era su hermano, por lo que se parecían y porque siempre andaban juntos.

Pero no era eso lo más significativo. Su dominio interior y una especie de señorío que él no reivindicaba y por el que no luchaba, lo notaban todos. Lo que José y yo veíamos eran, además, otras cosas, las cuales nos advertían de que tras la aparente normalidad estaba preparándose la aparición pública del Mesías.

Recuerdo, por ejemplo, cuando murió Joaquín, mi padre. No hacía mucho que estábamos instalados en Nazaret, apenas unos meses. Creo que Jesús ya había cumplido los seis años. Estaba en esa edad en la que todo se vuelve preguntar el porqué de las cosas. Mi madre aceptó la muerte de mi padre con serenidad pero con un gran dolor. Siempre habían estado muy unidos y habían tenido que pasar mucho juntos como para que ahora esa pérdida no fuera para ella un durísimo golpe. Jesús, con sus seis años y la sonrisa siempre prendida en la boca, se encontraba por primera vez con la muerte cara a cara. Se quedó mirando mucho tiempo a su abuelo amortajado, como hechizado por el túmulo. Tanto tiempo estuvo que Ana y yo nos dimos cuenta de que algo raro le estaba pasando y temimos que a su espíritu sensible y lleno de vida le pudiera suponer un duro golpe la contemplación tan directa de la muerte. Entonces, yo me acerqué y, con suavidad, le saqué de la sala donde estaba el cadáver del abuelo. «No llores —le dije—. El abuelo descansa en el Sheol, el lugar de los muertos, y allí espera, junto con el patriarca Abraham, la redención que Yahvé les concederá algún día.»

Apenas le dije esto se volvió a mí. Su rostro estaba iluminado, como cuando descubría algo que le hacía mucha ilusión y venía corriendo a enseñármelo para que yo también disfrutara. «El momento de la resurrección está cercano —afirmó—. Además, el abuelo es un justo y no tardará en ser admitido en el cielo, que no tiene nada que ver con el Sheol de que hablan en la sinagoga.»

«¿Y tú, qué sabes de eso? —le dijo mi madre, que había escuchado interesada la respuesta del niño—, ¿quién te ha hablado a ti de la resurrección, cuando eso es algo en lo que no todos creen en nuestro pueblo y que ni siquiera los que creemos en ella sabemos cómo será? ¡Lo que daría yo por estar segura de que mi Joaquín descansa en paz y que podrá gozar pronto de la presencia del Altísimo!»

Aquélla fue la primera vez que dijo la palabra crucial, la primera vez que aludió a Yahvé, a Dios, como a su «Padre». Al principio no nos dimos cuenta, pues, como sabes, Juan, tenía otros significados. Sólo más tarde se deshizo el equívoco. El caso es que contestó a mi madre, con su eterna calma, como si fuera la cosa más natural del mundo: «Abuela, me lo ha dicho mi padre. Y también me ha dicho que el abuelo Joaquín está bien y que no debemos sufrir por él. Me ha dicho que está vivo.»

Aquello fue demasiado para Ana, que se echó a llorar y tuvo que marcharse. Entonces yo cogí al niño y lo atraje a mí. Me senté ante él, de forma que mi cara se encontrara casi a la altura de la suya. Le miré fijamente a los ojos mientras sostenía sus hombros con mis manos y le pregunté: «¿Te ha dicho José que el abuelo está vivo? ¿Te ha hablado José de la resurrección de los muertos?» «No, José no —me contestó—. Ha sido mi Padre.» Y se soltó de mis brazos para salir a la calle, a correr con sus primos que le estaban llamando para que fuera con ellos.

«Ha sido mi Padre.» Aquella frase rompió el velo de ingenua normalidad en que creíamos estar viviendo. Por supuesto que le pregunté a José si él le había hablado al niño de cómo había sido su concepción y su nacimiento. Como me esperaba, José no le había dicho nada, ni tampoco Ana y, aunque ya no estaba vivo, podíamos estar seguros de que tampoco el abuelo Joaquín le había contado nada. ¿Qué sabía mi pequeño Jesús, entonces? ¿Qué estaba descubriendo por sí solo? ¿Pero, estaba solo o era Dios mismo el que le estaba educando para enseñarle lo que nosotros no sabíamos? ¿Estarían acudiendo a la cabecera de su cama ángeles nocturnos para contarle quién sabe qué secretos? Mil preguntas nos hicimos José y yo y, sobre todo, decidimos seguir viviendo con normalidad pero más atentos al crecimiento del niño. Convinimos que yo me encargaría de hablar más con él y no sólo de contestar a sus preguntas, sino también de hacérselas yo para poder averiguar qué era lo que Dios le enseñaba y aprenderlo así también nosotros.

Sobre todo me preocupaba, nos preocupaba, esa identificación de Dios como su padre. Nunca en nuestra religión habíamos oído nada igual. Desde luego, en nuestra casa jamás se le llamó así. Hablábamos mucho del amor de Dios, pero siempre dejábamos constancia de que ese amor era el que el Creador tenía hacia sus criaturas; era un amor del superior al inferior, del Todopoderoso a sus humildes siervos; era un amor grande, infinito, pues procedía del Omnipotente y se dirigía hacia nosotros, que no lo merecíamos. Pero de ahí a considerar a Dios como «Padre» había un abismo. Un padre es, ciertamente, un superior al que hay que prestar obediencia, pero es también un igual, alguien que tiene tu propia sangre, e incluso alguien al que un día tú tendrás que cuidar, cuando la curva de la vida se incline para él mientras para ti esté en su apogeo. Cierto que el niño podía decir, con derecho propio, que Dios era su «padre», pues en su concepción sólo había intervenido una mujer y ningún hombre, pero oírselo decir, con tanta naturalidad y siendo él tan pequeño, nos llenaba de asombro. Creíamos más bien que su relación con Dios sería la de un profeta, un enviado para una gran misión, el Mesías en definitiva, pero no nos habíamos dado cuenta de la relación íntima que había entre él y Dios, como si sólo fuera importante la tarea que debía desempeñar al servicio del Altísimo.

Aquello nos hizo pensar mucho, a José y a mí. No voy a decir que a José le resultara fácil, porque no fue así. No era sencillo oír a su querido niño llamar «padre» a otro, aunque ese otro fuera el mismo Dios. Se suavizó algo la tensión cuando, casi de inmediato, Jesús se dirigió a José llamándole «papá», como si tal cosa, como si nada hubiera ocurrido. Pero la semilla estaba echada y tanto mi marido como yo fuimos conscientes desde entonces de que la normalidad no era tal, sino que, por debajo de las apariencias, Dios estaba trabajando en el espíritu de nuestro hijo, y nosotros teníamos que aceptarlo porque era para eso para lo que él había nacido.

Pero no fue aquélla la única ocasión que se nos dio para meditar y sorprendernos. Te voy a contar, Juan, algunos casos más.

Tenía ya el niño siete años y su vida era la de cualquier otro niño de Nazaret, con la diferencia de que no nos daba a sus padres ningún motivo de queja. Un día, estando José fuera de la aldea y yo en casa, se oyó un gran griterío. El niño estaba preparando unas maderas en el taller de José, como éste le había encargado; había empezado, desde hacía poco, a ayudarle y a aprender el oficio de artesano, como por lo demás hacían todos los niños a su edad, bien en el campo, bien con el ganado, bien, como era nuestro caso, en la propia casa. El escándalo era tremendo y no pudimos evitar asomarnos a la calle a ver qué sucedía. Él estaba junto a mí. Casi en ese momento pasó la comitiva ante nuestra puerta. Un grupo de hombres llevaba, a empellones, a una mujer calle abajo, hacia las afueras del pueblo. La mujer, Séfora, era conocida de nosotros. Era una vecina que vivía en la parte alta del pueblo y con la que no teníamos mucho trato, pero a la que conocíamos. Sus hijos no se juntaban mucho con Jesús y sus amigos, y en algunas ocasiones habían llegado a pegarle, como suele pasar entre los niños. Detrás del primer grupo, a unos pasos de distancia, iba otro, más numeroso, en el que abundaban las mujeres. No tuve necesidad de preguntar nada, pues ya otra vecina interrogaba a uno de ellos. «¿Qué ha pasado? ¿Adónde la llevan?» En realidad, la respuesta resultaba obvia. «La han pillado en adulterio —contestó un hombre— y va a recibir el castigo que la ley establece para las que engañan a sus maridos. El rabino —ya no era el buen anciano que habíamos tenido en el pueblo durante años— ha dictado sentencia y vamos a apedrearla. Así servirá de lección a otras, que se aprovechan de que sus hombres están fuera, trabajando o padeciendo bajo el yugo romano, para portarse como rameras.» Y es que, efectivamente, Séfora engañaba a su marido con un vecino y aprovechaba cuando él se iba al campo para meter al otro en su casa. Al final, al engañado le llegaron rumores y tendió una trampa a la pareja, cogiéndolos en el peor momento.

Yo me estremecí. Tampoco había pasado tanto tiempo desde que estuve a punto de verme en una situación parecida, aunque por motivos absolutamente distintos. El niño estaba junto a mí, pegado a mis faldas, y miraba, curioso, el desfilar de la comitiva.

Algo debió de notar, porque me dijo, mirándome fijamente y muy serio esta vez, como un hombrecito que saliera en mi defensa: «Mamá, no te preocupes, a ti no te pasará nada.» Y luego, en seguida, sin darme tiempo ni a contestar ni a reponerme de la sorpresa ante lo que me acababa de decir: «¿La van a matar? ¿Qué le van a hacer al hombre que estaba con ella? ¿Qué va a pasar con sus hijos?»

Lo cogí y nos metimos los dos en casa. Cerré la puerta y, mientras el tumulto se alejaba calle abajo, le hice sentarse a mi lado. «¿Qué sabes sobre tu nacimiento?», le pregunté. Vi, de nuevo, la sorpresa pintada en su cara, y una cierta incomodidad, como si le estuviese preguntando algo obvio, algo evidente y eso le hiciese sentirse pequeño al tener que hablar de ello. «Mamá —me dijo, rehuyendo la respuesta—, ¿por qué a las mujeres que han hecho algo malo las castigan y a los hombres no? ¿Es que sólo obra mal la mujer y el hombre puede hacer lo que quiera?»

Yo insistí: «Hijo, luego hablaremos de eso, pero antes, dime, ¿qué sabes sobre tu nacimiento? ¿Te ha dicho algo algún muchacho de la aldea? ¿Se meten contigo los otros niños?»

Cuando vio que no conseguía engañarme para hablar de otra cosa, aceptó contestar a mis preguntas. Me dijo que él sabía que Dios era su Padre y a mis preguntas sobre su concepción no supo qué contestarme e incluso me preguntó si había pasado algo extraordinario. Sólo insistió en decirme que Dios era su Padre y que José también lo era, pero de otra manera. Luego, un poco molesto, me volvió a preguntar por el porqué del castigo que se le daba a la mujer sorprendida en adulterio.

Comprendí que el misterio todavía no se le había revelado en su plenitud, pero que poco a poco la mariposa estaba saliendo de la crisálida y no tardaría mucho en comprender quién era y para qué había venido. Lo comprendí y me asusté. Era un niño, un niño de siete años; era demasiado frágil para meterse a luchar en el mundo de los hombres. Así que le pedí a Dios que le diese más tiempo antes de que tuviese que empezar aquella misión que el ángel anunció y el anciano Simeón me profetizó en el templo. Pero no tuve tiempo de ensimismarme; ya Jesús me zarandeaba, inquieto, repitiéndome la pregunta cuya respuesta le urgía saber. Así que tuve que decirle algo.

Probé primero a darle una contestación que ni a mí me satisfacía: «Lo hacen —le dije— para que sirva de escarmiento a otras mujeres y así ninguna engañe a su marido.»

«¿Por qué, entonces, a los maridos no les hacen lo mismo para que sirva de escarmiento y ningún otro engañe a su mujer? ¿Es que los hombres pueden pecar y las mujeres no?», me contestó. Ya sabes, Juan, que en nuestro pueblo se dice que lo importante es encontrar la pregunta adecuada, no la respuesta. Mi hijo era un auténtico israelita que sabía llevar con tesón el hilo de la cuestión hasta que encontraba lo que iba buscando. Así que no tuve más remedio que seguir contestanto a sus preguntas. Lo iba a hacer en el sentido tradicional, en el que todos emplean para justificar la diferencia de trato entre el hombre y la mujer, cuando comprendí que aquello no era de Dios y que, por lo tanto, ni yo debía decirlo ni él escucharlo. Entonces afirmé: «Son costumbres antiguas que algún día Dios hará que cambien. En realidad, hijo, el pecado es el mismo en el hombre y en la mujer, pues si ella hace mal engañando a su marido con otros hombres, él hace lo mismo con respecto a su esposa. Todos deberían sufrir el mismo castigo y éste no debería ser, en ningún caso, tan terrible, por más que tampoco se pueda hacer como si no pasase nada.»

Aquella respuesta mía pareció dejarle satisfecho. Con un gesto rápido, como si de repente su interés estuviera ya en otro sitio, me echó los brazos al cuello, me besó y me dijo: «De todas formas, menos mal

134

que a ti no te pasó nada.» Y se fue a la calle a buscar a sus primos.

El beso aún me acariciaba la mejilla y ya él no estaba conmigo. Pero estaban sus últimas palabras, parecidas a las que me había dirigido al principio de nuestra conversación. Evidentemente, Dios le había contado algo y él no quería hablar de ello, o quizá no sabía exactamente aún lo que sabía, quedándose sólo en intuiciones que más tarde se harían conscientes. Quizá debería ser yo quien le ayudara a comprender, quien le hablara con claridad de sus orígenes. Me daba miedo y pudor a la vez. Y José en aquella ocasión no me sirvió de mucho, porque él, menos que yo, se atrevía a decir nada, ni siquiera a opinar sobre lo que se debía hacer. Así que decidimos esperar un poco más y seguir atentos a lo que pasaba en el alma de nuestro hijo.

Pero lo que allí pasaba era para nosotros un misterio. El niño eran tan normal que nos parecía que no sucedía nada. Nada, hasta que, de repente, ocurría algo. Pocos meses después de la anécdota de Séfora, estaba yo recogiendo agua en la fuente que hay en la parte baja del pueblo, junto al camino, y él estaba conmigo. Tenía ya ocho años cumplidos y era muy fuerte, así que me ayudaba en esa y en otras tareas de la casa, aunque ya había empezado a ir a la sinagoga con su padre, por lo que los otros niños le decían que no debía hacer trabajos de mujeres. Él, como te digo, Juan, estaba aquella mañana conmigo. Habíamos llenado ya dos cántaros grandes, los que debía subir yo, y estábamos llenando los dos pequeños para él. En esto oímos, por el camino, la esquila del leproso. Se hacen oír desde lejos, como manda la ley, para que la gente pueda apartarse de su lado y no contaminarse con la terrible enfermedad. Nunca entran en los poblados y ya sabes que todos les tienen por malditos, víctimas de algún grave pecado oculto. Mi niño dejó el cantarillo y se asomó al camino. Yo corrí tras él, sin preocuparme de nada, con lo que el cacharro cayó al suelo y se hizo pedazos. Logré atraparle cuando ya estaba en la puerta y di un tirón para meterle dentro. La esquila del leproso indicaba que estaba a punto de pasar. Jesús pugnaba por soltarse; quería ver cómo era de cerca uno de esos hombres de los que tanto le habían hablado sus primos. Se lo consentí, pero desde dentro. Cuando pasó, el pobre hombre miró hacia donde nosotros estábamos y nuestras miradas se cruzaron. En aquel momento, el niño dio un tirón y se soltó de mis brazos; sin que pudiera hacer nada y a pesar de mi grito, corrió hacia el leproso. Al llegar se paró. El hombre también lo había hecho e incluso había retrocedido, consciente de que era un niño que no sabía el peligro que corría si se acercaba. Los dos se miraron y Jesús le dijo: «¿Cómo te llamas? ¿Por qué estas así? ¿Es verdad que has hecho algo muy malo? No te preocupes, yo le pediré a mi Padre que te cure. ¿Tienes sed? Espera, que te voy a traer agua.» Yo ya estaba a su lado y lo había cogido para evitar que le tocara. Comprenderás, Juan, que hice lo que cualquier madre hubiera hecho. Pero, a la vez, comprendí que había algo misterioso tras aquel gesto de mi hijo. Volvió a soltarse de mis brazos y se metió dentro del recinto de la fuente. Volvió con un pequeño cuenco de calabaza lleno de agua. Esta vez me pidió permiso: «Mamá, ¿me dejas que le dé de beber? No tengas miedo, que no me va a pasar nada.» Quise cogérselo yo para que sus dedos no rozaran la carne podrida del enfermo, pero entonces me dijo: «Déjame, tengo que hacerlo yo. Debo cumplir con lo que me manda mi Padre.» «Espera —le dije entonces—, yo también quiero cumplir con lo que tu Padre te pide.» Así que besé el cuenco que él tenía en sus manos y le dejé que diera de beber a aquel hombre. De todos modos, no estaba del todo tranquila, pues no podía quitarme de encima el miedo a que mi niño pudiera quedar contagiado con sólo rozar al leproso; así pensábamos todos y yo era una mujer de mi pueblo y no una excepción.

Jesús le dio el cuenco, con una sonrisa en su rostro que era la expresión misma de la bondad. El leproso estaba extrañado de que alguien fuese tan amable con él, pues lo más que recibía era comida y bebida que algunas buenas gentes le dejaban en los caminos pero sin acercarse a él. Yo misma lo había hecho en multitud de ocasiones y a veces Jesús me había acompañado, aunque nunca había visto a uno de cerca.

El enfermo cogió el cuenco y una mueca parecida a una sonrisa iluminó su cara. Entonces fue cuando me estremecí, porque mi niño le acarició su mano, mientras dejaba que cogiera el recipiente. El leproso bebió y luego, hablando conmigo, me pidió permiso para quedarse con el cuenco de calabaza. «Gracias —me dijo—, hace mucho tiempo que nadie me ha tratado así. Gracias a ti, pequeño, que Yahvé te bendiga, aunque creo que ya lo ha hecho porque llevas en tus ojos la bondad y la paz.» Dio media vuelta y se marchó. Le vi alejarse más erguido, con paso más firme, como si hubiera recobrado su dignidad.

Días después llegó a Nazaret la noticia de que un leproso se había curado milagrosamente al beber agua de nuestra fuente y que iba diciendo que se le habían aparecido dos ángeles, uno con forma de niño y otro con forma de mujer, que le habían dado de beber en un cuenco de calabaza que todavía conservaba. Los del pueblo estaban muy disgustados, porque la noticia se había extendido por toda la región y eran muchos los leprosos que acudían a la fuente para ver si a ellos también les sucedía lo mismo, así que habían pedido a las autoridades que colocara hombres armados en los caminos para que Nazaret no se convirtiera en un lugar de peregrinación de enfermos.

«¿Sabes lo del leproso?», me preguntó entonces Jesús, muy contento. Los niños del pueblo, como los demás habitantes de Nazaret, no hablaban de otra cosa. «Es el nuestro —añadió—. Se ha curado. Le pedí a mi Padre que lo hiciera y me ha escuchado. Estoy muy contento, mamá.» Me faltó poco para echarme a llorar, de forma que tuve que sentarme. De nuevo el misterio golpeaba la puerta de mi casa y esta vez, como cuando lo llevaba en mi seno y mis oraciones sirvieron para sanar al hijo de Lía, se manifestaba a través de una curación extraordinaria, un verdadero signo del poder de Dios, aunque en este caso había algo más. Mi hijo me había enseñado que no hay barreras para el amor y que el verdadero milagro está en romper esas barreras.

El otro hecho, el que tú ya conoces, Juan, tuvo lugar años más tarde. Cada año, por Pascua, íbamos a Jerusalén. No todos lo hacían, pero para nosotros era muy importante. Aquella vez Jesús tendría ya algo más de doce años. Era un hombrecito. Alto, fuerte, muy guapo y tan bueno y tranquilo que llamaba la atención. Todo fue muy bien, como siempre. Quizá, más que en ocasiones anteriores, Jesús, que ya no era un niño, había estado ensimismado, muy atento a los ritos de la Pascua y un poco pesaroso con el espectáculo de la matanza de los corderos. «Pobres —dijo un día para asombro de su padre y mío—, no son más que símbolos. El verdadero cordero ya está aquí y sólo él podrá hacer de verdad que los pecados sean perdonados.» Pero no nos dio más explicaciones, ni nosotros se las pedimos.

Terminadas las fiestas, volvimos a Galilea. Después de la primera jornada de camino, cuando nos preparábamos para descansar, fuimos a buscarle entre sus primos, que aquel año habían bajado a Jerusalén con nosotros. Creíamos que había estado con ellos todo el día, porque, se habían hecho inseparables, sobre todo de Santiago. Pero no estaba allí. Entonces, José por un lado y yo por otro, empezamos a buscar por toda la caravana. La noche se echó encima y Jesús no estaba. No te puedes imaginar, Juan, la angustia y el miedo que sentíamos mi marido y yo, y también el resto de nuestra familia. Le podía haber pasado de todo, desde que se hubiera extraviado a que yaciera ahora en cualquier rincón de Jerusalén, herido o incluso muerto. Comprendimos que no podíamos hacer nada más que esperar a la mañana siguiente para deshacer el camino andado y regresar en su busca. Me pasé la noche rezando y llorando. José, a mi lado, trataba en vano de consolarme. «Es ya un hombrecito —me decía—. Verás cómo no le ha pasado nada. Se habrá despistado y estará en Jerusalén, quizá en casa de aquellos conocidos míos que viven junto al mercado, o en casa de los parientes de tu prima Raquel. Mañana le encontraremos. Estáte tranquila y descansa.»

Su mano fuerte me daba calor y ánimo. Pensé, una vez más, que el dolor se hacía presente en mi vida. No podía dejar de sufrir por él, pero comprendí que en aquella ocasión como en tantas otras, el Señor estaba esperando un sí mío, un acto de confianza en Él, y que la suerte de mi hijo no era sólo asunto mío, sino ante todo de Dios, que era el Todopoderoso y no dejaría que le sucediera nada malo. Al menos todavía.

¡Qué momentos tan terribles pasamos, Juan! José y yo revolvimos todo Jerusalén durante día y medio. Fuimos a las casas de nuestros conocidos y parientes, por lejanos que fuesen. Ya temíamos haberlo perdido para siempre cuando nos encaminamos hacia el templo. Era por la tarde, aún no había caído el sol y los rabinos y fariseos estaban reunidos en el Pórtico Real para la oración. Vimos, al entrar, un corro de gente discutiendo. No le dimos mayor importancia, porque era lo normal, dado lo mucho que nos gusta polemizar e interrogarnos los unos a los otros, y si es sobre motivos religiosos más todavía. Nos acercamos para preguntar si, por casualidad, habían visto a un muchacho perdido. Y le vimos allí, en el centro, sentado en medio de los maestros, escuchando y preguntando, dejando a todos sorprendidos. Yo no pude más y, en contra de las costumbres, me introduje en el círculo y me planté ante él. Delante de todos, nerviosa como estaba, le dije: «Hijo, ¿por qué nos has hecho esto? Míranos a tu padre y a mí, angustiados, te andábamos buscando.» Más tarde comprendí que le había puesto en ridículo, pues había irrumpido allí, donde tenía a todos boquiabiertos, para regañarle y tratarle como a un niño. Sin embargo, él no me contestó enfadado. Con calma, como si comprendiera mis nervios, dueño completamente de la situación y sin dar importancia a las carcajadas de algunos de sus contrincantes, que pretendían así vengarse de la derrota dialéctica que les había infligido, me sonrió y me dijo: «¿Por qué me buscabais? ¿No sabíais que yo debía estar en la casa de mi Padre.»

Con la misma calma con que había hablado, se levantó, se despidió de aquellos hombres sabios y, abriendo el círculo, se dirigió hacia donde estaba José, que no se había atrevido a intervenir. Yo, sorprendida todavía, le seguí rápidamente, mientras el grupo se deshacía tras nosotros. Los tres, en silencio, salimos del Pórtico Real y emprendimos el regreso a casa. El misterio, Juan, siempre el misterio, en torno a él y envolviéndonos a todos. Pero un misterio que empezaba a ser cada vez más tenue, que se inundaba de día en día de luz y que pugnaba por mostrarse a todos, empezando por nosotros. Eso fue lo que no tardó en hacer Jesús con José y conmigo. Pero eso, querido muchacho, te lo contaré mañana.

TREINTA AÑOS DE GLORIA

Si me preguntaran qué espero encontrar después de la muerte, querido Juan, sólo podría decir una cosa: volver a estar en el cielo. Y es que yo ya he vivido en el cielo. Y no durante una temporada fugaz. He vivido en el cielo durante, al menos, treinta años seguidos. He vivido en el cielo porque he estado con Dios, es decir, con mi hijo, conviviendo con él, disfrutando de estar con él, aprendiendo de él a la vez que le enseñaba lo poco que yo sabía. Pero eso de que Jesús, el hijo que se gestó en mis entrañas, fuera Dios, de la misma casta de Dios o, como dicen los griegos, de la misma naturaleza divina, eso yo no lo tuve muy claro desde el primer momento. Ni José ni yo. Fue el propio Jesús quien nos ayudó a entender el significado profundo de lo que nosotros ya sabíamos.

Hay que decir, Juan, que tampoco él sabía todo con claridad desde el primer momento de su existencia. De lo contrario no habría sido un niño normal. También en él se abrió paso la luz poco a poco. Ya te he contado cómo había empezado a referirse a Dios como a su «padre», con gran sorpresa nuestra e incluso con cierto temor, pues esa designación nos sonaba, a José y a mí, que éramos buenos israelitas, a blasfemia. Dios es el Altísimo, el Todopoderoso, el que vela por su pueblo elegido de generación en generación, pero de ahí a llamarle «padre» de la forma en que él lo hacía, hay un largo trecho. Y más si se pretende, como mi hijo pretendía, que esa paternidad no era sólo simbólica, sino real y exclusiva suya, aunque más tarde la extendiera hacia nosotros.

Después de aquel suceso del templo, cuando se perdió y lo encontramos explicando una nueva forma de entender la ley a los doctores, tuvimos, por fin, que dejar las cosas claras. José y yo comprendimos que había llegado el momento y que él estaba preparado, no sólo para entender cuál había sido su origen, sino también para darnos explicaciones acerca de su comportamiento e, incluso, de su misión.

Lo hicimos en seguida. Ya en el viaje a Nazaret, que hicimos solos porque la caravana de galileos nos llevaba tres días de ventaja, nos dirigimos a él pidiéndole que nos explicara con más claridad por qué se había quedado en el templo sin haber contado con nosotros. En primer lugar nos pidió perdón por el mal rato que nos había hecho pasar, pero aseguró que todo había sido fruto de una confusión. Me hizo recordar que, el día de la partida, me había dicho que le esperara porque tenía que resolver urgentemente una cosa en el Pórtico Real, donde había visto que habitualmente se reunían unos doctores de la ley para discutir entre ellos; el día anterior había estado escuchándoles ensimismado y había tenido que llevármelo de allí casi a la fuerza. Yo, efectivamente, caí en la cuenta de que me había hablado de ello, pero no supuse que esa espera debía prolongarse tanto. Con los preparativos del viaje, me había olvidado y habíamos partido creyendo que estaba con sus primos. Él, al echarnos en falta, pensó que no tardaríamos en volver a buscarle y así pasó dos días y medio, en los que se alojó en casa de uno de los maestros con los que polemizaba. Su tranquilidad y su absoluta confianza en Dios era algo que no dejaba nunca de sorprenderme, sobre todo por la edad que tenía.

Aclaradas las cosas, quisimos saber qué les había dicho a los rabinos y doctores, de qué discutían con tanto interés. Jesús nos contó, a su padre y a mí, que todo se había centrado en averiguar qué era lo esencial de la ley. Para algunos de los expertos en la Torá, lo más importante era la fe en Dios y el absoluto rechazo de toda idolatría; para otros, en cambio, lo más importante era el cumplimiento riguroso de los preceptos expuestos por Yahvé a Moisés en el Sinaí e incluso las leyes menores que de ellos se derivaban; no faltaban quienes iban más allá y se referían a la supervivencia del propio pueblo y de sus estructuras visibles, entre ellas el templo, como aquello que, pasara lo que pasara, no debía desaparecer. Jesús, según él mismo nos dijo, les había planteado la cuestión a partir de las primeras revelaciones del profeta Isaías, aquellas en las que dice: «¿A mí qué, tanto sacrificio vuestro? —dice Yahvé—. Harto estoy de holocaustos de carneros y de sebo de cebones; sangre de novillos y machos cabríos no me agrada, cuando venís a presentaros ante mí. ¿Quién ha solicitado de vosotros esa pateadura en mis atrios? No sigáis trayendo oblación vana: el humo del incienso me resulta detestable. Novilunio, sábado, convocatoria: no tolero falsedad y solemnidad. Vuestros novilunios y solemnidades aborrecen mi alma: me han resultado un gravamen que me cuesta llevar. Y al extender vosotros vuestras palmas, me tapo los ojos por no veros. Aunque menudeéis la plegaria, yo no os oigo. Vuestras manos están de sangre llenas: lavaos, limpiaos, quitad vuestras fechorías de delante de mi vista, desistid de hacer el mal, aprended a hacer el bien, buscad lo justo, dad sus derechos al oprimido, haced justicia al huérfano, abogad por la viuda. Venid, pues, y disputemos —dice Yahvé—. Así fueren vuestros pecados como la grana, cual la nieve blanquearán. Y así fueren rojos como el carmesí, cual la lana quedarán.»

Aquella intervención encendió la disputa en el

corro de estudiosos de la ley. Mientras unos decían que las palabras del profeta no se podían aplicar al pie de la letra a la situación actual, con la nación ocupada por los romanos, otros afirmaban que se corría el riesgo de olvidar que las buenas obras eran lo primero. Cuando cayó la tarde, un joven fariseo de familia muy rica y temeroso de Dios, al ver que todos se iban marchando y que Jesús se quedaba solo, siendo todavía un muchacho, le ofreció su casa. Jesús se fue con él y durmió en su casa las dos noches que permaneció en Jerusalén mientras nosotros le buscábamos. Aquel hombre, al que no pudimos ni saludar cuando nos llevamos a Jesús del corro de doctores a los que enseñaba, era alguien a quien tú conociste muchos años después; era José de Arimatea.

Una vez que Jesús nos hubo explicado todo eso, nosotros quisimos saber más. Los dos habíamos comprendido que Dios ya le había revelado a nuestro hijo lo más esencial de su misión y ardíamos en deseos de enterarnos de cuáles serían los planes del Altísimo, para él y para nosotros mismos. Así que le preguntamos: «¿Y tú, hijo, qué opinas de la profecía de Isaías?, ¿qué te parece más importante para agradar a Dios?» Recuerdo que íbamos caminando bajo la sombra de unos olivos, a pesar de lo cual pude notar perfectamente la sorpresa en el rostro de Jesús cuando se paró y me miró. «¿Por qué me dices eso, madre? —me contestó—. ¿Acaso no lo sabes tú?» José, que intervenía muy poco, como si tuviera miedo a hacer valer su condición de padre en asuntos en los que no lo era, salió en mi defensa y le respondió: «Hijo, ella sí lo sabe, pero yo no estoy seguro. Me gustaría que me enseñaras y me dijeras lo que Dios te ha revelado. ¿En qué consiste la gloria de Dios? ¿Qué puede hacer el hombre que le resulte más grato al Altísimo?»

Más tranquilo, como si el susto de que yo no estuviera enterada de todo lo que él sabía se le hubiese pasado, Jesús dijo, con absoluta naturalidad, como si todo resultara evidente: «Escucha, Israel: "Amarás a Yahvé tu Dios con todo tu corazón, con toda tu alma y con toda tu fuerza." Y también: "Amarás a tu prójimo como a ti mismo."»

José, más experto en el estudio de las Escrituras que yo, reconoció al punto ambos fragmentos y le dijo a Jesús: «Esos dos textos son del Deuteronomio uno y del Levítico el otro. Pero ¿por qué ésos y no otros?» El muchacho, animado por poder explicar lo que llevaba dentro, le contestó excitado: «Padre, ¿no te das cuenta? Lo esencial de la revelación de Dios a nuestro pueblo no es la ley, ni es el templo, ni es tan siquiera el cumplimiento minucioso de todas las prescripciones legales. Lo más importante es el amor. Si no hay amor, si hay injusticia, rencor, odio, envidia y todo lo demás, por más sacrificios que ofrezcamos, por más que recemos, Dios no está contento con nosotros ni lo puede estar. Madre —dijo volviéndose a mí—, ¿verdad que tengo razón?, ¿verdad que Dios es amor y que sólo el amor nos une a Él y nos permite ser como Él?» Yo noté que mi corazón latía fuertemente. Sus palabras encontraban un eco absoluto en mi alma, como si contuvieran algo que yo siempre había sabido pero que jamás me había atrevido a formular. Así que, emocionada, le abracé. Besé su cabeza, que ya casi me llegaba a los hombros, y le di la razón. Entonces él se dirigió a José: «¿Y tú, padre, estás de acuerdo en que sin amor todo lo demás es como una cáscara vacía o un sepulcro blanqueado que por fuera parece hermoso pero que por dentro está lleno de muerte?» A José le costó más decir que sí. No en vano, a pesar de su enorme bondad, él había sido educado en las tradiciones más estrictas y se había apegado a ellas. Comprendía lo que le decía Jesús y sabía que tenía razón, pero dudaba. Así que, como buen israelita, contestó a su pregunta con otra: «¿Y entonces, de qué sirven los sacrificios y las oraciones? ¿No llevaría esa teoría tuya, como consecuencia, la desaparición de la ley, la desaparición incluso del templo y por tanto del propio pueblo en cuanto elegido? Si el amor es lo que más le agrada a Dios, como cualquiera puede amar, ¿para qué necesita Dios un pueblo al que llamar suyo? ¿Y cómo evitar que cada uno decida por sí mismo lo que es amor y lo que no lo es?»

Jesús se separó de mi abrazo y, siempre caminando, se acercó a José. «Mira —le dijo con aquel tono suyo tan característico, con aquella autoridad con que hablaba después cuando os conoció a vosotros y que ya entonces tenía en determinadas ocasiones—, quizá ha llegado la hora anunciada desde antiguo en que vendrán de Oriente y Occidente para dar culto al Dios verdadero y ese culto no será con grasa de animales ni con sacrificios y ofrendas, sino con el corazón limpio. Los verdaderos adoradores adorarán a Dios en espíritu y en verdad. Y esto no tiene por qué destruir lo que ya tenemos, el templo, la ley y todo lo demás, sino sólo purificarlo, librarlo de todo lo que no es del agrado de Dios. Así, al menos, me lo ha enseñado mi Padre.»

Jesús siempre hablaba con la misma naturalidad, como si lo que decía fuera tan evidente para los demás como para él mismo, pero en aquella ocasión incluso él comprendió, con sus últimas palabras, que había entrado en un terreno peligroso y que forzosamente debía dar más explicaciones. No se podía empezar llamándole padre a José para terminar invocando la paternidad de otro, por más que el propio José y yo intuyésemos que hablaba del mismo Dios. Además, aquella paternidad que él tenía continuamente en la boca a José le ponía muy nervioso y a mí me producía también una cierta inquietud; no en vano, yo también era judía y, como tú sabes, llamar al Altísimo de ese modo era algo que casi sonaba a blasfemia a nuestros oídos. Como noté el malestar de José y noté también que esta vez Jesús se había dado cuenta, me apresuré a intervenir.

—Hijo —le dije—, creo que ya es hora de que nos digas lo que sabes sobre ti mismo, sobre tu nacimiento, sobre tu misión y también por qué llamas a Dios con el título de Padre.

—Mamá —me contestó, un poco nervioso—, no sé cuándo lo supe todo. No sé ni cómo lo supe, pero el caso es que lo sé desde siempre aunque no siempre fui consciente de lo que sabía. Sé que José —bajó los ojos un poco avergonzado de tener que hablar de estas cosas ante él, por lo que le concernía, y ante mí, porque era una mujer— no es mi padre verdadero. Sé que fui concebido después de que el ángel te lo pidiera y de que tú consintieras. Sé también, y no sé cómo lo sé, que ese Dios al que todos llamáis el Altísimo y el Todopoderoso, porque lo es en verdad, es mi Padre. Lo es por derecho propio. No puedo sentirlo de otro modo y ésas son las palabras que vienen a mis labios cuando pienso en Él. Él me engendró. De Él procedo y a Él iré. Intuyo que hay algo más sobre mí mismo, sobre quién soy yo, y sobre la tarea que debo cumplir, pero aún no sé qué es. Pero sé también que no debo preocuparme. Es como si, poco a poco, Él, mi Padre, me lo fuera enseñando todo, y lo que me enseña sé que ya lo sabía, que siempre lo he sabido. Por ejemplo, lo que os he dicho acerca del amor, o lo que un día le dije a la abuela Ana cuando murió el abuelo Joaquín. Todo está ya en mí, aunque todavía no sé qué es ese todo. Pero yo —y ahora se volvió a José y le cogió la mano, cosa que no solía hacer desde que dejó de ser un niño—, yo te quiero mucho y te llamo padre porque lo eres también. Y te digo que serás bienaventurado durante generaciones y que en ti se cumplirá, se ha cumplido ya, la profecía hecha por el profeta Natán a David, del que procedes: «Tu casa y tu reino permanecerán para siempre ante mí; tu trono estará firme eternamente.» —Dicho esto, le dio un abrazo. Padre e hijo se fundieron en un abrazo como nunca antes lo habían hecho. Supe que en José habían desaparecido todos los recelos, incluso el resquemor ante una paternidad que no era suya y que, inocentemente, mi hijo reiteraba ante él sin darse cuenta de que le molestaba. Supe también que ya no me quedaba mucho tiempo para disfrutar de la compañía de aquel hombre justo, al que tanto quería y al que tanto debía. Pero este pensamiento desapareció rápidamente de mi cabeza, solicitada por ellos dos a unirme a su alegría.

Con todo, y ya casi a la vista de nuestra aldea, José se dirigió a Jesús y le advirtió con voz solemne:

—Hijo, tú debes hacer caso a lo que te enseñe tu Padre del cielo y a nadie más, ni siquiera a tu madre o a mí, si es que alguna vez te decimos algo, en nuestra torpeza, que no coincide con lo que el Altísimo te revele. Pero yo te aconsejo que tengas mucho cuidado, que midas bien lo que dices y ante quién lo dices. Tus palabras sembraron la confusión en el templo y quizá podrían parecerle a algunos muy peligrosas, sobre todo si encuentran eco entre los jóvenes, pues estoy seguro que te escucharán encantados, ya que eso del amor es siempre grato de oír a los que tienen poca experiencia, pero asusta mucho a los que saben lo dura que es la vida y la de componendas que hay que hacer para lograr sobrevivir. Por eso, no te precipites. Espera hasta que estés seguro de que ha llegado tu hora.

—Padre —le respondió Jesús—, sé que tienes razón. Noto dentro dos fuerzas opuestas, a la vez poderosas. Una me dice: «prudencia» y la otra me invita a correr, a galopar, a lanzarme a la calle a vocear lo que el corazón me grita. Esta última fue la que venció cuando me encontraba en el Pórtico Real y por eso no pude evitar plantear aquellas cuestiones a los doctores. Pero sé también que Dios aún no me lo ha revelado todo, aunque ya sé que todo lo llevo dentro. Y sé que notaré, no sé cuándo, que la hora ha llegado. Hasta entonces, deberé seguir luchando para contener a este potro indómito que quiere galopar y al que esta aldea nuestra le resulta demasiado pequeña.

Desde entonces, el tiempo pasó muy de prisa, al menos para mí, aunque no fue así para Jesús. Pero aprendió a contenerse y aprendió —como él mismo me dijo en más de una ocasión—, que no bastaba con saber las cosas, sino que la sabiduría era auténtica cuando se traducía en obras. Entendió que ésa era la causa de la espera que Dios le imponía. Dios le mandaba que viviese, sin prisas, todo lo que sabía acerca del amor para que lo supiese realmente y no sólo como una hermosa teoría que no tenía nada que ver con su vida. Esa lección, querido Juan, no podía sólo aprenderse con la cabeza; tenía que calar, como el agua cuando cae mansamente, y para eso hacía falta tiempo. El tiempo se convirtió en el medio a través del cual Jesús asimiló en su propia carne lo que estaba en su cabeza. El tiempo se convirtió, por eso, en mi primer aliado, ya que gracias a él yo pude disfrutar durante treinta años de su compañía.

Como te digo, Juan, el tiempo pasó rápidamente. Dos años después de aquel viaje a Jerusalén murió mi madre. Ana estaba ya arrugadita y muy anciana. No era la mujer fuerte que había sido en su juventud, pero tenía toda la vitalidad interior que había sabido transmitirme, y todo el amor a Dios del que su nieto hablaba. Abuela y nieto mantenían largas conversaciones, de las que siempre salía ella llorando de alegría. Hablaban mucho de Joaquín y Jesús le contaba cosas sobre la vida en el cielo, cosas que a mí no me dejaban escuchar. Sólo sé que ella estaba deseando partir y que, cuando le llegó la hora, murió con una paz infinita. Yo sostenía una de sus manos y Jesús la otra. Primero me bendijo a mí, haciendo un enorme esfuerzo, y luego, para sorpresa de toda la familia que estaba allí, a su alrededor, se dirigió hacia su nieto y le dijo: «Bendíceme, Señor, y encomiéndame para que pueda estar pronto con el Todopoderoso y con mi esposo en el cielo.» Jesús hizo una extraña señal sobre su frente; extraña nos pareció entonces aunque ahora ya sabemos que era la de la cruz en la que él moriría. Luego besó sus manos y su frente, mientras las lágrimas le servían de bálsamo y ungüento. Así partió al cielo, desde donde no cesa de interceder por nosotros. A ella me he encomendado, Juan, en muchas ocasiones, y no he dejado de obtener lo que pedía. Los vecinos y familiares comentaron la extraña petición de la moribunda, sobre todo lo de llamar «señor» a su nieto, pero no le dieron mayor importancia porque lo achacaron a un desvarío de su cabeza en los últimos momentos.

En cuanto a mi marido, todavía pudimos disfrutar juntos de unos años felices. José murió cuando Jesús tenía veinte años. Ya había en Nazaret quien hablaba de boda para nuestro hijo, aunque nosotros, su padre y yo, sabíamos que eso no entraba en los planes de Dios ni en los del muchacho. La muerte de José colaboró a que, durante un tiempo, ese problema se alejara, pues pudimos decir a todos que Jesús no quería dejar a su madre sola y que había decidido posponer el formar su propia familia.

La muerte de José fue de esta manera: un vecino nuestro tenía un rebaño de cabras en la montaña, a una jornada de marcha de Nazaret. Era un lugar agreste y solitario, donde los animales pacían entre las peñas durante el día y se recogían en el redil por la noche. El lobo merodeaba y por eso se hacía necesario proteger bien el aprisco, tanto por la seguridad de los animales como por la del zagal, que se quedaba con ellos día y noche. Unas fuertes lluvias caídas en el otoño habían derrumbado parte de la vieja construcción y era urgente reparar los destrozos. En la montaña el frío era más intenso que en nuestro pueblo y, además, por las grietas podían colarse las alimañas. Así que nuestro vecino, Maltaké se llamaba, venía pidiéndole a José con insistencia que se desplazase hasta el lugar con sus herramientas para arreglar los destrozos y, de paso, construirle unos pesebres nuevos para las cabras. Por fin se acordó una fecha y, cuando llegó el momento, se vio que el día no tardaría en meterse en agua o incluso en nieve, debido al frío que hacía. A mí me daba miedo que José saliera con aquel tiempo, sobre todo porque debería quedarse en el monte varias jornadas; no estaba muy bien, había tenido fuertes dolores de espalda y se quejaba de calambres en las piernas. Aunque estaba previsto que Jesús le acompañaría para ayudarle en su trabajo, como solía hacer siempre, no me sentía segura. José se burló de mí, con el cariño con que siempre me trataba, y me dijo que me estaba convirtiendo en una miedosa; me dijo también que si decepcionábamos a nuestro vecino Maltaké, corríamos el riesgo de que nadie nos volviera a encargar ningún trabajo, porque a los clientes hay que tenerlos siempre contentos. «Los pobres —recuerdo que añadió— no podemos elegir. Tenemos que aceptar lo que se nos da, cuando se nos da. Y tenemos que darle gracias a Dios porque por lo menos tenemos eso.» Así que aprovechó que al amanecer no llovía y, enfundado en una gruesa zamarra de piel, se marchó. Jesús iba con él. También iba el burro para llevar los aperos, porque el trabajo que tenían que hacer allí era pesado y necesitaban muchas herramientas.

Se despidió de mí con su mejor sonrisa, para disipar mis temores y, como hacía siempre que nos despedíamos, me besó la frente y me dio la bendición. Encargué a nuestro hijo que cuidara de su padre y que no dejara que se resfriara.

No hacía dos horas que habían salido cuando comenzó a llover. Lo que en Nazaret era agua, en la montaña era nieve. Comprendí que no habían tenido tiempo de llegar al refugio de los pastores y, muy preocupada, me puse a rezar pidiéndole al Señor, al cual de vez en cuando me atrevía ya a llamar «Padre», que protegiera a mi marido y a mi hijo. Según fueron pasando las horas incluso en Nazaret el agua se convirtió en nieve y aunque tardó en cuajar por la humedad, poco a poco los tejados de las casas se fueron pintando de blanco. Yo no podía estar más inquieta, por más que la fe en Dios me diera fuerza, en ese momento, para mantener la calma. Estaba sola en casa y la oscuridad de la tarde empezaba ya a inundarlo todo, así que encendí una candela y de nuevo me puse a rezar. Así me pasé toda la noche: serena a la vez que preocupada, con ganas de salir corriendo a buscarles y comprendiendo que no podía hacer otra cosa que esperar. Mientras tanto, no dejé de rezar y pedir por mi marido y mi hijo, a la vez que rogaba a Dios que me diera fuerzas para aceptar en todo momento su voluntad.

A la mañana siguiente Nazaret era una aldea totalmente blanca. El frío era intenso, pero ya no nevaba. Los chiquillos corrían por las calles y se lanzaban bolas, disfrutando de aquel extraño espectáculo. Me dirigí a casa de mis primas y les conté lo que había pasado, cómo habían partido José y Jesús a la montaña y el miedo que tenía de que pudieran estar en un apuro. Ellas se preocuparon también y avisaron a sus maridos. Se decidió partir en su busca, aprovechando que, de momento, no parecía que fuera a reavivar el temporal. Poco se tardó en organizar las cosas. Cinco hombres se pusieron en marcha, acompañados de dos caballerías.

No habían pasado dos horas desde su partida cuando ya estaban de vuelta. Volvían todos, pero no todos volvían bien. Jesús estaba amoratado, con las manos, los pies y la cara que daban pena. Pero el peor era José. Aunque venía montado en el borrico y llevaba puesta la ropa de su hijo, que se había pasado la noche casi sin abrigo en un intento desesperado de cuidar de su padre, su estado no podía ser más lastimoso. Apenas podía sostenerse sobre el animal y su respiración era entrecortada y agónica.

Le llevaron a casa y allí le dimos friegas de aceite por el cuerpo helado. También a Jesús, que no paraba de llorar y de contarme que, de verdad, había hecho todo lo posible por ayudarle, pero que cuando se dieron cuenta de la gravedad de la situación ya era demasiado tarde para volver y se limitaron a buscar un mal refugio en el que guarecerse de la tormenta. Allí habían estado, durante toda la noche, sin poder encender fuego porque toda la madera estaba mojada, y sintiendo el mordisco de la muerte sobre su cuerpo.

José no resistió muchos días. Unas fiebres altísimas le consumían y dos días después ya había perdido el conocimiento, aunque luego lo volvió a recuperar. Los dolores le oprimían el pecho y, al toser, creía que se le iba la vida. Sin embargo, querido Juan, a pesar de todo, no puedes imaginarte la serenidad que poseía. Entre crisis y crisis, haciendo notables esfuerzos, intentaba consolarme y me aseguraba que todo iba bien y que en ese momento, como en los anteriores de nuestra vida, lo importante, lo único importante, era seguir creyendo en el amor de Dios. Hablaba ya de amor de Dios, pues no en vano tanto él como yo habíamos aprendido lo que eso significaba gracias a nuestro hijo. «Dios es amor —me decía cogiéndome la mano—. Dios es amor y eso no sólo debemos creerlo en los momentos en que todo va bien, sino también y especialmente en los momentos difíciles. Es para los momentos difíciles para cuando hay que reservar la amistad y es ahora cuando nosotros tenemos que poner a prueba nuestra fe en el amor de Dios. María, te repito yo ahora lo que un día te dijo el ángel: "No temas, lo que te ha dicho el Señor se cumplirá." A tu hijo, a mi hijo, no le ocurrirá nada hasta que llegue el momento y cuando éste llegue, pase lo que pase, será también voluntad del Altísimo, de su Padre, de nuestro Padre.»

Después quiso quedarse a solas con Jesús. Estuvieron hablando mucho tiempo, como había ocurrido con Ana, mi madre, cuando le llegó la hora de la muerte. Jesús hizo también sobre su frente la, entonces, extraña señal de la cruz y besó, como había hecho con su abuela, las manos y la frente de su padre; sus lágrimas, lo mismo que con Ana, corrían abundantes por sus ojos y eran bálsamo que descendía sobre el moribundo.

Tras esto, José ya no perdió en ningún momento la paz. Su rostro estaba transfigurado y ni siquiera los fuertes dolores que sentía le arrancaban de la cara la imagen de serenidad. Aún estuvo consciente casi una jornada, pero ya poco más me pudo decir. Sólo, al final, nos pidió a Jesús y a mí que le diésemos la mano y, en un susurro, le oí decir: «María, sólo Dios sabe lo que te he querido. Sólo Dios sabe la suerte que he tenido de poder vivir contigo estos años. Que Dios te bendiga por el amor que me has dado. Ahora nos separamos, pero esto durará poco. Pronto volveremos a estar juntos, como ahora, con Dios entre nosotros, para siempre.»

A Jesús le dijo: «Hijo mío, soy el único hombre del mundo que te puede llamar así y por eso me dirán dichoso todas las generaciones. Te he querido como no lo hubiera hecho un padre normal y he recibido de ti más que si hubieras sido hijo de mi sangre. Gracias por honrar mi linaje con tu presencia. Gracias por anunciarme el mundo de felicidad que ahora me espera. No te puedo bendecir, pues eres tú quien tienes que bendecirme a mí. Hazlo pronto, porque la partida se aproxima.» Jesús le bendijo y le hizo, como a su abuela, la señal de la cruz en la frente, en los ojos, en la boca y en las manos. Poco después los dos nos echamos sobre su cuerpo que acababa de morir. Había partido y con él se me iba el compañero del alma, aquel con quien había compartido tantos momentos difíciles y tantas alegrías. Su muerte fue un desgarro tremendo para mí, y también para Jesús.

Quise mucho a José, Juan, le quise mucho. No sé si te extrañará esto que te digo; no sé si comprenderás que ese cariño hacia él era compatible con mi total consagración a Dios. No sé si lo entenderás, pero te aseguro que fue así. Le quise a la vez que quería al Padre, a la vez que quería a mi Hijo. Quizá todo dependa de lo grande que se tenga el corazón. Quizá dependa de las prioridades que en ese corazón se establezcan. Mi consagración a Dios, en la que se incluía mi cuerpo tanto como mi alma, no me impedía querer a los demás. Nunca experimenté a Dios como un «marido celoso» que deseara reinar en exclusiva en mi alma. Dios quería ser el primero, pero no el único. Por el contrario, Él me pedía que amara a todos, empezando por los más próximos, con la salvedad de que al primero que debía amar era a Él mismo.

Quise mucho a José y por eso no fue fácil aceptar su muerte. Me pregunté por qué Dios no había escuchado mis oraciones. Me pregunté también por qué Jesús no había hecho algún gesto extraordinario para evitar la muerte de su padre. Me preguntaba todo eso y a la vez me respondía a mí misma que Dios tenía sus planes y que yo no podía pretender entenderlos. Pero no me resultó fácil aceptar esa voluntad de Dios que tanto me dolía, aunque lo hice y sin resquicios para la rebeldía. Es verdad que la certeza de que seguía vivo aliviaba notablemente mi dolor, que, sin eso, se hubiera convertido en desesperación. Durante veinte años habíamos sido tres en casa, unidos como las grandes piedras que constituyen los cimientos del templo de Jerusalén, que ni un terremoto parece poder separar. Durante veinte años, nuestro hogar fue la antesala del paraíso. El amor era el pan que comíamos cada día, la ternura era el agua que saciaba nuestra sed, la alegría era la ropa con que nos protegíamos del frío y que tapaba los agujeros de nuestra pobreza. Éramos la familia más feliz no sólo de Nazaret, ni tan siquiera de Israel, sino del mundo. Para con Jesús fue siempre y sólo un padre. Bueno, no siempre, pues a partir de los doce años, desde aquella escapada en el templo, tanto él como yo nos habíamos ido convirtiendo también en discípulos, sin dejar por eso de hacer el papel de padres y de enseñar a nuestro hijo lo que significa vivir sujeto a la autoridad.

No he dejado de hablar con él ni un solo día desde entonces. En los momentos más difíciles, incluso cuando la muerte de Jesús, siempre noté su presencia a mi lado. Sus últimas palabras, tan parecidas a las del ángel Gabriel, suenan aún en mis oídos: «No temas, María.» Sí, así he seguido viviendo siempre con él, estando segura de que está vivo, que está con este Dios al que mi Jesús me ha enseñado a llamar «Padre», y que, desde allí, vela e intercede permanentemente por nosotros, especialmente por aquellos que, como Jesús y como yo, han sido llamados a una consagración plena al Señor.

Afortunadamente sus últimas palabras, dichas casi en un suspiro, no las escuchó nadie de los muchos que llenaban la casa. A José le querían todos en Nazaret y el pueblo entero se agolpaba a la puerta de nuestro hogar para acompañarle. Unos dijeron que habían visto a unos ángeles llevarse el espíritu de José al cielo, mientras que otros afirmaron que era el padre Abraham el que había venido a buscarle. El caso es que se difundió el rumor de que su muerte había sido extraordinaria, como en realidad había ocurrido, y desde entonces hasta hoy ya ves que son muchos los que se encomiendan a él en ese momento final, para que el tránsito les sea leve y puedan gozar de la presencia de Dios eternamente.

Después de esto, Juan, todo volvió a la normalidad. Con la excusa de mi viudez pudimos, como te he dicho, posponer la boda de Jesús sin llamar demasiado la atención. Él había decidido ser, en cuerpo y alma, de Dios, como yo lo había sido, como lo fue José, y hacíamos todo lo posible por pasar desapercibidos manteniendo a la vez firmemente nuestros propósitos.

Jesús fue para mí, desde ese momento, no sólo el

principal motivo de preocupación, sino el único. Mis padres y mi marido habían muerto y no tenía más hijos, así que pude consagrarme a él enteramente, con esa certeza que tenía desde el principio de que al hacerlo no amaba al Señor a través de un mediador, sino que amaba al Señor mismo.

Fueron diez años de enseñanzas particulares y de confidencias tremendas. Poco a poco, él lo fue sabiendo todo. Mucho antes de lo de las bodas de Caná, todo estaba preparado para que se hiciera público y notorio el plan de Dios. A los veintitrés o veinticuatro años, ya era consciente, y yo con él, de quién era y de cuál era su misión. Éramos conscientes los dos, también, de la capacidad que tenía para hacer transformar el orden normal de las cosas, para hacer milagros. Eso era algo que a mí me preocupaba mucho, porque siempre temía que su buen corazón le llevase a hacer cosas que llamaran la atención, así que le pedí que, antes de hacer nada, pensase bien si debía hacerlo, porque probablemente sería la señal que pondría en marcha su actuación pública como Mesías. Él estaba de acuerdo conmigo, aunque le costaba mucho contenerse y no ayudar a las personas que sufrían, a los pobres que mendigaban su comida o a los enfermos que se veían atormentados por los dolores. Sin embargo, siempre me decía lo mismo: «Aún no ha llegado mi hora.» Y no sabía decirme más, porque no sabía exactamente qué tenía que notar para estar seguro de que ese momento había llegado. No era fácil para él esa espera, porque el tiempo pasaba y ya se estaba haciendo mayor. Se estaba acercando a los treinta años y seguía en casa, cuidando a su madre y ejerciendo el oficio de carpintero, él, el Mesías, como si no tuviera cosas más importantes que hacer. Una vez más, Dios le probaba. Con esa espera tan prolongada, que no se sabía cuándo iba a acabar, Dios le enseñaba a escuchar su voz y a discernir sus mandatos. De alguna manera, sufriendo, le enseñaba a obedecer. Y, sobre todo, como te he dicho antes, le enseñaba a amar. Le enseñaba que lo importante no es hacer milagros, ni grandes predicaciones, ni convertir a las multitudes; sino que lo importante, lo que de verdad le place a Dios es hacerlo todo por amor y desde el amor. El que ama es el que reina y se puede amar haciendo un milagro tanto como haciendo la cena. Esta lección es tan importante que Jesús tuvo que vivirla poniendo freno a sus deseos de correr y de expandir su mensaje por todos los confines de la tierra. Pero si no lo hubiera hecho así, ese mismo mensaje habría sido incompleto y hoy vosotros, sus discípulos, creeríais que sólo podéis ser como él haciendo cosas grandes; como eso no es cosa de cada día, tendríais la impresión de que él es inimitable, más inalcanzable todavía de lo que es por su naturaleza divina.

Así pues, los años de espera en Nazaret, años aparentemente perdidos, son la mayor lección que Dios le daba y me daba sobre la verdadera importancia de las cosas. Jesús supo, desde muy temprano, todo lo que tenía que saber, pero no bastaba saberlo todo, necesitaba vivirlo todo. Vivirlo no sólo un día, ni un mes, ni un año, sino durante mucho, mucho tiempo. Tanto tiempo como si el final no fuera a llegar nunca, como si no importara que llegara ese final. Aprendió lo que significa la paciencia y, de su mano, la humildad. Aprendió que no basta con decir «Señor, Señor», sino que hay que hacer la voluntad del Padre, incluso cuando no se entiende adónde te conduce esa voluntad. Aprendió que únicamente convencen las palabras cuando el que las oye escucha a la vez un tono de voz que sólo emite el que las ha vivido intensamente y que, para eso, el tiempo es imprescindible. Si después habló con convicción del amor, fue porque durante muchos años vivió amando y no sólo en las cosas grandes, sino también en las pequeñas, en las de cada día, en las que nadie excepto Dios ve y valora.

158

EL AMOR SE HIZO PÚBLICO

Si un día, querido Juan, treinta años antes, el amor se había hecho carne, ahora el amor se quería hacer público. Había llegado el momento, aunque no lo supimos hasta el mismo instante en que tenía que ocurrir. Me refiero a aquella boda en Caná de Galilea a la que habíamos sido invitados.

Ya sabes cómo son las bodas en nuestra tierra. Las fiestas duran, por lo menos, una semana. Acuden los amigos de las dos familias y la casa se llena de gente a la que hay que atender, sobre todo cuando es una familia rica y conocida como lo era la de nuestros queridos Manasés y Lía, pues de la boda de uno de sus hijos se trataba. Pero antes de eso habían ocurrido otras cosas, que tú ya sabes porque hacen referencia a tus amigos y a ti mismo.

Me refiero al grupo de discípulos que se había empezado a formar alrededor de mi hijo y también al encuentro con su primo Juan, el hijo de Isabel, al que todos llamáis «el Bautista».

Juan no había esperado tanto como Jesús para iniciar su actividad pública. Sus padres hacía muchos años que habían muerto, pues eran, los dos, mucho mayores que José y que yo. Durante un tiempo, poco, intentó llevar una vida normal, administrando su casa y atendiendo a sus deberes sociales. Pronto aquella ropa se le quedó estrecha y el

159

Señor lo llevó primero a una de esas comunidades de judíos que viven entre las peñas del desierto, junto al mar Muerto. Pero aquello tampoco le convenció y, después de unos años, se lanzó a una vida solitaria de predicador itinerante, que repetía por doquier una llamada a la conversión y a la penitencia porque el Mesías estaba cerca.

Nosotros no habíamos tenido contacto con él desde la muerte de sus padres. Supimos, siempre con mucho retraso, de su marcha al desierto y de su estancia con los esenios que allí vivían, pero habíamos perdido totalmente su pista hasta que su nombre empezó a circular de boca en boca por todo Israel, como el de un profeta parecido a los antiguos, que lanzaba invectivas contra los poderosos, sacerdotes y nobles incluidos, y que incluso reprochaba al tetrarca Herodes el haberse casado con Herodías, la mujer de su hermano, estando éste todavía vivo.

La predicación de Juan sobre la inminente llegada del Mesías alertó a mi hijo. Él sabía quién era él, pero no si Juan también lo sabía, o si simplemente estaba hablando de un desconocido sin conocer exactamente de quién se trataba. Yo ya le había contado lo ocurrido cuando fui a visitar a mi prima Isabel y cómo ella me dijo que el niño había saltado en su vientre al notar mi llegada. Pero luego, las pocas veces que nos habíamos visto, Juan no había dado señales de estar enterado de quién era Jesús.

Por eso Jesús decidió ir a verle. Quizá era aquella la señal que estaba esperando desde hacía tanto tiempo. Quizá había llegado ya la hora de anunciar su mensaje a todo Israel. Tenía que reunirse con Juan y ver qué sucedía.

No marchó solo. En Nazaret, como te he contado en otras ocasiones, tenía un grupo de amigos, entre los cuales se contaban algunos de sus primos, sobre todo Santiago. Los convenció para ir al encuentro de Juan y recibir el bautismo de penitencia que él impartía en el Jordán. Sus amigos bromearon con él. Lo recuerdo bien porque cuando hablaban del viaje estaban en casa y su primo Santiago le decía, riendo, que de qué se iba a arrepentir él si nunca había hecho nada malo, a no ser que tuviera pecados ocultos que nadie conocía. Jesús se puso muy serio entonces y cortó en seco todas las bromas, para asegurar que Dios tenía sus planes y que el bautismo de Juan no sólo era de penitencia sino también de revelación y que él debía recibirlo. Por último, más tranquilo, les preguntó si querían o no acompañarle, porque él estaba dispuesto a partir en seguida.

Se fueron cinco, aunque no todos perseveraron luego al lado de mi hijo, y volvieron muchos más. Lo que pasó ya lo sabes. Me refiero a lo del bautismo en el Jordán, allá junto a Betania, a cómo cuando Juan le vio ir hacia él se transfiguró y se puso a gritar llamando la atención de todos: «He ahí el Cordero de Dios, que quita el pecado del mundo. Éste es por quien yo dije: "Detrás de mí viene un hombre que se ha puesto delante de mí porque existía antes que yo. Y yo no le conocía, pero he venido a bautizar en agua para que él sea manifestado a Israel."»

Todo eso me lo contó Santiago cuando, unos días después, nos vimos en Caná para las bodas. El muchacho estaba emocionado. Siempre había querido mucho a su primo y le seguía casi a ciegas. Pero nunca había imaginado que se pudiera tratar del Mesías. Por eso le costaba dar crédito a las palabras de Juan, pues, decía él, era difícil entender por qué, si Jesús era el Mesías, no había hecho algo extraordinario durante tanto tiempo como había pasado en Nazaret.

Más tarde fue mi propio hijo quien me habló de la alegría que había sentido al ver a su primo Juan, y la certeza que experimentó al saber que, efectivamente, el momento había llegado. Me dijo también que no había tenido tiempo ni de saludar a Juan, pues él se había precipitado, viéndole ya de lejos, a salir a su encuentro, sin saber incluso que se trataba de un familiar suyo. Se negó, como sabes, a bautizarle, diciendo que era él quien debía recibir de sus manos ese signo de penitencia. Jesús insistió porque quería asumir en todo lo que a nosotros nos está reservado y porque sabía que algo debía pasar para que fuese pública la manifestación del apoyo de Dios. Y entonces fue cuando se produjo lo del Espíritu Santo. Todos se arremolinaban en torno a Juan y a Jesús, metidos en el Jordán, atónitos por las palabras que acababa de pronunciar el Bautista, cuando, apenas sumergido Jesús en las aguas del río, se vio a la paloma volar sobre él mientras se oía: «Éste es mi hijo amado, en quien me complazco.»

Desde entonces, como si la señal hubiera sido recibida por todos, las cosas fueron muy de prisa. Al día siguiente conoció a dos de vosotros, uno de ellos Andrés, el que después le presentaría a su hermano Simón, al que ahora llamamos Pedro. También a Felipe, que era, como Andrés, Pedro, tú y tu hermano, de nuestra Galilea. Felipe le presentó a Natanael, al que, después de su conversión, llamasteis Bartolomé. Y también os conoció a tu hermano Santiago y a ti, cuando estabais ayudando a vuestro padre en la barca.

Así os presentasteis en Caná, como una alegre pandilla de ilusionados y buenos israelitas, dispuestos a dejarlo todo para poneros al servicio del Altísimo y colaborar con aquel al que Juan el Bautista había señalado como el Mesías. Cuando os vi llegar, me dio un vuelco el corazón. Supe en seguida, antes de que Santiago o mi propio hijo me contaran los pormenores, que todo había empezado. Me alegré mucho. Me alegré por él, que lo estaba deseando, y por Dios, ya que por fin se iba a cumplir su voluntad salvadora. Pero, te confieso Juan, que también me dio un poco de pena. Con aquella presencia vuestra a su lado yo sentí que, de algún modo, le perdía. Supe que ya nunca sería como antes, que habían terminado los años dulces de compañía mutua en Nazaret. No me entiendas mal, yo sabía que eso debía ocurrir y no puse ningún reparo, pero comprenderás que era propio de una madre sentir dolor al ver que su hijo se alejaba de ella; de no ser así, es que no le hubiera querido, y, para mí, Jesús fue siempre mi hijo, el fruto de mis entrañas, y no sólo el enviado por el Altísimo para ejecutar una misión maravillosa. Para mí era más importante él mismo que lo que representaba. Para vosotros, que apenas le conocíais, él era sólo una idea, un símbolo, pero no un ser humano con corazón de carne, y mucho menos un Dios.

¡Cuánto tardasteis en entenderle y en quererle! Qué difícil fue para mí, y para él, ese tiempo. Yo os veía girar a su alrededor, desde aquel primer momento en que os conocí en casa de Manasés, a veces como lacayos en torno a su señor y otras como legionarios alrededor de su centurión. Pero él no quería eso. Yo, acostumbrada a leer en sus ojos y en sus más pequeños gestos, sabía lo que le pasaba. Sabía que ni le gustaba la adulación ni le satisfacía el ansia que algunos mostrabais por campañas guerreras victoriosas. Pero, acostumbrado ya a tener paciencia, dejaba que las cosas siguieran su curso y confiaba en que Dios os iría mostrando, también a vosotros, cuál era el verdadero camino.

No tardó en suceder. Estábamos ya casi al final de las fiestas de la boda del hijo de Manasés y Lía, un muchacho nacido después de los dos de que ya te he hablado. Para aquella familia, con tanto prestigio y tantas relaciones, era muy importante que no faltara nada, que no se produjera ningún imprevisto que les hiciera estar en lenguas de los envidiosos. Y ese detalle ocurrió. Elihú, uno de los criados principales y al que conocía de toda la vida porque llevaba en la casa desde que estuve en ella por primera vez, me lo contó con preocupación. Se les había acabado el vino. En parte era debido a la gran afluencia de invitados, entre ellos el grupo numeroso con que se había presentado Jesús, y en parte porque habían fallado las previsiones. Si la cosa no se remediaba, la fiesta se vendría abajo y sería un gran disgusto para mis dos amigos. Yo les debía mucho y, sobre todo, les quería mucho. Ellos habían estado siempre a mi lado, desde aquella primera vez en que me alojé en su casa. Cuando murió José, su apoyo me sirvió de gran consuelo, lo mismo que su generosidad. Les quería como a hermanos y sus problemas eran mis problemas. Así que me dirigí a mi hijo. No es que supiera qué iba a hacer, pero sí sabía que él era capaz de resolver cualquier problema. Fíjate, Juan, que no le pedí que curara a su padre cuando estaba moribundo; aquello, por doloroso que fuera, entraba dentro de los planes naturales de Dios, puesto que la muerte no es el final del camino, sino un tránsito forzoso para todos, un tránsito hacia una vida mejor. Esto era distinto. Podrás pensar que fui una egoísta al reclamar su atención para algo aparentemente tan pequeño; Jesús podía haber estado haciendo milagros todos los días en Nazaret, curando a nuestros vecinos o multiplicando alimentos para que nadie pasara hambre cuando el invierno se prolongaba. No hizo casi ninguno. Aquélla era otra época, la del silencio, y ahora tanto él como yo sabíamos que había empezado el tiempo de la vida pública, el tiempo de hablar y de contar lo que antes guardábamos escondido.

Así que le expuse la situación. Su primera reacción fue de sorpresa. Incluso me contestó con un cierto enfado: «¿Quién te mete a ti en esto, mujer? —Para añadir—: Todavía no ha llegado mi hora.» Yo, que le conocía bien, sabía que no hacía falta más. Si Juan el Bautista le había dado la señal de salida, ahora, de otro modo, se la estaba dando yo. Juan le había indicado que era la hora de predicar; yo le decía que había llegado la hora de amar incluso con gestos extraordinarios. El mensaje era cosa de Juan, era cosa de hombres; los favores e incluso los milagros eran cosa mía, eran algo que quizá las mujeres podemos entender mejor que vosotros los hombres, mucho más preocupados siempre por las ideas que por lo que se cuece en las cocinas.

Mi Jesús lo entendió perfectamente. Y yo sabía que lo había entendido. Así que le dije a Elihú que hiciese lo que él les pidiese. El jefe de los criados se presentó ante él y sólo tuvo que decirle: «Tu madre nos envía. ¿Qué quieres que hagamos?» Jesús meneó la cabeza, encogió los hombros y, riendo, les dijo a sus amigos, a vosotros que le rodeabais: «¿Quién se puede resistir a una madre? Lo mejor será hacerle caso cuanto antes porque si no va a estar insistiendo hasta que consiga lo que quiere.» Y les dijo a los criados: «Llenad las tinajas de agua.» Elihú, que había sido testigo, años atrás, de la curación del entonces pequeño Leví, no rechistó. Los otros criados sí, porque no entendían qué se proponía hacer aquel nazareno, como si metiendo agua en las tinajas de piedra fuera posible que los posos que quedaban dentro le dieran sabor de vino. Riéndose y bromeando, obedecieron. «Sacadlo ahora y llevadlo al maestresala», les pidió en seguida. Ya sabes lo demás, Juan, porque tú mismo fuiste de los que probaste de aquel vino una y otra vez hasta convencerte de que de verdad era tal. Tú y todos vosotros.

Así fue, querido muchacho, como empezó todo. Pasado el tiempo, sobre todo después de su muerte y su resurrección, ahora que ya no le tengo conmigo como entonces, me he preguntado si hice bien en animarle a que llevara a cabo aquel primer milagro. No caí en la cuenta de lo que significaban aquellas palabras que me dijo cuando le indiqué que se les había acabado el vino: «Mujer, aún no ha llegado mi hora.» No sabía yo a qué hora se refería. Pensé que era la hora de la manifestación pública, la hora de que todos supierais quién era él. Pero en realidad, él ya sabía entonces que esa hora no era la del aplauso, sino la de la muerte en la cruz. Una y otra eran la misma hora. Yo no lo sabía y él sí. Él lo sabía desde hacía mucho, y ése era quizá el único secreto que no había querido contarme en las largas conversaciones que habíamos mantenido desde que murió José y en las que me había revelado tantas cosas sobre la vida del cielo. Él sabía que su final empezaría a aproximarse desde que se diese a conocer públicamente y tenía pereza, quería y no quería a la vez, y no por dudas sino porque estábamos tan bien los dos allí, en nuestra Galilea, que era duro dejar todo aquel paraíso para meterse de lleno en la faena.

Así que, ya ves, fui yo, precisamente yo, su madre, la que adelantó su hora. ¿Me he arrepentido de ello? Hubo un momento en que sí, cuando le vi colgando de la cruz. Pero ahora no. Ahora sé que hice lo que debía hacer y que, sin saberlo, era instrumento de Dios para que todo empezase a su debido tiempo. Aquel milagro os lo dio a conocer, fortaleció vuestros incipientes lazos, sirvió para confirmaros en la fe que Juan el Bautista había sembrado en vosotros hacia él. Y también sirvió para darme a conocer a mí. Me refiero a que, desde entonces, no dejaron de lloverme peticiones para que consiguiera de él tal o cual favor. La verdad es que pagué una dura penitencia con aquel gesto mío, pues no te imaginas lo pesado que es discernir cuándo hay verdadera necesidad y cuándo hay capricho. Además, tampoco podía estar continuamente atosigando a mi hijo, entre otras cosas porque él no estuvo ya mucho tiempo conmigo desde entonces. Más fácil lo tengo ahora. Ahora sí que soy pesada con él y, la verdad, son pocas las cosas que no me concede cuando se las pido, aunque siempre noto que sonríe, menea la cabeza y me dice, como entonces: «Esta madre, siempre igual, pero a ver quién le niega algo.»

Después de aquel primer milagro público fuimos todos juntos a Cafarnaum. La noticia se había divulgado rápidamente por aquella parte de Galilea, debido a que muchos de los invitados eran de esa zona y la contaban a todos los que querían oírlo. Por eso él se marchó al desierto y os dejó solos. Necesitaba calma. Después de tantos años de esperar, ahora todo, de repente, se precipitaba. No quería que se le escapase el control de los acontecimientos y no quería que le siguieseis por el milagro que acababais de ver. Así que se despidió de vosotros, os convocó para cuarenta días después en la misma Cafarnaum, y se fue. Yo regresé a Nazaret con mi sobrino Santiago y con los otros muchachos que habían salido con él días antes para ver al Bautista.

Entonces empezó mi batalla. En el pueblo se sabía ya todo. Se sabía lo del Espíritu Santo en el Jordán. Se sabía que Jesús atraía discípulos como si fuera un prestigioso rabino. Se sabía también lo del milagro de Caná. Le esperaban, con más curiosidad y escepticismo que otra cosa. Sus propios amigos, los que habían ido con él y lo habían visto todo, no terminaban de convencerse. Incluso Santiago, que tanto le quería, tuvo sus dificultades para aceptar que aquel primo suyo era algo más que un hombre bueno y admirable. Y es que, Juan, ¡es tan difícil ver a Dios andando a nuestro lado! Siempre estamos dispuestos a creer que las cosas grandes ocurren lejos, pero cuando nos dicen que han sucedido a nuestra vera, dudamos y no nos lo creemos. En el fondo eso se debe a que no conocemos a Dios. Creemos que el Señor sólo puede actuar entre truenos y relámpagos, como le pasó al profeta Elías, que tuvo que convencerse de que el Todopoderoso hablaba en la brisa suave y no en el huracán.

No fue fácil en Nazaret. Cuando vieron que no venía conmigo, las críticas arreciaron. No faltó incluso quien me dijo alguna grosería y quien se atrevió a llamarle impostor delante de mí. Santiago me defendió desde el primer momento, lo mismo que el resto de mi familia, pero yo sabía que en general los ánimos eran hostiles. No pasaba día en que no me llegaran comentarios y cotilleos: que si uno había dicho que lo del Jordán había sido preparado por Juan, que era su primo, y que había mentido al decir que Jesús era el Mesías; que si otro afirmaba que Manasés había preparado lo del vino para engañar a los muchachos que le acompañaban. Y es que, Juan, cuando no se quiere creer, los milagros no sirven de nada. Podrás presenciar lo más grande y seguirás buscando motivos escondidos para explicar lo incomprensible. Con razón se dice en nuestra tierra que no hay peor ciego que el que no quiere ver. Así les pasó a los de Nazaret. En el fondo, les daba rabia haber tenido tanto tiempo a Jesús entre ellos y no haberle reconocido. Que él hubiera pasado desapercibido era como un insulto para ellos, porque significaba que eran muy torpes y que no habían sabido valorar el tesoro que habían tenido al lado. Les molestaba también que no hubiese hecho milagros en el pueblo. Es cierto que algunos se acordaron de lo del leproso en la fuente, pero los más llegaron hasta a reprocharme que no hubiese curado a su marido, a su mujer, a su hijo e incluso a su vaca o a su cabra. Creían que, por ser de allí, Jesús tenía que establecer una especie de despacho para solucionar problemas, semejante al telonio que montan los cobradores de impuestos. Todos se creían con derecho a ser ayudados y no lo pedían o suplicaban, sino que lo exigían e incluso amenazaban con agredirle si, una vez de vuelta al pueblo, no satisfacía hasta la más pequeña de sus exigencias.

Todo esto lo pasé yo a solas, mientras él estaba en el desierto, dejándose tentar por el demonio. Mis tentaciones eran bien distintas. Tenían más el amargo sabor de la decepción. Conocí en aquellos días un rostro del ser humano que nunca había imaginado. Vi sus caras enfurecidas y amenazantes cerca de las mías. Caras que hasta entonces habían sido amables conmigo, caras de gente con las que me llevaba bien, pero que desde que intervino el interés se habían transformado. Y comprendí lo peligroso de la misión de mi hijo, lo peligroso de su poder. Si hacía milagros, si se dejaba llevar de la bondad de su corazón, le iba a resultar muy difícil predicar cualquier tipo de mensaje. Lo que la gente quería era que la curasen, que la alimentasen e incluso que la resucitasen. No deseaban cambiar, ni ser mejores, ni amar más a Dios o al prójimo. Sólo querían estar en la tierra lo mejor posible, sufrir lo menos posible y todo al menor costo posible. Eso era todo. Eso era, en el fondo, Dios para ellos: una especie de seguro para más allá de la muerte y un paño de lágrimas para esta vida. No todos eran así, por supuesto, pero sí la mayoría.

Los había más cultivados, como los fariseos, que eran más religiosos y espirituales. En un principio pensé que con ellos mi hijo se entendería mejor, que ellos no se acercarían a él para ver qué podían sacar, sino para escuchar el contenido de su mensaje y secundar el plan redentor que le había encargado el Altísimo. Me equivoqué también. Santiago fue el primero en darse cuenta de que tampoco en ellos se podía confiar, quizá porque se les parecía mucho. Convirtieron a mi hijo en una bandera, en una idea, en algo irreal, impersonal, teórico. Él, como ser humano, no les preocupaba demasiado; les importaba, sobre todo, lo que representaba. Por eso, cuando dejó de ser el símbolo que ellos creían que debía ser, le abandonaron. Su suerte personal, sus sufrimientos, sus alegrías, no contaban; contaba sólo lo que podían sacar de él, como les pasaba a los otros, aunque a éstos no les preocupasen los milagros materiales sino los ideales y las teorías.

Esto que te cuento te ayudará a comprender lo que sucedió en Nazaret cuando, por fin, se presentó. Llegó, rodeado de muchos de vosotros, un viernes por la mañana. Hacía frío, me acuerdo bien. Acabábamos de estrenar el cuarto mes, el de Tebet. Desde el primer momento la gente se arremolinó alrededor de nuestra casa. Mis primas y yo estábamos ocupadísimas en atenderos a todos y él no dejaba de escuchar a aquellos viejos amigos que acudían a verle. Sobre todo a sus primos, a Santiago, a Judas y a Simón, que siempre habían sido compañeros suyos y uno de los cuales había estado junto a él cuando lo de su bautismo en el Jordán; quería saber si estaban dispuestos a acompañarle en la vida itinerante que se disponía a llevar desde entonces. Conmigo no pudo apenas hablar hasta bien entrada la noche, cuando todos se hubieron acostado.

Junto al fuego, con sus manos en las mías, como cuando era niño, nos abrimos mutuamente el corazón. Le conté mis temores, le hablé del egoísmo de la gente, de las expectativas que se habían levantado tras el milagro de Caná y tras el relato de la manifestación de su mesianismo en el Jordán; incluso le pedí perdón por haber sido yo la culpable de aquel primer milagro suyo, en el fondo superfluo. Él me tranquilizó; me aseguró que los días de desierto le habían servido para conocer bien cuál era su tarea y los pasos que debía dar hasta que llegara «su hora». «Madre —me dijo mirándome fijamente a los ojos—, a ti ni puedo ni quiero ocultarte nada. Voy a empezar la última etapa de mi vida. Acabará mal y, por eso, acabará bien. Pase lo que pase, no dudes nunca ni de mí ni del amor de Dios. Más adelante te iré contando los detalles, pero ya desde ahora quiero que sepas que todo está previsto por mi Padre y que tiene que cumplirse tal y como está previsto a fin de que todos crean. No dejes de rezar por mí y, te repito, te digan lo que te digan, no dudes nunca que estoy haciendo lo correcto, por más sorprendente que pueda parecerte. Mañana iré a la sinagoga, como cada sábado, y allí empezará mi camino. Después me iré y tardaremos en vernos. Si tienes problemas en el pueblo, házmelo saber en seguida, que te buscaré un sitio en Cafarnaum.»

Yo no lloré, y no era por falta de ganas. Ni tam-

170

poco me mostré amedrentada y mucho menos intenté disuadirle. Sabía que para eso había venido y, con esa intuición especial que tenemos las madres, los días anteriores había ido comprendiendo que, efectivamente, todo acabaría mal. Pero sabía también que, al final, todo resultaría tal y como Dios hubiera previsto. Por eso, haciéndome la fuerte, le dije: «Hijo mío, ahora soy yo la que te pide que tú tampoco dudes nunca de mí. Me ha bastado con lo que he visto estos días en Nazaret para comprender el sufrimiento que te espera. Sé que vencerás, pero sé también que vas a pasarlo mal. Por eso quiero que estés siempre seguro de mí. Pase lo que pase y me digan lo que me digan, no tengas ni la más pequeña sospecha: yo estaré a tu lado, creyendo en ti y convencida de que lo que haces es lo que está bien. Me gustaría acompañarte, pero sé que sólo te serviría de estorbo. Así que me quedaré aquí o me iré a vivir con mi prima María, la de Alfeo, o, si no, me marcharé a Caná, a casa de nuestros amigos. Además, ¿no fuiste tú quien una vez me dijiste, mirando a unos pájaros, que Dios nos quiere a nosotros más que los gorriones y que no debíamos preocuparnos por nada porque hasta los cabellos de nuestra cabeza están contados? En esa fe he vivido desde mi infancia y gracias a esa fe naciste tú. Por eso, estáte tranquilo, que tu Padre, mi Dios, velará por mí tanto como por ti.»

«Espero que por ti un poco mejor que por mí, porque de lo contrario tendré que ajustarle las cuentas», me dijo bromeando, mientras se levantaba. Nos abrazamos y después besé su frente. Luego intenté besarle también las manos, aquellas manos que habían hecho el milagro del vino en Caná con la misma naturalidad y con el mismo amor que habían hecho muebles en nuestro taller. Él me lo impidió. Por el contrario, me cogió las mías y me dijo, solemne y emocionado: «Estas manos benditas, madre, las deberás tener siempre abiertas para que, quien las vea, comprenda que estás esperando sus cargas para presentárselas al cielo. Yo te prometo que lo que en ellas se ponga no será nunca desoído ni por mí, ni por el Espíritu, ni por mi Padre.»

Así nos despedimos. Cuando me quedé sola, naturalmente, me harté de llorar. Sabía que estaría mucho tiempo sin verle y eso me acongojaba. Sabía que iba a sufrir y temía, incluso, que su incapacidad para el disimulo pusiese en peligro su vida. Pero mis lágrimas no eran de desesperación. Eran de dolor y de desahogo, sólo eso. Porque estaba segura de que, pasara lo que pasara, Dios estaría con él.

Al día siguiente todo ocurrió como él había predicho. Fue a la sinagoga. Tú estabas también allí, con los demás. Todos habían acudido allí aquella mañana. Esperaban escuchar de sus labios algún mensaje excepcional y quizá incluso ver algún milagro. De hecho, varios enfermos se agolpaban a nuestra puerta mientras que otros le esperaban allí. Yo me encontraba con el grupo de las mujeres, tras la celosía, y me sentía extraña, rodeada por la expectación de tantos, aunque protegida por mis primas, que no me dejaron sola ni un momento. Mi hijo buscó el texto que quería leer y lo proclamó con voz solemne: «El Espíritu del Señor está sobre mí, porque me ha ungido para anunciar a los pobres la buena nueva, me ha enviado a proclamar la liberación de los cautivos y la vista a los ciegos, para dar la libertad a los oprimidos y proclamar un año de gracia del Señor.»

Un murmullo de aprobación acogió aquellas palabras del profeta. Respiré aliviada. Pero la tranquilidad me duró poco. Cuando se hizo el silencio empezó a hablar: «Esta Escritura que acabáis de oír se ha cumplido hoy. Estoy en medio de vosotros, he vivido con vosotros aquí durante la mayor parte de mi vida y no me habéis conocido porque todavía no había llegado la hora. Pero ahora os digo que he sido enviado por el Altísimo para llevar a cabo una misión redentora, para que se cumplan las antiguas profecías, para anunciar la gracia y la misericordia de Dios, para convocaros a todos a la conversión, a la reconciliación, a la plenitud de la revelación.»

Sus palabras dividieron a la asamblea. Mientras unos asentían e incluso lloraban de emoción, porque creían en lo que él contaba, apoyados en la manifestación hecha por el Bautista y en el milagro de Caná, otros se pusieron a gritar: «¿Quién eres tú para considerarte el Mesías? Sabemos quién eres, eres el hijo de José, un carpintero. ¿Crees que nos vamos a tragar eso de que el Mesías haya nacido en la casa de un pobre?» Los hubo, incluso, que llegaron al insulto: «Dicen que has hecho un milagro en Caná y dicen que se oyó una voz del cielo cuando te bautizó Juan en el Jordán. Todo eso es mentira. Eres un impostor y un embustero. Aquí, en tu pueblo, te decimos: médico, cúrate a ti mismo. Si tienes capacidad para hacer milagros, ¿por qué no los has hecho aquí, donde has vivido tantos años? ¿Por qué no los haces ahora para que los veamos y así podamos creer en ti?»

Entonces él extendió los brazos y los mantuvo así hasta que se hizo el silencio. Estaba en pie, rodeado por todos, los más con ira en el rostro y sólo algunos dispuestos a darle su apoyo. Nadie sabía qué podía pasar, si haría algún gesto extraordinario o si desvelaría algún secreto. Pero él se limitó a decir: «En verdad os digo que ningún profeta es bien recibido en su patria. Muchas viudas había en Israel en los días de Elías, cuando se cerró el cielo por tres años y seis meses, y hubo gran hambre en todo el país; y a ninguna de ellas fue enviado Elías, sino a una mujer viuda de Sarepta de Sidón. Y muchos leprosos había en Israel en tiempos del profeta Eliseo, y ninguno de ellos fue purificado sino Naamán, el sirio.» Luego se calló.

Entonces todos se arrojaron sobre él, mientras gritaban: «Impostor, nos dices que no haces milagros porque no somos buenos, porque no los merecemos. Te vas a enterar de lo que somos.» A pesar de vuestros esfuerzos, se apoderaron de él y le arrastraron pueblo arriba hasta el barranco, con intención de arrojarle por allí y matarle. Yo iba detrás, angustiada, suplicando que le soltaran, intentando abrirme paso entre la muchedumbre. Como todos me conocían, no sólo no pasé inadvertida, sino que aún tuve que sufrir insultos y burlas; incluso una mujer me arañó el rostro y me hubiera arrancado el pelo de no ser porque tú, querido muchacho, estabas allí. Sólo después supe que Jesús te había dicho que, pasara lo que pasara y le hicieran lo que le hicieran a él, tú no te separaras de mí en cuanto me vieras salir del recinto destinado a las mujeres en la sinagoga.

Así llegamos al borde del barranco. Llegamos con algo de retraso pero pudimos ver lo que ocurría. Cuando le tuvieron ante el precipicio, él les gritó: «Soltadme.» Y ellos, tan valientes y enfadados como estaban, de repente se acobardaron. Su voz era poderosa. Había estado totalmente pasivo, como ido, mientras le llevaban casi en volandas. Ahora, en cambio, como si hubiera despertado, se imponía sobre la muchedumbre. «Soltadme —les repitió—. No es éste el sitio ni es ahora el momento en el que tendré que dar gloria al Altísimo. Habéis perdido la ocasión de participar en el plan de Dios. Dejadme ir y quedad vosotros también en paz. No quiero que el odio os haga daño. He vivido con vosotros mucho tiempo y eso os salva.» Entonces, las manos que lo aferraban y que habían desgarrado sus ropas, se soltaron. Los que tenían piedras, las dejaron caer. Los que llevaban palos, los depositaron en el suelo. Él se puso a andar y pasó por en medio de ellos, rodeado de un silencio completo, doloroso y extraño. Vino hacia mí, me besó de nuevo en la frente pero esta vez sin decirme nada y siguió descendiendo la colina. Sólo entonces, cuando ya se alejaba con aquel caminar suyo majestuoso y solemne, la gente se despertó de aquella especie de pasmo que les había dejado aturdidos.

Vosotros echasteis a correr tras él y ellos, sin moverse, reanudaron sus insultos. «Vete y no vuelvas más, impostor», le decían. «Si regresas ya sabes lo que te espera», comentaban otros entre carcajadas. Entonces, aunque ya estaba algo alejado, se volvió y los miró. Todos pudimos ver que lloraba y esas lágrimas hicieron que aquellos bravucones guardaran silencio. Mis primas se acercaron a mí, porque tú ya te habías ido. Me cogieron por los hombros y juntas empezamos a bajar la cuesta, hacia nuestras casas. Dos de sus primos no necesitaron más y se fueron con él; eran Simón y Judas. El otro, Santiago, le había seguido desde el primer momento.

Fue la última vez que le vi en muchos meses. En contra de lo que se podía esperar, la paz se hizo en Nazaret y nadie me molestó. Incluso aquella mujer que me había pegado se disculpó al cabo de unos días. Sólo unos pocos extremistas siguieron insistiendo en que era un impostor. La mayoría sentía un hondo pesar y hablaban entre sí comentando sus palabras en la sinagoga y admitiendo que tenía razón, que les había faltado fe y que habían sido unos torpes por no saber descubrir al mismísimo Mesías, que había vivido con ellos tantos años en el más completo de los secretos. A esto, naturalmente, ayudó la fama extraordinaria que pronto le acompañó y que no tardó en llegar a nuestro pueblo, con las noticias de los milagros portentosos que hacía por doquier. Pero, creo yo Juan, que lo que de verdad cambió el corazón de mis paisanos fueron sus lágrimas. Así me lo confesó más de uno. Cuando le vieron llorar, con aquella solemnidad con que estaba revestido en aquel momento tan difícil, impasible casi y totalmente sereno a pesar de la amenaza que se cernía sobre él, comprendieron que era el Mesías. Aquello fue un anticipo de lo que sucedería años después. Sus lágrimas, Juan, son las que convierten, las que atraen y las que curan. Sus lágrimas, mucho más, infinitamente más que sus milagros.

DESDE LA RETAGUARDIA

Te contaba ayer, Juan, lo que sucedió cuando Jesús estuvo en su pueblo, en Nazaret, a poco de haber empezado la manifestación pública de su misión. Te lo conté precisamente porque lo que yo vi y viví ni lo vio él ni tampoco vosotros. Y así sucedió durante los casi tres años que siguieron. Él, con vosotros, andabais de un lado para otro, subiendo y bajando a Jerusalén, yendo a Tiro y a Sidón, cruzando Galilea e incluso atravesando Samaria. Yo, en cambio, estaba en casa, en Nazaret —hasta que mi vida corrió peligro y tuve que refugiarme en Caná—. Desde allí, desde la retaguardia, tenía casi paso a paso noticia de vuestras andanzas, que llegaban a mí muchas veces deformadas, incompletas, envueltas en amenazas o en equivocaciones. No fue fácil estar alejada del que era el todo de mi vida. No fue fácil conservar la serenidad cuando esas voces que se las daban de amigas me ponían la angustia en la garganta al contarme con detalle los peligros que corría mi hijo. No fue fácil, tampoco, cuando oía decir que mi Jesús iba a encabezar una rebelión contra los romanos, o cuando me contaban que se había convertido en un peligro para la supervivencia del pueblo, y menos aún cuando afirmaban que era un blasfemo y que violaba las sagradas leyes de nuestra religión.

Pero yo le había prometido que, pasara lo que

pasara, nunca dejaría de estar tranquila, sin perder la paz y sin perder la confianza en Dios. Le había prometido también que no dudaría de él, aunque me fue fácil cumplir esa promesa, porque los rumores que me llegaban poniendo en duda su honradez o su fe, me hacían daño por lo injusto que yo sabía que eran, pero ni me rozaban siquiera en cuanto a hacerme dudar de él. No en vano yo le había traído al mundo y había convivido durante treinta años con él; si los otros podían dudar, yo no, pues yo le conocía y sabía que, dijeran lo que dijeran, todo se debía a malos entendidos o al pecado de aquellos que le injuriaban.

Los problemas se presentaron en seguida, incluso durante la primera época, aquella en la que caminabais de triunfo en triunfo, envueltos en la fama de los milagros que mi hijo hacía y llevados en volandas por el fervor de la muchedumbre. Por ejemplo, cuando, en la primera Pascua subisteis a Jerusalén.

No habían transcurrido cinco días desde que tuvo lugar la expulsión de los mercaderes del templo cuando ya lo sabía toda Galilea. Más rápido aún que el correo más veloz, la noticia se extendió por toda la comarca. No sólo en Cafarnaum, donde os habíais instalado, sino también en la apartada Nazaret no se hablaba de otra cosa. Lo que me contaron no fue, por supuesto, lo que pasó. Tardé tiempo en enterarme con exactitud de lo ocurrido. Primero me dijeron que había estallado un motín contra los romanos en Jerusalén y que mi hijo era uno de los cabecillas; afirmaban que todo había empezado en el templo y que habían sido expulsados de allí los mercaderes porque eran colaboracionistas con los invasores de nuestra patria. Hablaban de sangre y de muertos, de destrucción y de represalias. Comprenderás, Juan, que la angustia llenó mi boca de amargura y mis ojos de lágrimas. Estaba segura de que mi hijo no se encontraba implicado en ninguna operación violenta, pero no sabía qué podía haber pasado y, sobre todo, cuál había sido su suerte. Una madre se pone siempre en lo peor y aunque el corazón me decía que estaba vivo, no podía evitar estremecerme ante la posibilidad de que algo malo pudiera haberle ocurrido.

Luego vino la otra versión. Según ésta, Jesús se habría enfrentado con los sacerdotes y les habría criticado por el negocio en que habían ido convirtiendo el culto al Altísimo. Me dijeron que había afirmado, citando al profeta Zacarías y mientras expulsaba a los mercaderes: «Quitad esto de aquí. No hagáis de la casa de mi Padre una casa de mercado.» Pero me dijeron también que él y vosotros habíais descargado la ira de Dios contra las personas, que les habíais golpeado con látigos y que la sangre de los comerciantes había corrido mezclada con la de las víctimas de los sacrificios. Aquel celo de mi hijo por las cosas de su Padre encajaba mejor con su manera de ser, pero no así lo de la violencia contra las personas. No, ése no podía ser él. Así que me mantuve firme en rechazar todo tipo de relato que fuera contrario a la imagen que yo tenía de aquel que había llevado en mis entrañas. Pero eso no disminuía el miedo ni la angustia. ¿Cómo habían reaccionado los mercaderes expulsados? ¿Cómo se lo habían tomado los sacerdotes, que percibían una parte de las ganancias? ¿Y los romanos? ¿Habían permanecido impasibles ante un problema que alteraba el orden en el corazón palpitante de nuestro inquieto Estado?

Sí, Juan, aquél fue el estreno de una larga serie de historias que, como te digo, llegaban hasta mí con retraso y forzosamente deformadas. Luego, pasado el tiempo, o bien porque uno u otro de vosotros venía a Nazaret, o bien porque al final la verdad termina por saberse, me enteraba de lo que había sucedido, pero a veces eso ocurría con semanas de retraso y mientras tanto tenía que aguantar la angustia, el miedo y también la duda.

Ésa fue mi contribución a vuestra causa. Yo, desde mi palomar de Nazaret, sólo podía rezar. Unía mi sufrimiento al que sabía que padecía mi hijo y le pedía a Dios que descargara sobre mí los golpes que a él le estuvieran reservados. Así fue como empezó a cumplirse la profecía del anciano Simeón. Así fue como la espada del dolor empezó a atravesarme el alma.

La angustia se hizo terrible cuando, poco después de los sucesos acaecidos en la Pascua, detuvieron a Juan el Bautista. Estaba bautizando en Ainón, cerca de Salim, cuando se echaron sobre él los hombres del tetrarca Herodes y se lo llevaron a Maqueronte. La noticia de la detención de Juan corrió velozmente por todo el país. No olvides que yo era su tía y que, aunque no habíamos tenido mucha relación con él debido a la temprana muerte de sus padres, yo había estado al lado de su madre cuando ella dio a luz. Además, a Juan le queríamos todos. Y, por si fuera poco, él había sido el elegido por el Altísimo para darle a mi hijo la señal de salida; de él, por último, habíais partido algunos de vosotros, formando parte de los primeros en acompañar a mi hijo en su predicación.

Pero no sólo sufrí por Juan. Sufría también por Jesús. Y a mis primas les pasaba lo propio con sus hijos: Santiago, Judas y Simón, que estaban con él anunciando la buena noticia del amor de Dios a su pueblo. Como madres preocupadas nos veíamos con frecuencia para intercambiar la más pequeña noticia y para rezar pidiéndole a Dios misericordia para el Bautista y para nuestros muchachos. Ellas no tenían la fe en Jesús que tenía yo, así que yo notaba que, a pesar del cariño que nos unía, a veces se sentían amargadas y pesarosas por el hecho de que sus hijos se hubieran metido en aquella aventura. Mi prima María, la madre de Santiago, siempre estuvo firme; en cambio, la mujer de Cleofás, quizá porque era más mayor, tenía más dificultades en creer que lo que Jesús hacía procedía de Dios.

El caso es que sufríamos por no tener noticias y sufríamos cuando las recibíamos. Así hasta que nos enteramos de que, tras la detención de Juan, Jesús había decidido abandonar Judea y regresar a Galilea.

Quizá no te lo creas, Juan, pero yo supe lo de la samaritana mucho antes de que nos reuniéramos en casa de Manasés en Caná y que él me lo pudiera contar. Y, como en tantas otras ocasiones, lo supe mal y tuve que sufrir por la versión que me dieron.

No se atrevieron a herirme a mí directamente, así que se lo contaron a María, mi prima. Primero dijeron que Jesús había sido sorprendido junto al pozo de Jacob con una prostituta de Sicar y que sus propios discípulos le habían encontrado hablando con ella, cosa que está prohibida entre nosotros y los samaritanos, y mucho más si se trata de un hombre y de una mujer que están a solas, especialmente si ella es una mujer de esa clase. Luego nos contaron que, si bien era verdad que sólo había sido una conversación, con eso Jesús había querido demostrar que todos éramos iguales y que eso era un escándalo intolerable, porque era impensable que nos hiciesen a nosotros, que somos buenos israelitas y adoradores del Dios verdadero, iguales a los samaritanos; lo mismo que era intolerable que se pusiese al mismo nivel a una mujer honrada que a una cualquiera. Ante estos rumores, que ponían en lenguas de la gente la virtud de mi hijo y que hacían rechinar los dientes de rabia a aquellos que se consideraban celosos defensores de la ley, mis primas y yo no podíamos menos que estar cada vez más inquietas. Apenas habíamos superado un motivo de angustia, nos sobrevenía otro, mezclado siempre con ingredientes nuevos, con rumores sobre su seguridad o con noticias de escándalos.

Por eso os enviamos aquel mensaje un poco desesperado, que yo sé que molestó a Jesús porque le forzaba a modificar sus planes. Pero no es que yo fuera una madre con dudas, sino que era, simplemente, una madre. Mi fe en mi hijo no se había alterado lo más mínimo, pero necesitaba verle y estrecharle entre mis brazos y, si él quería, escuchar de su boca lo que en verdad había pasado en todo aquel tiempo.

Jesús, como sabes, accedió a reunirse con nosotras en Caná, en casa de Manasés, que, por cierto, murió poco después de aquella visita dejando a Lía desolada. Allí, en aquel hogar acogedor, mucho más abierto a los vientos del mundo que los anticuados muros de la montaraz Nazaret, pudimos pasar unos días de descanso. Y allí tuvo lugar otro milagro, aunque en realidad se llevó a cabo a distancia, en Cafarnaum. Me refiero a la curación del hijo del funcionario real, que subió a Caná desde las orillas del lago para suplicar que curaran a su muchacho. Yo estaba junto a mi hijo cuando aquel hombre le suplicó insistentemente. Vi a Jesús muy cansado. Tanto que exclamó: «Si no veis señales y prodigios, no creéis.» No me atreví, como antaño, a mediar, entre otras cosas porque no me dio tiempo. El buen hombre, a pesar de su elevada posición, se humilló ante Jesús y volvió a pedirle que bajara con él a Cafarnaum antes de que muriera el niño. Entonces le vi ponerse serio, cerrar los ojos y estremecerse suavemente. Luego le dijo: «Vete, tu hijo vive.» Aquel muchacho vivió, Juan, por el milagro que hizo mi hijo, pero también por la fe de su padre, porque éste aceptó la palabra de Jesús y dejó de insistir. Si hubiera seguido suplicando, por supuesto que la curación se habría llevado a cabo igual, porque cuando Jesús se lo dijo ya estaba curado, pero quién sabe qué espantosa enfermedad del espíritu no habría echado raíces en el corazón de un padre que descubre que ha dudado de aquel que acaba de salvar a su criatura.

Aunque aquel encuentro entre mi hijo y yo duró poco, pude hablar con él con cierta calma. Aproveché para preguntarle por su alma, por su paz. Le vi, como te digo, cansado. Le encontré, y eso que estaba aún al principio de su aventura, un poco decepcionado. No se puede decir que se hubiera metido en aquel lío ignorando la naturaleza humana. De sobra lo habíamos hablado ambos, y su padre, José, se lo había dicho mucho tiempo atrás. Los hombres le piden milagros pequeños a aquel que quiere darles el mayor de los milagros, el de saber que Dios existe y que es amor para cada uno de nosotros. Pero una cosa es conocer en teoría a los hombres y otra sumergirse en ese baño de egoísmo que te rodea en cuanto empiezas a dar y a darte. Me dijo que tenía la impresión de ser como un gran pan que se pone en la plaza y al que vienen a comer los hambrientos llevándose cada uno un pedazo, el mayor que pueden arrancar, sin preocuparse por la suerte del pan ni por los motivos que hace que esté allí, a su alcance. Comprendí que, a jirones, le estaban empezando a arrancar la vida y que, cada milagro, no sólo era una prueba de su amor y un signo del poder de Dios que actuaba en sus manos, sino también una decepción para él. Una decepción que se producía al comprobar que la mayoría de los que se beneficiaban de sus favores le volvían inmediatamente la espalda, sin darle ni siquiera las gracias y sin interesarse por su mensaje.

Pero, en fin, al menos tuve la ocasión de verle y de estrecharle entre mis brazos. Cuando os marchasteis a Cafarnaum, yo me quedé aún un tiempo en Caná. Estaba bien en aquella casa y, como te digo, poco después enfermó Manasés y quise estar al lado de Lía. Ella conocía la capacidad de hacer milagros de mi hijo e incluso había podido comprobar que mis oraciones eran escuchadas por el Altísimo. La vida de su Leví era prueba de ello. Sin embargo, como yo, había notado que Jesús estaba agotado. Con todo, le pregunté: «¿Quieres que le mandemos recado a Cafarnaum? Quizá le salve a distancia, como hizo con el hijo del funcionario real.» Dudó, por el amor que sentía hacia su marido, pero no tardó en responderme con una suave sonrisa: «María, reza tú. Pero no le pidas a Dios que le dé la vida a Manasés y que retrase su muerte. Pídele que se haga su voluntad y que, a ser posible y si tiene que morir, que muera en paz y sin sufrimiento.» Yo entonces la abracé y la invité a rezar conmigo. Después fuimos juntas ante la cama del moribundo.

Todavía estaba lúcido. No me atreví a hacer en su frente los signos todavía misteriosos para mí que había visto hacer a Jesús sobre su padre y su abuela. Pero le cogí la mano temblorosa y le hablé del cielo. Le dije que eso era lo más importante del mensaje que mi hijo estaba predicando: que Dios sí existía y que no era exactamente como nos lo habían contado, que era Padre además de Todopoderoso. Le dije también que el cielo estaba abierto a todos aquellos que habían hecho el bien y que, cuando el Señor así lo dispusiera, él podría estar acompañando a Abraham en el seno de los justos, pero que incluso esa etapa era transitoria porque la misericordia de Dios no tardaría en manifestarse para redimirnos de nuestros pecados. Él me miró con sus ojos ya casi oscuros y me dio las gracias por haber iluminado sus últimas angustias con mis palabras y por haber bendecido su hogar con mi presencia. Después se dirigió a su mujer y la bendijo. Por último, mandó llamar a sus hijos y a sus nietos y les suplicó, con el último hilo de voz que le quedaba, que me cuidasen y que, pasase lo que pasase, tuviesen siempre abiertas las puertas para mí y para mi hijo. Así se durmió en el Señor y descansó en paz.

Te confieso, Juan, que yo misma medité, sorprendida, cuando pude estar a solas, sobre lo que le había dicho a Manasés. Era algo que me salía de dentro, que sin duda había puesto mi hijo en mi interior, pero que ni yo misma terminaba de entender del todo. Después, tras la muerte y resurrección de mi hijo y la venida del Espíritu Santo por Pentecostés, pude comprender el profundo significado de lo que ya entonces sabía. Pero lo que sí intuí es que aquello era nuevo y que era un cambio muy grande con respecto a lo que hasta entonces nos habían enseñado. Y supe que era bueno, porque aquel hombre justo había muerto en paz.

Mi hijo no subió a Caná para los funerales de Manasés. Envió a tres de vosotros como mensajeros suyos. Estaba muy ocupado en Cafarnaum y se preparaba para volver a Jerusalén. No fue fácil para mí entenderlo. Yo era su madre y mis cosas me parecían muy importantes, por lo que pensaba que también deberían ser importantes para él. Me dolía que no estuviera al lado de aquella buena familia a la que tanto debíamos. Me dolía que no hubiera hecho un milagro para curar a Manasés, cuando sí se habían hecho para devolver la salud a desconocidos, y más aún que no tuviera tiempo de viajar a Caná y estar presente en las honras fúnebres de aquel buen hombre. Sin embargo, me acordé de aquella escena en el templo, tantos años atrás, cuando era un muchacho y nos dejó a su padre y a mí para quedarse allí discutiendo con los doctores. «Tengo que ocuparme en las cosas de mi Padre», nos dijo cuando le encontramos. Sí, él tenía que dedicarse a lo suyo, que era en realidad lo mejor para mí y, para Lía y para su difunto marido. Él tenía que dedicarse a las cosas de su Padre, aunque a mí me costara entender por qué esas cosas no coincidían con las mías.

Pero todo aquello fue también bueno para mi espíritu, porque me situaba una y otra vez en el misterio y en ese misterio me encontraba con Dios. Un Dios al que ahora yo también llamaba Padre, aunque siempre tuve la sensación de que para mí era además otra cosa. Es decir, le llamaba Padre pensando en mí, pero existía con Él una relación semejante, salvando las distancias, a la que tienen el esposo y la esposa que poseen un hijo en común.

En fin, Juan, que los tres años escasos de trabajo

evangelizador —así lo llamáis ahora— de mi hijo, fueron para mí años de sufrimiento, un sufrimiento que hubiera querido aliviar estando a su lado, como estabais vosotros e incluso como hacían algunas mujeres que le seguían y le ayudaban con sus bienes. Pero él no me quería allí, pegado a su túnica, sino en casa, segura y ajena a los problemas en que continuamente se estaba metiendo. Sabía de mi dolor por la separación, pero sabía que yo habría sufrido más de haber presenciado los insultos que a veces le dirigían, las amenazas que pesaban sobre él, las conjuras que tramaban sus enemigos.

Cuando me enteré de que planeaba volver a Jerusalén con motivo de la fiesta del Sabu'ot, a poco más de un mes de haber tenido que salir de la ciudad tras la detención de su primo, mi angustia fue enorme. Cierto que las noticias que corrían sobre Juan no eran malas. Se decía que Herodes le tenía aprecio y que incluso le consultaba asuntos de Estado. Pero allí estaba él, en una cárcel, y mi hijo podía seguir su mismo camino. Sin embargo os fuisteis y allí estuvisteis, haciendo milagros como el del enfermo al que curó en la piscina de Betesda, la que está situada tan cerca de la casa donde yo había nacido. Claro que no sólo hacíais eso; Jesús intentaba convencer a los notables, insistía en su diálogo con los fariseos más abiertos para hacerles comprender que el mensaje del que él era portador no se oponía a lo anunciado por Moisés y los profetas, sino que era su continuación y su plenitud. En fin, muchos meses pasasteis en la ciudad santa, hasta que ocurrió aquel desgraciado festín en el que la muchacha Salomé, instigada por su madre, forzó a Herodes a matar al Bautista.

Cuando las noticias llegaron a nosotros era ya el mes de Sebat, aunque la cosa sucedió unos días antes, a finales de Tebet. De nuevo el miedo y el dolor se apoderaron de mí. El miedo y la angustia por la suerte de Jesús y de vosotros, el dolor por lo que le había pasado a Juan. Pero siempre tuve presente la promesa que le había hecho a mi hijo: pase lo que pase, no pierdas la esperanza y no dudes que Dios está detrás de todo. ¡Cuánto me costó aceptar que Dios pudiera estar detrás de aquel asesinato! Pero así debía ser. Aprendí a distinguir entre lo que Dios quiere y lo que Dios permite. Cuando una persona te da un bofetón, eso es voluntad suya y responsabilidad suya; cuando su mano llega a tu cara, es ya voluntad de Dios. Aprendí, no dejaba en realidad de hacerlo desde aquel día en que se me apareció el ángel, a amar en el misterio, a amar en la oscuridad. Y oscuridad tremenda fue la que padecía, sin tener noticias, hasta que supe que, tras la muerte de Juan, habíais vuelto a salir precipitadamente de Jerusalén, donde no estabais seguros.

Así que ya os teníamos de nuevo en Galilea, aunque yo siguiera en Nazaret y vosotros os hubierais instalado en Cafarnaum. Mis primas y yo estábamos deseando ver a nuestros respectivos hijos. Jesús había enviado a Judas a tranquilizarnos, pero su llegada a Nazaret no había hecho más que empeorar las cosas. La gente no había olvidado la estancia de Jesús en el pueblo. Aunque muchos se habían sentido conmovidos por sus lágrimas cuando se alejaba ladera abajo, con el paso del tiempo los más habían vuelto a sentir un profundo rencor hacia él. Sobre todo, consideraban como un desprecio imperdonable su negativa a hacer allí algún milagro, especialmente porque continuamente llegaban noticias de los que hacía en un lado y en otro. Así que en Nazaret era, seguramente, donde menos popularidad tenía de toda Galilea. Esta presión repercutía sobre toda su familia y, especialmente, sobre sus primos. A excepción de los que le habían seguido, los demás se sentían molestos por tener que soportar las puyas de unos y de otros, que les acusaban de ser familiares de un apóstata, de uno que violaba el sábado, que tenía pretensiones de grandeza y que quería modificar las enseñanzas de nuestros mayores. Yo me daba cuenta de que se estaba gestando una tormenta y no sabía qué hacer, pues hacía tiempo que mis palabras no eran escuchadas ni siquiera entre los míos. Sólo mi prima María seguía muy unida a mí y, con las otras, apenas podía hacer otra cosa más que aguantar en silencio sus reproches y sus ironías. Entonces, cuando llevabais ya unas semanas en Cafarnaum y después de la estancia de Judas en el pueblo, se decidió formar una comitiva familiar para ir a donde estaba Jesús y pedirle explicaciones. Él, decían, no podía hacer lo que quisiera porque con su comportamiento estaba poniendo en peligro al resto de la familia. Debía ser razonable, moderar sus pretensiones, someterse a los rabinos y a los jefes del pueblo, no provocar y, a ser posible, beneficiar en algo a los suyos, como hacían todos cuando conseguían de alguna manera poder e influencia.

Como comprenderás, Juan, para mí fue un disgusto terrible. ¿Qué podía hacer yo? Ni siquiera me dejaron hablar. Sólo me dijeron que podía acompañarles o que, si no lo deseaba, me quedara en el pueblo. No pude negarme a ir con ellos. ¡Tenía tantas ganas de verle! Además, quizá pudiera mediar para evitar un choque que hiciera perder a mi hijo el escaso apoyo con que contaba entre los suyos.

Era invierno, pero los días eran suaves. Iba ya avanzado Adar y los campos empezaban a llenarse de flores. Llegamos a Cafarnaum y en seguida nos dijeron que «el Maestro», como todos le conocían en el pueblo, estaba enseñando en la casa de un notable. Acudimos allí. La casa estaba llena. Uno de mis sobrinos preguntó a uno de los que alargaban el cuello desde fuera para pescar algo de lo que tenía lugar en el patio de la casa. «¿De qué habla?», le preguntó. «De no sé qué signo de Jonás —contestó, para añadir—: Dice que los ninivitas se levantarán contra nosotros en el día del Juicio porque ellos se convirtieron con la predicación de Jonás y él es más que Jonás y sin embargo nosotros no nos convertimos. Y dice también que lo mismo hará la reina del Mediodía, aquella que acudió a escuchar a Salomón, porque él es más que Salomón.»

«Más que Jonás y más que Salomón —exclamaron indignados mis parientes—. Esto ya es demasiado. Se ha vuelto loco y si no lo paramos va a hacer caer la desgracia sobre todos nosotros e incluso sobre todo Israel.»

Ante el revuelo, algunos se volvieron y les mandaron callar. «Está hablando de Satanás, callaos ya y dejadnos escuchar. Si no le creéis, allá vosotros, pero para nosotros todo lo que dice es verdad porque hemos visto tantos milagros suyos que ni Salomón ni el mismísimo David se le pueden igualar.» Mis primos protestaron y el revuelo, en lugar de amainar, creció. Entonces ellos se identificaron: «Somos su familia que ha venido a verle desde Nazaret y aquí está, con nosotros, su madre.» A mí el corazón me dio un vuelco. ¿Cómo se atrevían a implicarme en aquel lío? ¿Cómo se atrevían a mencionar mi nombre, como si yo estuviese de acuerdo con ellos y tuviese dudas acerca de la identidad y la importancia de mi hijo? Pero no hubo nada que hacer. Apenas se oyó que yo estaba allí, y eso que nadie me conocía, la noticia se difundió como un relámpago: «Es su madre», se decían unos a otros con reverencia, abriéndome paso. Así hasta que alguien logró acercarse a Jesús, que seguía hablando, y le dijo: «¡Oye!, ahí afuera están tu madre y tus hermanos que desean hablarte.» Todos pudieron escucharlo y se volvieron hacia donde estábamos nosotros. ¡Cuánto sufrí entonces, Juan! Yo aún no le veía, lejos como estaba todavía de él. Y llevaba dentro el enorme dolor de ser acompañante de una gente que no le quería y que no le entendía. Me espantaba que pudiera dudar de mí y que sospechara que yo también estaba con quienes le criticaban. Quería adelantarme a todos y darle explicaciones, pero en ese momento, yo misma como los demás, le oí decir, con voz tranquila pero muy emocionada: «¿Quién es mi madre y quiénes son mis hermanos?», para añadir a continuación, mientras os señalaba a vosotros, sus discípulos más queridos: «Éstos son mi madre y mis hermanos. Pues todo el que cumpla la voluntad de mi Padre celestial, ése es mi hermano, mi hermana y mi madre.» El murmullo creció entonces, todos hablaban, unos con otros, preguntando por el sentido de aquellas palabras: si serían un desprecio para su familia, incluida yo; si el Maestro acababa de dar otra lección abriendo a cualquiera la posibilidad de ser de sus más allegados; si lo que de verdad importa no es el vínculo de sangre, sino los vínculos que establece el amor.

La verdad es que no hubo tiempo para muchos comentarios. Jesús se había levantado y le habían dejado sitio libre para que pudiera llegar hasta mí. Sus primos, tan irritados antes y más bien confusos ahora, estaban a mis espaldas. Mi hijo, a la vista de todos, con esa calma que ahora ya no lo abandonaba nunca, me echó los brazos al cuello y me besó la frente. Yo estaba aún aturdida; quería hablar, explicarme, contarle qué pasaba, pero él no me dejó. Al oído me dijo: «Lo sé todo. Estáte tranquila. No dudo de ti, lo mismo que tú no dudas de mí. Pero todo esto tiene que suceder, así que deja de sufrir, porque en los planes de Dios está todo previsto, incluso que los profetas sean despreciados en su tierra.» Luego fue hacia sus primos y les saludó con afecto, como si no estuviera al tanto de sus intenciones, como si no supiera leer en sus ojos su envidia y su egoísmo, o mejor, como si, sabiéndolo, les quisiera lo mismo. Más tarde supe que Judas, su primo, le había contado cómo estaban las cosas en Nazaret y entre los nuestros. Sin embargo, tanto a ellos como a mí, nos trató con gran cortesía. Pidió a sus amigos que les alojasen en sus casas y a mí me condujo a la casa de

Pedro, en la que él vivía. Entonces fue cuando se volvió hacia ti y te encargó, por segunda vez, que permanecieras todo el tiempo conmigo y que te mudaras de casa de tu padre a la de Pedro para acompañarme. ¡Cuánto habías cambiado en unos meses! Pero, en fin, no es el momento de ponernos a hablar de nosotros, sino de seguir contándote lo que pasó entre sus primos y él en la reunión que tuvieron a continuación.

Jesús ya no me dejó seguir con ellos. Lo que llegué a saber, lo supe por María, pues tampoco quiso que sus otros primos, los que estaban a su lado, Santiago, Simón y Judas, estuvieran presentes.

La reunión fue difícil. Es verdad que los muchachos estaban menos agresivos que en Nazaret. Ahora ya no estaban en casa propia. Además, el ambiente en Cafarnaum era muy diferente del que se respiraba en nuestro pueblo. Aquí Jesús era admirado y querido, tenía muchísimos seguidores y continuamente llegaba a la pequeña ciudad gente procedente de toda Galilea y aun de Judea y de la Decápolis para escucharle y, sobre todo, para que les curara. Se contaban maravillas de él y a mí no cesaban de halagarme y de bendecirme por haber tenido un hijo así.

Pero, no obstante, la reunión familiar fue difícil. Pasado el primer momento, sus primos le dijeron, con más suavidad pero con claridad, todo lo que pensaban. Omitieron algunas cosas, pero le recordaron sus deberes familiares y, sobre todo, la delicada situación en que sus «aventuras», como las llamaban, les ponían a ellos en Nazaret. Hubo uno que se atrevió a ir más lejos y que le aconsejó más mano izquierda. «Enfrentándote con los sacerdotes, con los fariseos, con los saduceos y, sobre todo, con los romanos —le dijo—, no vas a llegar a ninguna parte. Si quieres que te reconozcan como el Mesías, hazme caso y dedícate a hacer milagros y a llevarte bien con los que mandan. Después, cuando consigas el poder, ya ajustarás las cuentas a tus enemigos. Tienes que ser más inteligente —añadió— y menos conflictivo. No sirve de nada decir la verdad, basta con que no digas mentiras y con que disimules un poquito. De lo contrario, te lo aseguro, no vas a ser nunca nada en la vida. Si te crees que la amistad de toda esta gente sirve para algo, te equivocas. Todos te abandonarán en cuanto los poderosos te ataquen directamente.»

Como te digo, Juan, no estuve presente en aquella reunión. Mi hijo quiso ahorrarme ese disgusto. Por María supe que escuchó a sus primos con la cabeza entre las manos. Y que no los despidió airadamente. Me dijo mi prima que incluso tenía los ojos húmedos cuando ellos terminaron de darle sus consejos. Yo sé, aunque él no quiso hablarme nunca de lo que allí había pasado para no entristecerme, lo mucho que debió de sufrir. Al fin y al cabo, eran su familia y nos queríamos. Durante años habíamos convivido juntos y habíamos pasado juntos muy buenos momentos; con algunos teníamos incluso deudas, y no sólo de afecto sino también de dinero. Y ahora le pedían que luchase por el poder con astucia, que mintiese si era necesario, y, sobre todo, que no les complicase la vida a ellos.

Jesús ya había empezado a beber el cáliz de la amargura y de la decepción, pero estoy segura de que aquél fue un trago considerable. Si los suyos no le reconocían y no daban crédito a los signos que hacía, ¿cómo le iba a comprender el pueblo?, ¿cómo iban a aceptar su mensaje los sabios y entendidos, los que le miraban con sospecha porque no era de casta sacerdotal o porque no cumplía a rajatabla las prescripciones legales?

El caso fue que despidió a sus primos sin hacerles ninguna promesa y conteniendo su decepción. No fue la última vez que les vio, pues aún tuvo que soportar otra «delegación» familiar pocos meses después, que fue aún más dura que la primera. Sin embargo, con aquella tuvo bastante para saber lo que podía esperar de los suyos.

Lo único bueno de aquel disgusto fue que ya no me dejó partir. No quiso que regresara con ellos a Nazaret. No me dijo el porqué, pero intuyo que debió de comprender lo mal que yo lo estaba pasando en la montaña, sin él y rodeada de unas personas que continuamente me llenaban la cabeza de cotilleos, de dudas, incluso de críticas contra mi propio hijo. Sin dar explicaciones a nadie, me pidió que me quedara, así que tuve que rogarle a María, mi prima, que cerrara la casa y que me enviase lo antes posible mis cosas para seguir el resto de mi vida fuera ya de Nazaret donde, desde entonces y a mi pesar, no he vuelto.

Me dolió un poco aquella pérdida, pues estaba encariñada con mi pueblo, pero aquella pena era nada comparada con la alegría de poder estar junto a mi hijo. Alegría que me duró poco, pues pronto me envió a casa de Lía, en Caná, donde estuve casi hasta el final, hasta muy poco antes de que le hubiera llegado su hora. Pero al menos pude estar aquella Pascua con vosotros.

Hemos hablado muchas veces del significado de la multiplicación de los panes y de los peces aquel día de primavera. Lo hemos hablado después de que ocurriera la llegada del bendito Espíritu Santo. Ahora entendemos mucho mejor lo que quiso hacer Jesús aquel día. Era un símbolo de lo que había de venir. Pero con las pocas luces que teníamos entonces no nos dimos cuenta de que se trataba de algo más que de un gran milagro. Porque fue efectivamente eso: el milagro más espectacular de cuantos hizo. Tal parecía que había decidido hacer caso del consejo de sus primos y que estaba dispuesto a tener al pueblo contento a costa de satisfacer sus necesidades, incluso las alimenticias. No era así, pero así se lo tomó la gente.

Por eso quisieron hacerle rey. Rey de un mundo

lleno de guerras y egoísmos, cuando lo que él quería era ser rey en los corazones, rey de la paz y la justicia.

A mí no me había dicho qué iba a ocurrir, lo que me hace pensar que no tenía nada preparado. Aquellos días, a pesar de que siempre iba de un lado para otro y rodeado de todo tipo de gente, nos veíamos a solas de vez en cuando. A mí me gustaba estar en un rincón, cerca de él pero sin destacar, sin hacerme presente para no molestar. A él le gustaba que yo estuviera a su lado pero sin que se me notase. Disfrutábamos los dos de esa temporada de compañía, que nos recordaba la dulce intimidad que habíamos vivido en nuestro hogar de Nazaret, tanto cuando vivió su padre como después de su muerte. Así le escuchaba predicar y veía cómo se comportaba. Así también pude observaros más de cerca, a ti y a los otros, y también a las mujeres que le rodeaban y que, no creas, no dejaban de preocuparme, pues nunca se sabe lo que puede surgir entre un hombre y una mujer, sobre todo si a ésta le da por conquistarle a base de lloros y de hacerse la víctima.

Pude presenciar con mis propios ojos varios de sus milagros, que no suponían para mí ninguna revelación en particular, pues yo sabía bien lo que él podía hacer con el poder del Padre. Pero también yo aprendí mucho en esos días. Sobre todo, me hice cada vez más consciente de que él no era sólo mi hijo, sino que era también Hijo de Dios y, como él mismo decía, hermano vuestro. Yo no entiendo mucho de estos conceptos que ahora manejáis en este mundo griego; me refiero a eso de «persona» y «naturaleza». Me pierdo en estas nuevas categorías, tan ajenas a nuestro modo de pensar. Sólo sé, ahora con más claridad que en aquella época, que si él era hijo mío, era verdadero hombre, y que si Dios, el Altísimo, le había engendrado, era su Hijo y por lo tanto era Dios como Él, porque de un manzano no sale una pera, ni de un pez una tortuga. Ya sé que eso sigue sonando muy fuerte en muchos oídos, sobre todo en los de muchos de nuestros compatriotas, que se han acercado a nuestro grupo pero que no están dispuestos a dar el paso de aceptarle como Dios. Lo sé, pero yo desde entonces fui viéndolo cada vez más claro, sobre todo a partir de la conversación que tuve con él poco después. Aunque te confieso que me asustaba, y aún me asusta, pensar lo que eso significaba, porque, entre otras cosas, si eso era así yo habría llevado al propio Dios en mi vientre y sería, en ese caso, madre de Dios.

Pensar en todo eso me mareaba, así que lo hacía pocas veces. Pero, en fin, tampoco tuve mucho tiempo de darle vueltas a las cosas en mi cabeza, cosas que, por lo demás, excedían con mucho mi capacidad de entender y que si he llegado a comprender algo más ha sido gracias a la acción del Espíritu Santo por Pentecostés. Me limitaba, como te digo, a estar allí, en un rincón, viéndole y disfrutando de poder escuchar sus palabras. De vez en cuando él me buscaba con la mirada y eso nos bastaba a los dos. También de vez en cuando estábamos a solas y podíamos dar rienda suelta a nuestro cariño de hijo y de madre. Sin embargo, no me dijo nada de lo que iba a ocurrir aquella mañana, cuando multiplicó los panes. Por eso creo que, como en tantas otras ocasiones, no tenía nada planeado. Simplemente, se presentó el problema y quiso hacer un favor a una multitud hambrienta, a la par que veía que era una ocasión para darnos una gran enseñanza. En el fondo, aquello recordó a todos los buenos israelitas que estaban allí la aparición del maná en el desierto del Sinaí. Y quizá fue por eso por lo que decidieron hacerle rey. Por eso y porque con un rey así ningún ejército sería vencido y ningún hombre tendría que volver a trabajar, pues las piedras se convertirían en pan y el agua en generoso vino.

Y por eso él huyó. Cuando vio que seguían sin entender, que lo que él había querido hacer con aquel milagro era tergiversado, de nuevo la decepción le invadió. ¿Qué tendría que hacer para que comprendieran que no era médico de cuerpos sino de almas, que no quería alimentar sus estómagos sino saciar su sed de Dios? Hiciera lo que hiciera, al final su bondad se volvía contra él. Ése parecía su destino, su irremediable final. Cuanto más quería a la gente, menos entendía la gente su mensaje. Cuanto más la ayudaba, más buscaban la ayuda material y menos la espiritual. Escasos, por no decir ninguno, eran los que acudían a él a decirle: Ayúdame a ser mejor, ayúdame a controlar mi genio, pídele a Dios que me haga generoso. Por el contrario, las peticiones eran siempre las mismas: Mira a mi hijo, mira a mi mujer, mira a mi marido, a mi criado o incluso a mi burra. Lo espiritual, la bondad, Dios en definitiva, parecían no interesar a nadie. Sólo las cosas de la tierra, sólo lo material movía a la gente. Y también, un poco al menos, a vosotros. Porque de eso me di cuenta en seguida, en cuanto pude estar cerca y veros desde el silencio. No me cabía duda de que le queríais. Tú, desde luego, con locura. Y Pedro, y tu hermano Santiago, y mi sobrino Santiago también. Le queríais y le admirabais, pero no le entendíais. También vosotros, que creíais que era un enviado del Altísimo, pensabais que su misión era sobre todo terrenal y que algún día se haría con el poder en todo Israel e implantaría un reino que, por más que estuviera basado en los mandatos divinos, no dejaba de ser un reino con su poder, con su economía, con sus ministros e incluso con su policía y su ejército. De ahí las peleas entre vosotros por ver quién iba a ser el más importante. Por eso —y perdona que te lo diga— tuvo lugar aquella intervención de tu madre reclamando para tu hermano y para ti los primeros puestos en el futuro reino que creíais que estaba a punto de ser instaurado.

El caso es que la multiplicación de los panes y los peces pasó como el gran milagro de Jesús, sin que nadie se diera cuenta de que allí había algo más. Allí estaba la prueba de que Dios estaba con él, como estuvo con Moisés en el desierto, y estaba también el anticipo de un alimento que saciaría eternamente nuestra hambre, el que después él nos daría con su cuerpo y su sangre en la víspera de su Pasión, con la «eucaristía», tal y como lo llamáis ahora en este extraño mundo griego.

Después de aquello sólo pude estar con él y con vosotros unos días. Te mandó a ti, ¿recuerdas?, a que me acompañaras a Caná. Pero antes estuvimos juntos un largo rato. En aquella conversación, más incluso que en otras ocasiones, me abrió el corazón. Pude coger su cabeza entre mis manos y traté de consolarle, a la par que le animaba a que siguiera adelante. Él era, al fin y al cabo, un hombre y vosotros, los hombres, necesitáis que nosotras, las mujeres, siempre os animemos y sostengamos. Y para eso estaba yo allí entonces, lo mismo que sigo estando ahora aquí para ti y para todos, como una roca, como un pilar en el que puedan descansar y apoyarse los que están cansados y agobiados.

Le dije, lo recuerdo bien: «¿Qué esperabas? ¿Creías que todo iba a ser fácil? ¿Creías que con los milagros y tus discursos la gente iba a entender y se iba a convertir y su corazón se transformaría? Hijo mío querido, has de aceptar las cosas como son y has de aceptarnos a los hombres como somos. De barro fuimos hechos por tu Padre. De barro y pecadores, aunque esto último es cosa nuestra y no de Él. Y, en el fondo, eso es lo que te ha atraído: nuestra debilidad. No viniste a salvar a los que no necesitaban salvación, sino a los pecadores. Como tú mismo dices, has venido a buscar a la oveja perdida. Lo que ocurre es que esa oveja está más perdida y es más rebelde de lo que tú pensabas. Así que, ánimo y a seguir adelante. Dios está contigo y todo irá bien, ya lo verás.»

Yo entonces no sabía qué iba a pasar, aunque lo intuía, porque las madres siempre nos ponemos en lo peor. Pero tampoco se lo iba a decir, pues de lo que se trataba era de darle ánimos. Él, que sí lo sabía, que sabía que el final sería la cruz, me miró dulcemente y me estrechó entre sus brazos. Después me besó la mano con ternura y luego lo hizo en la frente. ¡Dios mío, sus besos, cuánto añoro sus besos y sus abrazos! Si estoy deseando dejar este mundo es para volver a recuperarlos. Sólo a la eucaristía puede compararse, aunque sean cosas tan distintas.

Entonces quise aprovechar la ocasión para decir algo que llevaba dentro y que me estaba pesando cada vez más. Así que le pregunté: «Hijo, dímelo a mí con claridad. ¿Quién eres tú?» «Soy tu hijo, madre —contestó riendo, para añadir—: ¡Qué cosas tienes!» Yo insistí: «Sé de sobra que eres mi hijo, pero ¿qué eres de Dios? ¿Qué quiere decir en realidad lo que me anunció el ángel Gabriel cuando dijo que el que iba a ser engendrado en mí sería llamado "Hijo del Altísimo"?»

Jesús se separó de mí. Se levantó y se dirigió al otro extremo de la habitación. De espaldas a mí, que permanecía sentada y expectante, me habló: «Madre, no quiero escandalizarte ni tampoco revelarte ahora cosas que todavía no puedes entender. A su debido momento, el Espíritu Santo que un día te cubrió con su sombra te cubrirá con su sabiduría y te lo enseñará todo. Yo le pediré que así lo haga. Por ahora sólo debes saber que el Padre y yo somos uno y que ha sido así desde toda la eternidad. Te basta con esto —y al decirlo se volvió y me miró—. Te basta con esto y ahora déjame, debo rezar. Tú ya me has consolado y ahora tiene que hacerlo Él. De ambos consuelos necesito, porque hijo soy de los dos y cada uno de vosotros tiene que hacer su parte.» Me besó de nuevo y salí. Sentía como una especie de mareo, como si la cabeza me diera vueltas, como si mis intuiciones lucharan por abrirse paso en mi pequeña mente de mujer galilea. «Desde la eternidad», esas palabras resonaban una y otra vez en mis oídos. «Desde la eternidad.» Luego, entonces él no era sólo un mesías, un enviado, un profeta. Era mucho más que el mayor de los profetas, más que el gran Isaías, más que el mismísimo rey David, o que Moisés o que Abraham nuestro padre. Entonces, ¿quién era él? ¿Sería posible que, de verdad, él fuese Dios? Y de nuevo las preguntas sobre mí: Si él es Dios, ¿quién soy yo? ¿Cómo debo tratarle? ¿Con qué derecho le he educado, corregido e incluso reñido cuando era niño? ¿A quién he tenido en mi seno y a mis pechos? Era demasiado, como te digo, para una sencilla mujer de una aldea de montaña. Tanto, que me di cuenta de que mi hijo tenía razón al decirme que aún no había llegado mi hora, la de entenderlo todo, y decidí poner freno a mis pensamientos y guardar el misterio en mi corazón.

Así fue como me marché de Cafarnaum, contigo, al que no revelé entonces aquella conversación porque comprendí que no estabas preparado para ella, menos preparado aún de lo que lo estaba yo. Así entré de nuevo en Caná. Con el alma un poco más sosegada por mi decisión de no complicarme la vida inútilmente y de esperar a que, a su debido tiempo, ese misterioso Espíritu Santo al que aludía mi hijo me revelara lo que debía saber. Lo que no podía evitar era el temor por la suerte de mi Jesús. Si a mí me costaba tanto entender, ¿qué no os ocurriría a vosotros? ¿Y qué no sucedería con los sacerdotes, los notables y los hombres más religiosos de nuestro pueblo? ¿Cómo iban a aceptar ellos, educados en el respeto y el temor al Dios Todopoderoso, que ese mismo Dios se hubiera hecho hombre? ¿Cómo lo iba a aceptar un pueblo y una religión que no permitía ni tan siquiera que se hicieran esculturas de Dios porque lo consideraba una blasfemia? Y ahora no se trataba sólo de esculturas, sino de una presencia real en el mundo de los hombres, de un hombre que pretendía ser, a la vez, Dios. Comprendí que el fracaso era inevitable y eso sí me aterró. Aunque, una vez más, acudió en mi ayuda la certeza de saber que Dios está detrás de todo y que nada, absolutamente nada, escapa a sus designios misericordiosos y providentes.

Después de esto, ya en el otoño, en el mes de Tisrí, volvisteis a iros a Jerusalén para celebrar allí el Sukkot. Pero antes tuvo que aguantar a otra delegación de sus primos, que no dudaron en decirle, a pesar de que sabían el riesgo que corría: «Sal de aquí y vete a Judea, para que también tus discípulos de allí vean las obras que haces, pues nadie actúa en secreto cuando quiere ser conocido. Si haces estas cosas, muéstrate al mundo.» Me hace daño, a pesar de haber pasado tanto tiempo ya, volver a pensar en ello. Me duele saber que fueron sus propios familiares los que le pusieron en el camino de la cruz y que lo hicieron conscientemente, sólo porque querían alejarle de ellos, porque no deseaban seguir teniendo problemas en Nazaret debido a su parentesco con aquel hombre que se había convertido en una figura cada vez más polémica.

Pero aquella entrevista no fue como la primera. Lo supe después, como en la otra ocasión, aunque yo entonces me encontraba ya en Caná. Mi hijo, dolido y decidido a hacerles caso y a poner las cartas sobre la mesa, les dijo a sus primos: «Todavía no ha llegado mi hora, en cambio vuestro tiempo siempre está a mano. No os preocupéis tanto por el odio del mundo. El mundo no puede odiaros; a mí sí me aborrece, porque doy testimonio de que sus obras son perversas. Subid vosotros a Jerusalén a participar en la fiesta; yo no subo porque aún no se ha cumplido mi tiempo.»

Dijo eso pero no lo hizo. Simplemente, no quería ir con ellos. Deseaba establecer su propio programa. Así que, cuando ellos, que no eran de fiar, se marcharon, él, con vosotros, se encaminó a Jerusalén. Me imagino su dolor al tener que moverse a escondidas, al no poder manifestarse en público. Y no porque temiera a la muerte, sino porque sabía que todavía no era el tiempo de pasar de este mundo al Padre, que aún le quedaban muchas cosas por hacer, aunque esa hora decisiva estuviese cada vez más cerca.

De lo que supe de aquella larga estancia en la ciudad santa, poco te puedo contar, Juan, que tú no sepas. A Caná me llegaban noticias con más rapidez y con más exactitud que a Nazaret. Allí estaba entre amigos y no tenía que soportar las insidias de mis antiguos vecinos de Nazaret. Pero no por eso podía dejar de inquietarme, de sorprenderme y también de alegrarme.

Me contaron, maravillados, lo de la mujer adúltera a la que él salvó de morir apedreada después de haber dicho a sus acusadores: «Aquel de vosotros que esté sin pecado, que le arroje la primera piedra.» ¡Qué satisfecha y orgullosa me sentí entonces de mi hijo! Porque no podía menos de recordar que yo misma estuve a punto de haberme encontrado en una situación parecida, precisamente debido a su nacimiento, por más que yo no hubiera cometido ningún tipo de adulterio. Sí, las enseñanzas que le había transmitido acerca de lo que sufrimos las mujeres en esta sociedad nuestra habían hecho efecto y tenía motivos sobrados para estar contenta de mi hijo.

Lo mismo me sucedió cuando me hablaron del milagro que había hecho con aquel hombre, ciego de nacimiento, al que ni siquiera sus padres quisieron defender cuando le interrogaron los fariseos. Ése era mi Jesús, ése era mi hijo y el Hijo del Altísimo: el que no duda en complicarse la vida para ayudar a alguien, aquel del que se podía decir lo que nos contaban las Escrituras: «Aunque tu padre y tu madre te abandonen, yo no te abandonaré.» Nos quería más, arriesgaba más por nosotros que los propios padres y madres carnales. Y por eso tenía razón para hablar de sí mismo como «el buen pastor» y para decir que los que habían venido antes que él eran «ladrones y salteadores», mientras que él estaba en la tierra para dar «la vida por las ovejas».

Pero, como comprenderás Juan, no podía dejar de sufrir. Cuando me contaron lo que dijo acerca de su misión como pastor, no omitieron aquellas palabras suyas tan premonitorias de lo que iba a ocurrir: «Por eso me ama el Padre, porque doy mi vida, para recobrarla de nuevo. Nadie me la quita; yo la doy voluntariamente. Tengo poder para darla y poder para recobrarla de nuevo; ésa es la orden que he recibido de mi Padre.» Si vosotros y los fariseos discutíais acerca de lo que significaba el uso del término «padre» referido a Dios y aplicado a sí mismo como hijo, si a algunos les molestaba la familiaridad y a otros les escandalizaban sus pretensiones, yo sólo me fijaba en que cada vez con más frecuencia se refería a la muerte, a ese «dar la vida» que sólo podía significar la cercanía del momento final.

Así que mi vida era un no vivir mientras pensaba en el peligro que corría estando en Jerusalén, rodeado de enemigos que le acechaban por todas partes. En aquella ocasión, además, vuestra estancia en la capital se prolongó mucho, hasta bien entrado ya el invierno, pues pasasteis allí la fiesta de la Hanukka y sólo en el mes de Sebat, cuando de nuevo intentaron apedrearle en el templo, accedió a marcharse de Jerusalén y cruzar el Jordán para descansar un poco y prepararse para el asalto definitivo. De esto, sin embargo, hablaremos mañana, porque sólo pensar en ello vuelve a herirme en el corazón como entonces y vuelvo a notar cómo aquellas espadas de dolor de que me habló Simeón me atraviesan el alma.

202

DE PIE, JUNTO A LA CRUZ

No te he hablado, hasta ahora, de nuestros queridos amigos de Betania porque tú los conociste antes que yo y porque, hasta este momento de nuestra historia, yo no había tenido conocimiento de ellos. Quizá, alguno y alguna vez, me habló de la familia de Lázaro, Marta y María, pero yo no les concedí una importancia excesiva y pensé que eran unos de tantos que querían a mi hijo. Recuerdo, eso sí, que me habíais hablado, no sé si tú u otro, de aquella vez en que mi hijo dio una lección a una mujer muy afanosa poniendo como ejemplo a imitar precisamente a su hermana, que no hacía nada más que ocuparse de escuchar atentamente sus palabras. Lo recuerdo porque, al oírlo de vuestros labios, pensé en la profunda sabiduría de mi hijo, que conoce tan bien el alma femenina como conoce la de los hombres y que sabe que, unos y otros, debemos evitar que lo bueno que llevamos dentro se acentúe tanto que nos desequilibre. Pues bien, aquél era el único recuerdo que yo tenía de una familia piadosa de Betania, en cuya casa solíais parar cuando estabais en la zona.

Desde allí, desde Betania, os llamaron no mucho después de haber tenido que salir de Jerusalén para evitar ser apresados. La cercanía de la ciudad santa dificultaba el regreso; las cosas no se habían calmado lo suficiente como para que no siguiera siendo arriesgado entrar otra vez en ella. Por otro lado, la Pascua se acercaba, lo cual era también un motivo para regresar a Jerusalén, aunque, sobre todo, el motivo principal era la llamada desesperada de Marta, que reclamaba a Jesús junto al lecho de su hermano moribundo.

Ya sabes que mi hijo no acudió con prontitud a esa llamada. Algunos de vosotros le aconsejasteis que no fuera a Betania, por el peligro evidente. Le dijisteis que, si quería, podía curar a Lázaro a distancia, como había hecho con el hijo del funcionario real. Él pareció escuchar a los que así le decían y esperó dos días. Luego, de repente, decidió subir a Jerusalén, a pesar de vuestra oposición, que se hizo mayor cuando supisteis, por él mismo, que Lázaro ya había muerto. Supe también que Tomás, ese estupendo muchacho siempre lleno de curiosidad, dijo ante todos, expresando el sentir común: «Vayamos también nosotros a morir con él.» Ése era vuestro ánimo. Érais conscientes de que el peligro era grande y que esta vez no se podría esquivar fácilmente. Y ése fue vuestro mérito: el de haber decidido estar con mi hijo hasta el final, arriesgándoos a sufrir su suerte, cuando ya se sabía qué era lo que le podía esperar.

En cuanto a Jesús, ¿qué sabía él de lo que le podía suceder en Jerusalén? Yo entonces estaba en Caná y sólo más tarde pude verle y hablar con él. De eso, de su estado de ánimo cuando decidió emprender el camino que le conduciría hasta la cruz, no hablamos. Sin embargo, estoy segura de que era plenamente consciente de lo que le iba a pasar. Como también era consciente de que había llegado su hora y que la ocasión que le brindaban era la adecuada.

Verás, Juan, lo de Lázaro era muy parecido a lo de Caná. En aquella ocasión, cuando su primer milagro, cuando convirtió el agua en vino, me dijo aquella frase misteriosa que tanto me ha dado que pensar: «Mujer, déjame, todavía no ha llegado mi hora.» Se refería a la hora de los milagros, pero, sobre todo, se refería a la hora de la cruz. Porque ambas horas estaban unidas. Él tenía un tiempo y ese tiempo empezaba a contar desde el momento en que se diese a conocer, en que saliese a la luz pública. Por hacer un favor, por ayudar a alguien, había tomado la salida y había empezado una especie de cuenta atrás que iba robando instantes a su existencia. Ahora, como si fuera una señal convenida, la necesidad de hacer otro favor, esta vez no a unos amigos de su madre sino a unos suyos, le ponía ante los últimos momentos de su vida. Con un acto de amor a unos amigos empezó esa cuenta atrás. Con otro acto de amor terminó.

Y es que él había nacido sólo por un acto de amor —el que existía entre Dios y yo— y para llevar a cabo actos de amor. De amor a todos nosotros, ciertamente, pero de manera especial a los que más necesitaban ese amor: a los pecadores, a los pobres, a los enfermos, a los que sufren. Por amor se hizo hombre, por amor hizo milagros, por amor atrajo la atención sobre él y por amor subió a Jerusalén para curar a un amigo aun a sabiendas de que eso le conducía directamente hacia el suplicio. Cualquier otra cosa habría sido impropia de él, habría sido como renegar de sí mismo. No era, pues, un temerario que despreciaba los peligros, que los ignoraba o que disfrutaba con el riesgo y la aventura. Él no quería morir como murió, porque su muerte se debería a un pecado de uno o de muchos, y él no podía desear que nadie pecara. Él quería vivir y vivir rodeado de hombres y mujeres convertidos, santos, felices. Pero si tenía que morir crucificado, que fuera por el motivo que le había traído a la tierra, por amor. Si le había llegado la hora, que la señal para él y para todos fuera precisamente esta: alguien le necesitaba y él no podía dejar de acudir a su llamada, aunque eso supusiera el principio del fin. En realidad, no había mucha diferencia entre aquella subida a Jerusalén, invocado por un Lázaro moribundo, y su nacimiento en Belén, invocado no por uno sino por muchos, millones de moribundos, que, sin saberlo, clamaban al cielo desde su miseria, invocando un médico para el alma, un salvador.

Por eso subió a Jerusalén aquella primavera. Y la prueba de que sabía no sólo a qué se exponía sino también qué iba a ocurrir está en que te envió a ti a buscarme a Caná. Quería despedirse de mí antes del momento final. En realidad, hombre verdadero como era, quería encontrar el único apoyo que no le podía faltar, el de su madre.

Cuando tú llegaste a Caná y me dijiste que mi hijo me reclamaba a su lado en Betania, yo temí lo peor. Pensé que estaría enfermo o por lo menos que algo grave sucedía, pues no era normal que él me llamase a su lado. Por más que tú intentaste tranquilizarme diciéndome que se trataba sólo de que él quería que pasásemos juntos la fiesta de Pascua, yo estaba segura de que algo ocurría o iba a ocurrir.

Con este ánimo, que no te comuniqué entonces para no contagiarte mis temores, te acompañé a Betania. Cuando llegamos allí, ya había tenido lugar el milagro de la resurrección de Lázaro y la casa y la aldea entera bullían de alegría y también de gente. Muchos eran los que acudían a ver a Jesús, a escucharle, a pedirle curaciones y favores. Muchos eran, también, los que habían ido a ver a Lázaro, a comprobar que estaba vivo y a oír el extraordinario relato de cómo había sido resucitado. En ese ambiente de fiesta y de exaltación fuimos acogidos cuando entramos en el pueblo. A mí me sorprendió y me tranquilizó, e incluso llegué a pensar que, si tal era la fama de mi hijo, quizá mis preocupaciones eran excesivas y se debían más a manías de mujer vieja que a realidades.

Sin embargo, cuando me encontré con Jesús, aun estando rodeados de personas entusiastas y del cariño de Lázaro, de Marta y de María, yo supe, desde el primer momento, que mi hijo estaba pasándolo mal y que la situación era grave.

Aquel primer día no pudimos hablar nada. Era ya tarde cuando llegamos a Betania y él se limitó a saludarme, a recibirme con besos y abrazos de bienvenida y a decirme que ya tendríamos tiempo al día siguiente de hablar con calma.

Eso no ocurrió. Al día siguiente, casi al alba, llegó un enviado de Nicodemo con un mensaje urgente para Jesús: «Márchate rápidamente de Betania», le decía su ilustre amigo. «Los fariseos están urdiendo una trama para matarte. Les ha molestado mucho lo que has hecho con Lázaro y han decidido que, a toda costa, tienen que acabar contigo e incluso con él.»

Todos, entonces, os pusisteis nerviosos. Todos menos él. No quería irse, pero para tranquilizaros y para no poner en peligro a la familia que le acogía decidió salir de la aldea durante una temporada, aunque ya nos advirtió que estaría fuera poco tiempo, pues era su deseo, pasara lo que pasara, regresar para estar en Jerusalén durante la Pascua. Esta vez no se marchó hacia el Jordán, sino que eligió Efraím, donde quizá no se le esperaba, para dejar que amainara un poco la tormenta.

En cuanto a mí, recuerdo que me dijo: «Ya ves, madre, que te he hecho venir en un mal momento. Es inútil que intente engañarte con palabras que no vas a creer. Las cosas están tal y como las ves. Pero tú y yo sabemos que para esto he venido. Quizá he hecho mal en llamarte a mi lado. Lo siento. Siento hacerte sufrir, pero te aseguro que no podía dar este paso sin volver a verte, sin estrecharte de nuevo entre mis brazos y sin recibir tus besos y tus bendiciones. Ahora no temas nada. Aquí estarás bien. Además, ésta no es la separación definitiva. Todavía no ha llegado mi hora, aunque ya está cerca. Nos volveremos a ver.»

Y se marchó. Vosotros le rodeabais entre solícitos e inquietos. Parecía como si, de repente, la alegría desbordante que había sucedido a la resurrección de Lázaro, la euforia que a todos os había poseído, se hubiera disipado en un abrir y cerrar de ojos. Parecía como si, de nuevo, el miedo se hubiera adueñado de vuestro espíritu y hubierais olvidado hasta el mismo poder que él tenía y del que, una vez más, os acababa de dar testimonio. Pero, a pesar del miedo y las dudas, os fuisteis con él.

Me quedé fuera, en la puerta de la casa, viéndoos partir. Lázaro iba con vosotros, porque él también estaba amenazado. Marta y María estaban conmigo, una a cada lado. María me rodeaba los hombros con el brazo y Marta me cogía una mano con la suya. Ellas lloraban, yo no. No quería que, si él volvía la cabeza para dirigirme una última mirada, viera a una mujer vieja, derrotada, desesperada. Él me había llamado a su lado para recibir apoyo, no para recibir más dolor. Quería de mí que fuera, como cuando era niño, su columna, su roca, su refugio, su consuelo. Y por eso yo debía estar en pie, firme, como si no sufriera nada. De lo contrario, si me dejaba arrastrar por lo que sentía en mi interior, en lugar de ayudarle no haría más que aumentar su propia congoja y añadir más amargura a la que él ya tenía.

Efectivamente, cuando ya se alejaba, se volvió. Fue un instante. Apenas un vuelo de su rostro. Apenas un movimiento rápido de la mano en el aire. Apenas un cruce de miradas. Fue suficiente. ¡Cómo nos entendíamos mi hijo y yo! Nos bastaba eso, una mirada, para saber que cada uno estaba en su sitio, ante Dios y ante nuestro deber. Él sabía que podía contar conmigo y yo sabía que tenía que apoyarle para que él hiciera lo que tenía que hacer. Los dos sabíamos, además, que estábamos solos. Y no porque dudáramos de vuestro cariño, del tuyo, del de los demás apóstoles o del de aquellas dos magníficas muchachas que lloraban a mi lado. Sino porque sabíamos que no entendíais lo que estaba pasando y que no imaginabais lo que iba a pasar. Yo empezaba a intuir, además, que la soledad era más profunda, que también el Padre empezaba a retirarse para hacerle beber hasta el fondo el cáliz de la amargura que solemos apurar los hombres. Yo lo empezaba a intuir, pero eso él ya lo sabía. Y precisamente por esto, porque quizá sin padre se puede pasar pero no sin madre, es por lo que me había hecho llamar para que al menos eso, la madre, no le faltara cuando todo lo demás le fuera negado.

Tal y como Jesús había previsto, pronto se difundió la noticia de que, junto a sus discípulos y a Lázaro, había salido de Betania rumbo al norte. Sus enemigos pensaron que emprendía de nuevo el camino de Galilea y, contentos por esta huida que ellos interpretaron como un gesto de cobardía, abandonaron de momento sus maquinaciones para dedicarse a preparar la cercana fiesta de Pascua. Con todo, redoblaron su sistema de espionaje, que incluía gente introducida en el grupo de los seguidores de mi hijo, para que les informase de sus pasos si es que intentaba volver a Jerusalén durante las grandes solemnidades que se avecinaban. Tanto era su temor a que Jesús pudiese organizar una revuelta en el templo, una especie de motín contra ellos o contra los romanos. No sólo, como ves, Juan, no le conocíais sus amigos, sino que tampoco los que le temían y despreciaban habían comprendido que él era incapaz de la violencia, del rencor, del odio.

Mi hijo volvió, por sorpresa, una semana antes de la Pascua. Entró en la aldea, con Lázaro y vosotros, procurando pasar tan desapercibido como fuera posible. De sobra sabía que le espiaban y que, por mucho que hiciera, los sacerdotes y fariseos no tardarían en enterarse, pero quería ganar tiempo, ganar unos días para estar tranquilo y prepararse para el último y definitivo asalto a la fortaleza de la muerte.

Fue imposible guardar el secreto. A las pocas horas, ya estaba de nuevo la casa llena de gente, como cuando llegué a Betania. Y con esa gente, los rumores sobre los peligros que se cernían sobre todos nosotros.

Entonces Jesús cambió de táctica. Como si ya nada importara, como si hubiera decidido salir a la luz y dar la cara, dejando de esconderse. Pidió a Lázaro que esa misma noche organizara una gran fiesta y que invitara a ella a todos sus amigos, incluso a algunos que le eran francamente hostiles. En esa fiesta, la última en la que participó, fue cuando María, conmovida porque también ella había empezado a intuir lo que pasaba, derramó una libra de perfume de nardo sobre sus pies y los secó con sus cabellos. Las palabras de mi hijo, contestando a las objeciones de Judas el Iscariote que se quejaba de aquel derroche porque creía que habría sido mejor darlo a los pobres, sonaron en mis oídos y en los de muchos de vosotros como un epitafio: «Déjala, que lo guarde para el día de mi sepultura. Porque pobres siempre tendréis con vosotros; pero a mí no siempre me tendréis.» María alzó los ojos cuando le oyó decir esas palabras y se retiró llorando. Todos supimos que hablaba de su muerte y que consideraba aquel acto de amor de la muchacha como el tributo que los seres queridos rinden al difunto.

La fiesta terminó. La mayoría no había captado el mensaje, aunque los más próximos no dejamos de comentar el sentido de sus palabras. Pero pronto otros acontecimientos atrajeron nuestra atención. Efectivamente, al día siguiente Jesús envió a dos de vosotros a Jerusalén para que preparaseis todo lo necesario para celebrar la Pascua. Todos os alarmasteis: «De modo que se atreve a subir a Jerusalén y a provocar a los que le buscan para matarle», decíais. Algunos intentasteis disuadirle y le aconsejasteis que esperase y que celebrase la fiesta en casa de Lázaro, pero no en la ciudad santa. Él insistió. Os dijo incluso que fueseis a casa de José de Arimatea, uno de los hombres más ricos de la ciudad y amigo suyo, que vivía en el barrio más lujoso, a no mucha distancia del propio Sumo Sacerdote, para celebrar allí la gran fiesta. Era, efectivamente provocador, pero, ya digo, es como si él hubiera decidido que, ya que había llegado el final, éste tendría que producirse según sus propias reglas y no cuándo y cómo quisieran sus enemigos. Era un reto, una demostración no de fuerza sino de que él se entregaba voluntariamente y no se limitaba a esconderse para ser atrapado como un conejo por un hurón en su madriguera.

Apenas se fueron los dos discípulos a cumplir su encargo, con bastante miedo en el cuerpo por cierto, os despidió a todos y se quedó a solas conmigo. Me preguntó si estaba cansada y, como le dijese que no, me rogó que le acompañase a dar un paseo por los campos que hay alrededor del pueblo, campos de olivos, de trigo, de cebada y de amapolas.

Era un día bellísimo de primavera. El mes de Nisán resplandecía. Todavía era temprano, el sol no calentaba demasiado y la temperatura era dulce como un beso de madre. La naturaleza se ponía su mejor vestido para envolvernos a los dos. Los pájaros cantaban y las mariposas y las abejas se afanaban en recoger su comida de las flores.

Caminábamos tranquilamente y en silencio. Madre e hijo. Maestro y discípula. Así estuvimos un buen rato. En silencio. Sin decir nada y sabiéndolo todo. Él no se atrevía a empezar y yo temía estropearlo todo abriendo la boca. Así, hasta que él me indicó que nos sentáramos. Estábamos en un camino, rodeado de huertos, con sus bajas lindes de piedra seca como suelen hacerse en nuestra tierra. Allí nos sentamos y allí empezó a hablar.

«Qué día tan magnífico, ¿verdad, madre? Es una gentileza de mi Padre, que no quiere que me despida de la vida con el recuerdo de una tormenta o de un huracán.»

Dicho esto esperó a ver mi reacción. Yo seguí callada. De sobra sabía que eran inútiles mis protestas y más aún mi fingimiento, como si no supiera nada o como si decirle que olvidara esos malos presagios de muerte hubiera podido servir de algo. Así que le miré y callé. Esperaba a que siguiera.

Él lo entendió. Entonces me cogió la mano y añadió: «Así que lo sabes todo. Era natural que no se te pudiera escapar nada. Me alegro que así sea, aunque supongo que lo estarás pasando mal. Es inútil tratar de engañarte y por eso quiero que te tomes en serio lo que voy a decirte. No te lo digo como un falso consuelo, como si pretendiera tranquilizarte con palabras amables para que pasaras con una falsa esperanza la prueba que se avecina. Quiero que sepas que voy a morir. Mejor, que me van a matar —entonces, Juan, y a pesar de mis esfuerzos por estar serena, no pude evitar un estremecimiento que él notó—. Sí, madre, quiero que lo sepas todo. El próximo jueves por la noche me apresarán los sicarios de los sacerdotes y me entregarán a los romanos para que me maten. Es terrible este final, pero así está escrito y así debe ser. Pero quiero que sepas también que voy a resucitar. Has oído lo que ha pasado con Lázaro y con otros a los que he rescatado de la muerte. El Padre me ha dado ese poder y ahora Él, yo mismo y el Espíritu lo emplearemos sobre mí mismo. Es decir, querida madre, que voy a resucitar, aunque será una resurrección distinta de la de Lázaro. Tienes que estar, por lo tanto, tranquila. Mira, es muy probable que todos se vayan y que me traicionen —yo seguía callada, pero de nuevo un estremecimiento de mis manos, que él cogía con fuerza, le hizo notar que el dolor me golpeaba—. Sí, todos me dejarán. Bueno, casi todos; tu querido Juan —se refería a ti—, tendrá sólo un momento de debilidad. Tampoco me dejaréis vosotras, las mujeres. En fin, no quiero contarte más detalles de esto. Sólo quiero que sepas que, aunque todos me abandonen y aunque parezca que el cielo consiente lo que los hombres decidan, todo está previsto. A los tres días, es decir, el primero de la semana, resucitaré y volveré a verte. No corras de un lado a otro como harán los demás. Yo vendré a ti. Tú permanece aquí, donde estás segura y luego ya te iré señalando lo que debes hacer. De momento, estáte enterada de todo y no dejes de rezar para que las cosas se cumplan según la voluntad del Padre. Nos estamos jugando, querida madre, el éxito de mi misión. Es la hora definitiva, el momento esperado, y no podemos dejar que pase la ocasión de salvar a esta querida humanidad, a estos hombres a los que tanto quiero. Así que no sufras más de la cuenta, aunque imagino que pedirte eso es pedirte imposibles. Me conformo con que no pierdas la fe y con que, pase lo que pase, nunca dudes de que el Padre está conmigo y que todo está haciéndose según su voluntad. Necesito de ti esa fe. La necesito más de lo que te imaginas.»

Ya no dijo más. Dejó de mirarme y giró la cara. El sol le besaba las mejillas filtrándose por entre las hojas de los olivos que nos protegían. Estaba hermoso mi hijo. Estaba hermoso, en aquella hora de plenitud, en aquella hora penúltima. Vi que una lágrima aparecía en sus ojos y que miraba hacia otro lado para que yo no me diera cuenta. Así que me levanté y, con un lienzo que siempre llevo conmigo, se la sequé. Después, de pie ante él que seguía sentado, le tomé las manos y le dije, mirándole a sus ojos dulces y tristes: «Hijo, soy tu madre. Si me hubieran dicho, hace treinta y tres años que esto iba a terminar así, no sé qué habría hecho. Quizá, con todo, le hubiera dado mi sí a Dios. Sí, efectivamente, le habría dicho que sí, porque el precio de aquel permiso ha sido el ser tu madre, el haber podido vivir contigo tanto tiempo, el haberte amado y el haberme sentido amada por ti. He tenido la suerte de estar a tu lado y eso no tiene precio. Pero ahora me dices que ha llegado el final. Quiero que sepas que voy a estar siempre contigo y que no te defraudaré. Si me pides que esté entera, así estaré. Si me pides que no llore, ni una lágrima verás aparecer en mis ojos. Si me pides que crea en lo que tú me has enseñado, en que Dios es Padre y es amor, lo creeré pase lo que pase. Tú eres mi hijo, carne de mi carne, y yo tengo que estar a tu altura y no sólo en los momentos normales sino también en circunstancias como ésta. Así que cuenta conmigo. No entiendo bien muchas cosas, pero las mujeres estamos acostumbradas, más que vosotros los hombres, a creer sin entender. Además, en el fondo, quién puede pretender entender a Dios, que es más grande que los cielos. De sobra sabemos las mujeres que las cosas grandes se escapan a los más sutiles razonamientos y que Dios, como tú tantas veces has dicho, ha ocultado sus misterios a los sabios y entendidos y se los ha revelado a la gente sencilla. Venga, déjame que te abrace y volvamos al pueblo. No quiero verte triste. Lo que tenga que ocurrir debe suceder y tanto tú como yo tenemos que afrontarlo como corresponde. Si es la hora de morir, muramos de pie, con la dignidad de saber que estamos haciendo lo que Dios nos pide y con la paz en el alma.»

No sé cómo, querido Juan, pude decirle aquello. Suponía un esfuerzo del que nunca me hubiera creído capaz. Porque, lógicamente, yo estaba destrozada por dentro. Sólo tenía ganas de llorar, de gritar, de decirle que nos marcháramos de allí rápidamente cuando todavía estábamos a tiempo. Yo era su madre y quería defenderlo a toda costa, quería defender a mi hijo como había hecho cuando era niño y le amenazaba Herodes, o como había hecho tantas otras veces contra la enfermedad y los mil peligros de la vida. En cambio, él me pedía que resistiera en pie, entera, fuerte, como un pilar en el que él se pudiera apoyar, él que era el apoyo de todos nosotros. Él me pedía un sacrificio enorme: el sacrificio de mis lágrimas; el sacrificio de privarme del único consuelo que me quedaba, el de dar rienda suelta a mi dolor y dejarme llevar por la enorme angustia que me estaba desgarrando el alma.

En fin, que destrozada por dentro y aparentemente tranquila por fuera, le hice levantar, le pasé la mano por su ensortijado y hermoso cabello negro, deslicé mis dedos por sus párpados húmedos y le empujé para que regresáramos al pueblo. Ahí me tienes, Juan, empujando a mi hijo, a mi propio hijo, para que se dirigiese hacia la cruz, hacia su destino, hacia su misión. Era yo quien conducía al cordero de Dios al matadero. Porque él me lo pedía, por supuesto, pero también porque comprendía que ésa era la voluntad de Dios, es decir, la voluntad de mi hijo. Terrible escena que yo representaba como si estuviese ida, como si una fuerza más grande que todas mis fuerzas juntas me llevara en volandas a dar cumplimiento a lo que el Padre y mi propio hijo esperaban de mí. Yo, sosteniendo a mi Creador que era a la vez mi criatura. Yo, que le había dado la vida a él, animando a mi redentor a que diera la vida por mí y por todos. Yo, empujando a mi hijo al sufrimiento, cuando hubiera querido que huyera de allí o que me dejaran a mí ocupar su sitio. ¿Cómo fue posible aquel acto heroico? ¿De dónde me nacieron las fuerzas para actuar así, para amar con aquella medida, para sostener al que a todos nos sostenía cuando él ya no podía seguir en pie? Me vino de Dios, naturalmente, y me vino de que soy mujer y de que soy madre. ¿Habrá algo que una madre, con la gracia de Dios, no sea capaz de hacer? Hasta eso, hasta conducir a su hijo hacia la cruz, porque él se lo ha pedido y porque es la mejor manera de ayudarle, hasta eso fui capaz de hacer, sin saber cómo, sin saber, casi, por qué.

Cuando llegamos a casa de Lázaro, ya todo había pasado. Jesús se había recuperado y volvía a ser el hombre seguro, firme, decidido. Su momento de angustia había quedado sepultado entre mis brazos y mi corazón había sido como un desierto que se bebe un torrente de lágrimas o como un oasis que sacia la sed de grandes caravanas. A costa de dejarme a mí seca por dentro. Pero ése era el precio que yo debía pagar. Era mi contribución a la redención del mundo, como después he sabido, y estaba decidida a cumplir bien mi parte.

No tuve tiempo, además, para muchas reflexiones. La casa estaba animada porque habían llegado más personas, entre ellas mis primas, las madres de Santiago, Simón y Judas Tadeo. Con María me unía una larga intimidad y ella había estado siempre de mi parte en los duros momentos de Nazaret. Sin que nadie les dijera nada, aprovechando que era Pascua y que muchos galileos y nazarenos subían a Jerusalén, habían querido venir ellas también para tener ocasión de ver a sus hijos. Enteradas de que estábamos en Betania, se habían acercado hasta allí y su sorpresa fue grande cuando me encontraron en la casa.

Pronto volvieron los muchachos que habían sido enviados a Jerusalén. Trajeron la noticia de que José de Arimatea accedía a prestar el salón de su casa para la cena de Pascua, aunque se extrañaba de que ésta se fuera a celebrar un día antes, tal y como mi hijo había indicado, y se extrañaba también de que Jesús se atreviese a acudir allí sabiendo que le buscaban para matarle. Con todo, él estaba dispuesto a correr todo tipo de riesgos, pues ya era sabido entre los notables que simpatizaba con Jesús y que se contaba entre sus seguidores. Pero además, los dos discípulos dijeron que la ciudad hervía de gente, como siempre que se celebraban las fiestas y que todos se preguntaban si Jesús se atrevería o no a ir al templo. Eran muchos los galileos que acampaban en la cima del monte de los Olivos, donde solían, y entre ellos no faltaban gentes muy adictas a Jesús, de Cafarnaum y de otras zonas de nuestra tierra. Todos vivían excitados, dispuestos a demostrar su fidelidad a mi hijo y a enfrentarse a los judíos, a los cuales consideraban celosos de que un profeta que hacía milagros tan notables procediera de Galilea y no de Judea. Los dos discípulos nos contaron también que los soldados romanos estaban alerta, acuartelados en la torre Antonia, como siempre que acudían multitudes a Jerusalén, dispuestos a sofocar cualquier motín. Y dijeron, por último, que entre los peregrinos abundaban los grupos de zelotes y de alborotadores que iban sembrando proclamas antirromanas y animando al pueblo a la sublevación contra los opresores.

En fin, una situación de lo más complicada, en la que todo se mezclaba y en la que era difícil actuar sin provocar a unos o a otros.

—Mañana iremos a Jerusalén —dijo entonces mi hijo. Todos murmuraban, vacilando entre el miedo y el asombro. Entonces me miró, y, hablando a todos pero fijándose en mí, añadió—: No os preocupéis, todavía no ha llegado mi hora. Pero es necesario que se cumplan las Escrituras y que el Hijo del hombre entre en Jerusalén como han anunciado los profetas: «No temas, hija de Sión; mira que viene tu rey montado en un pollino de borrica.»

—¿Quieres entrar en Jerusalén montado en un pollino? —le preguntó entonces Judas Iscariote—. ¿Estás loco? ¿No te das cuenta de que la dignidad del Mesías exige que se entre, por lo menos, a caballo o en carroza?

—Querido muchacho —le contestó mi hijo, mirándole con dulzura, pues le quería mucho—, todavía sigues sin entender y ya te queda poco. Recuerda que os he dicho muchas veces que nosotros no debemos actuar como hacen los demás. Entre ellos, los que mandan se hacen servir y buscan siempre los primeros puestos; entre nosotros, todos debemos aspirar a servir a los demás y debemos procurar ocuparnos en las cosas más humildes. Además, un pollino no es tan mala cabalgadura, sobre todo cuando es prestado, pues no te propongo Judas que compres uno. Sería una pena privar de ese dinero a los pobres.

Judas calló, pues comprendió que Jesús se refería a su protesta por el gasto del perfume derramado por María en los pies de Cristo la noche antes. Ya nadie se atrevió a decir nada y así todos nos acostamos, cada uno con sus angustias y yo con las mías, no sé si mayores que las de mi hijo pero sí, desde luego, diferentes. Recé casi toda la noche, aunque en la cama, sin levantarme, para no molestar. Y le pedí a Dios, una y otra vez, que, si era posible, me dejara a mí sufrir por él. Comprendía que lo que él tenía que hacer yo no podía cumplirlo, porque él era Dios y yo no, porque él era el Mesías y yo una sencilla mujer de aldea. Pero yo era su madre y ese título nadie me lo podía quitar. Con ese título en la mano, osaba presentarme ante el Todopoderoso, a litigar con él y a reclamar alivio para el fruto de mis entrañas aun a costa de que la carga que debía caer sobre sus hombros cayera sobre los míos. «Si alguien tiene que pagar, como me ha dicho mi hijo —le dije al Señor—, déjame que pague yo también un poco. Apiádate de mí y déjame sufrir por él. Alíviale a él y cárgame a mí, porque así me ayudarás más que si es él quien lleva todo el peso. Que venga sobre mí la espada de dolor que me anunció Simeón y que siempre he temido. Que me atraviese a mí, pero que no se hunda en él. Que no sufra solo, pues sería indigno de mí estar bien cuando le veo a él estar tan mal.»

Sí, Juan, ésa fue mi oración aquella noche y las noches siguientes hasta que se cumplió todo. Y es que, cuando alguien ama, como tú y como yo le amábamos, la vida, la felicidad, la ilusión, en fin, todo reside en que el ser amado viva, mientras que la muerte es que él padezca o muera. Prefieres mil veces sufrir tú a que sufra él. Cuando amas, prefieres mil veces servir a ser servido, llorar a que lloren por ti, ayudar a ser ayudado. Y tengo que decirte que en esas noches de vela, el Señor me concedió lo que le pedí. No sólo me consolaba grandemente usando esos modos que él sabe, sino que me aseguró que no dejaría de sufrir con él y que ese sufrimiento mío aliviaría el suyo. Me aseguró, y después lo comprobé, que sería mi mirada la que le sostendría en el momento más difícil y que yo tendría el privilegio de ser la única que podría servirle de alivio, como así ha sido.

Al día siguiente, temprano, Jesús os reunió y marchó a Jerusalén. Era el primer día de la semana. Ibais andando y todos os preguntabais de dónde sacaría el pollino. En fin, aquél apareció ya cerca de la ciudad, como aparecieron las turbas de galileos y de otros peregrinos que acudieron a saludar a Jesús y a darle la bienvenida gritando: «¡Hosanna! ¡Bendito el que viene en nombre del Señor y el rey de Israel!»

Mi hijo, que en Galilea había rechazado el título de rey cuando se lo quisieron ofrecer las multitudes entusiasmadas tras la multiplicación de los panes y los peces, estaba ahora aparentemente encantado. No hacía nada para excitar al pueblo, pero les dejaba hacer y se le notaba alegre rodeado de aquella gente que le aclamaba y le demostraba su cariño. Sabía que ya todo daba igual y por eso no le importaba nada. Rechazó, eso sí, la propuesta del jefe de los zelotes de encabezar un motín en el templo. «Nada de violencia —dijo—, ése no es el camino que quiere mi Padre. El que a hierro mata, a hierro morirá.» Aquel hombre, un tal Juan de Giscala, galileo también, que todavía es jefe de una partida de guerrilleros, le dijo que así no se iba a ninguna parte y que él se había enterado de que todo estaba listo para prenderle. Le advirtió incluso que había traidores entre los suyos y le dio un ultimátum: «O te unes a nosotros o no podrás contar con nuestra ayuda cuando la necesites.» Mi hijo le contestó, según me contó luego: «Mis caminos no son tus caminos. Yo he venido a salvar lo que estaba perdido, no a aumentar la destrucción. Tú buscas implantar un reino que sea de este mundo y yo lucho por un reino que no es de aquí. Tú crees en la fuerza. Yo creo en el amor. Quizá pienses que vas a vencer y hasta es posible que ganes alguna batalla, pero serás derrotado. En cambio yo voy a morir pronto, pero no tardaré en volver a vivir, para siempre.» Juan de Giscala se marchó enfurecido y creo que esa irritación, de la que pronto se enteraron los fariseos, fue decisiva en lo que ocurrió después, pues éstos comprendieron que mi hijo no contaba ya con ningún tipo de apoyo, a pesar del aparente fervor popular que le rodeaba.

Con todo, esa adhesión de la gente, incluidos no pocos magistrados, le permitió permanecer en Jerusalén durante unos días y forzó a sus enemigos a buscar el modo de atraparle de manera oculta, sin que el pueblo se enterara hasta que ya no hubiese ninguna posibilidad de retroceso.

Volvió a Betania dos días antes de la Pascua. Creo que lo hizo sólo por mí, para darme el último adiós y recibir, una vez más, mis besos y mi consuelo, de los que tenía tanta necesidad en aquellas horas oscuras.

Pasamos la mañana juntos. De nuevo prefirió que paseáramos por los caminos que comunican los huertos que hay alrededor del pueblo. Quería alejarse del bullicio de la casa y no deseaba testigos para lo que tenía que decirme. Le vi agitado. Si ante los demás mostraba siempre buen humor y una notable decisión, empujando a todos a cumplir la voluntad de Dios y recordándoles que lo que iba a suceder estaba previsto por el Altísimo, conmigo se desahogaba y no ocultaba su angustia, su temor e incluso sus dudas. Sí, Juan, sus dudas. Tú sabes que las tuvo. Ahora ya lo sabéis todos. Sabéis lo que fueron las horas de oración solitaria en el huerto de los olivos, mientras vosotros dormíais. Pero entonces no lo sabíais, ni lo sospechabais siquiera. Acostumbrados a verle siempre firme, en pie, sereno y poderoso, os habíais olvidado de que era, también, un ser humano. Pero yo, que le había llevado en mis brazos, no podía olvidar eso. Aquel hombre capaz de hacer los milagros más grandes era, no obstante, una persona y, como tal, tenía sus momentos de tiniebla, sus angustias, sus tentaciones. También, precisamente porque era verdaderamente hombre y no una estatua de mármol de esas que los paganos colocan en sus templos, tenía necesidad de ser consolado, de ser ayudado, de ser sostenido en sus terribles luchas internas. Eso vosotros no lo intuisteis, ni siquiera tú, que tan cerca estabas de su corazón. Eso sólo lo puede captar una mujer, y por eso creo que fuimos nosotras las que supimos ayudarle más en aquellos difíciles momentos. Pero ni siquiera las demás podían llegar a donde yo tenía entrada. Por eso, porque era su madre y conmigo no tenía necesidad de fingir, de ocultar, ni tan siquiera de reservarse nada para no escandalizarme al ofrecerme el espectáculo de un hombre angustiado, por eso es por lo que acudió, como un niño perdido y asustado, a buscar mi apoyo cuando ya le faltaba poco para terminar su carrera y llegar a la meta.

En aquella conversación, al contrario de lo que había ocurrido unos días antes, hablamos poco. Nos limitamos a pasear juntos un buen rato y a sentarnos luego, en silencio. Cambiábamos frases muy de tarde en tarde, sin gran contenido, mientras yo notaba que le hacía un gran bien estar a mi lado. Me contó, eso sí, lo de la entrada triunfal en Jerusalén y la conversación con Juan de Giscala. Al final, cuando se acercaba la hora de la comida y era forzoso que regresáramos a la casa donde todos nos esperaban, me miró fijamente a los ojos y repitió: «Pase lo que pase, no dudes ni de mí ni del amor de

Dios. Dios es amor, no lo olvides. Veas lo que veas, mantén la fe. Madre, necesito tu fe. Entre tú y yo existe una comunicación única y sabré qué sientes estés donde estés. Por eso, te suplico, que te mantengas firme. Necesito tu firmeza, tu fe y tu esperanza. Te necesito de pie, porque, fíjate bien lo que te digo, vas a ser mi único apoyo, el único que el Padre ha querido que no me falte.» Yo no le dije nada. Tenía muchas ganas de llorar, de echarle los brazos al cuello e incluso, de una manera más poderosa que antes, tenía ganas de pedirle que lo dejara todo y que regresáramos inmediatamente a Galilea. Pero me di cuenta de que eso era impropio de él, de Dios y también de mí. Me di cuenta, además, de que era justo lo contrario lo que me estaba pidiendo, así que, en silencio y con el corazón en la garganta, asentí. Cualquier palabra habría terminado en sollozos y eso no me lo podía permitir, porque habría servido sólo para aumentar su pesar. Asentí y le besé la frente. Después, para abreviar el difícil momento, le tomé de la mano y eché a andar hacia Betania. Apenas habíamos recorrido unos pasos, él tiró de mí y me atrajo hacia sí. Me dio un largo, eterno abrazo. Hundió su cabeza en mi pecho y se puso a llorar. «¿Qué me pasa, madre, qué me pasa? —decía con voz entrecortada—. ¿Por qué siento esta angustia terrible? Si yo ya sabía que todo esto tenía que pasar, ¿a qué viene que ahora mi corazón se rebele y todo mi ser se ponga en guerra contra mi voluntad y contra la voluntad del Padre? ¿Por qué mi cuerpo y hasta mi alma se resisten a morir? ¿Qué ley es esta que exige seguir viviendo aunque la cabeza me dice que ha llegado la hora de cumplir la misión para la que he venido? Madre, estoy asustado y tengo miedo. Me siento débil, incapaz casi de seguir adelante, tentado por la cobardía con más fuerza que cuando el demonio intentó seducirme en el desierto. Madre, reza por mí, pídele a Dios que abrevie esta hora amarga.»

Así estuvo un largo rato. Mientras tanto, yo rezaba, suplicándole al Señor que le concediera alivio y fortaleza. Mi oración tuvo efectos inmediatos. Jesús se calmó. Alzó la cabeza y yo pude, con un pliegue de mi vestido, limpiarle los ojos. Entonces él sonrió, me volvió a besar en la frente y, ya repuesto, me dijo: «Te quiero. Te lo he dicho muchas veces y aun así me parecen insuficientes. Te quiero mucho, madre. Te quiero y te admiro. Estoy orgulloso de ti. Lo que va a ocurrir es obra de Dios, obra mía. Pero también es obra tuya. Pídele al Padre, como te acabo de suplicar, que me sostenga en esta lucha. Tu oración es poderosa, más de lo que tú misma ahora puedes entender. Poco te puede negar aquel que tanto te ama. Pero pídele a Dios, ahora y siempre, que se haga su voluntad y que yo y todos estemos siempre dispuestos a cumplirla. Y ahora vamos, nos esperan en Betania, en Jerusalén y hasta en los confines del mundo. Vamos con paso ligero, que hay muchos sufriendo y nosotros poseemos la medicina que les aliviará. Y, no te olvides, el tercer día resucitaré.»

Eso fue todo, Juan. Al día siguiente, el que los romanos dedican en honor de su dios Júpiter, después de comer, salisteis hacia Jerusalén. Él había decidido que ése era el día en que debíais celebrar la Pascua. Nosotros no lo entendimos bien, pero pensamos que se debía a que quería celebrar una fiesta especial con vosotros. Yo me imaginaba que deseaba estar en intimidad con sus amigos, lo mismo que había estado conmigo bajo los olivos. Él no me había dicho nada de lo que iba a ocurrir en la fiesta ni tampoco después, aunque sobre esto no tardé en intuir que el momento final había llegado.

Se despidió de todos los de la casa de Lázaro con un «hasta pronto». Uno a uno fue abrazándolos y besando su frente, al tiempo que hacía sobre ellos aquella señal todavía misteriosa para todos y que yo le había visto hacer sobre su padre y sus abuelos, la señal de la cruz. Cuando llegó a mí, el abrazo fue más largo, pero no hubo nada más. Sólo, ya al final, cuando estaba en la calle, se volvió y me dijo: «Ya lo sabes. Dios es amor. Siempre. Hasta dentro de tres días, madre.» Los demás, que no sabían que pensaba estar fuera ese tiempo, se sorprendieron y, cuando se hubo marchado me preguntaron qué había querido decir. Yo, que lo intuía, me encogí de hombros y les respondí: «Ya sabéis, cosas suyas. Quizá es que no venga mañana a celebrar la Pascua con nosotros y, como al día siguiente es sábado, habrá pensado regresar el primer día de la semana.»

Le vi marcharse por el camino sombreado por los olivos. El sol todavía estaba alto y hacía calor. Pronto se sumergió en el grupo que vosotros formabais. Grupo alegre, pues, como niños que ignoran el sufrimiento de sus padres, ibais contentos camino de Jerusalén, con la miel aún en los labios, después del éxito obtenido pocos días antes, cuando su entrada majestuosa. Sólo al final, poco antes de que un recodo del camino me lo quitara de la vista, se volvió y me miró. Estábamos lejos, pero supe que sufría. Alzó su mano y yo la mía. Ambos las agitamos en el aire, como si quisiéramos detener el tiempo y estrecharnos en un abrazo que no tuviera fin. Luego desapareció de mi vista. Fue la última vez que le vi sano, fuerte, hermoso y alegre. Ya no volví a contemplar su dulce rostro hasta que no le vi, desfigurado, en la calle de la amargura.

Mis fuerzas estaban exhaustas. El esfuerzo que había hecho para estar entera mientras él estaba a mi lado me había dejado completamente agotada. Así que me disculpé y me retiré a mi habitación. Estuve rezándole a Dios, suplicándole por aquel hijo común. Pero lo hice tal y como él me había recordado que debía hacer, en el fondo tal y como siempre había hecho: «Si es posible, Padre, que pase de él este cáliz. Pero que se haga tu voluntad. Y no olvides que yo estoy deseando compartirlo con él.» Después supe que ésta había sido también su oración aquella noche. Quizá la estuvimos rezando al mismo tiempo, porque lo que ocurrió fue lo siguiente: después de un largo rato de oración, me sentí derrengada y me acosté. Aún era de día, aunque empezaba ya a oscurecer. Pronto me quedé dormida y no debía de llevar mucho tiempo así cuando noté algo extraño. Me incorporé en el lecho, como si algo hubiera salido de nuevo de mí, como si un nuevo parto hubiera tenido lugar. Sólo más tarde supe de qué se trataba: era el momento en el que él estaba entregándoos su cuerpo y su sangre en el pan y el vino. Era un nuevo nacimiento de él y, a pesar de la distancia, yo lo notaba y, como la primera vez, me alegraba. Sólo que no sabía de qué se trataba.

Tras unos momentos de confusión me incorporé y me senté en la cama. Después empecé a notar, una tras otra, todas las sensaciones que mi hijo sentía. Fue algo increíble, que nunca me había sucedido, al menos con aquella intensidad. Al principio no me di cuenta de lo que me pasaba, hasta que comprendí que estábamos unidos de una forma inexplicable y que mi angustia y todo lo demás era exactamente lo que él estaba sintiendo. Por eso creo, Juan, que lo que más tarde me contasteis sobre lo que pasó aquella noche yo no sólo lo sabía, sino que lo había experimentado. En el fondo es normal, pues no sólo Dios era capaz de concederme esa gracia que tanto le había pedido, sino que difícilmente podía cortarse la unión que había entre él y yo. Además, aquello se trataba de la respuesta de Dios a mis súplicas. El Señor, de manera milagrosa, me permitía acompañar a mi hijo en su pasión y poder así sostenerle. Él me lo había dicho: «Serás mi único punto de apoyo.» Y de eso se trataba, de sentir con él, sufrir con él y, de este modo, compartirlo todo para repartirlo y aliviarle.

Naturalmente que su pasión fue infinitamente más dura que la mía. Él era Dios y yo no. Él era el cordero que cargaba con el pecado del mundo y yo sólo una sencilla mujer que había tenido la infinita suerte de ser su madre. Pero era su madre y si había un momento en el que hacer valer mi privilegio era precisamente ése. No había apelado a mi maternidad cuando los momentos de gloria, cuando todos le halagaban y se peleaban por servirle. Entonces él no me necesitaba. Ahora, en cambio, cuando incluso sus más allegados compañeros dudabais de él, era cuando yo tenía derecho a reivindicar mi papel de madre. Además, él me lo había pedido así y yo no podía ni quería hacer otra cosa. Porque el privilegio consistió en estar a su lado, a pesar de la distancia, momento a momento. El privilegio, para el que ama, es ayudar al ser amado; no hay premio mayor que ése. En ningún instante de aquella noche ni del día siguiente se interrumpió la comunicación entre nosotros. No sé si él lo sentía. Lo sabré cuando me reúna con él en el cielo, que intuyo que ya será pronto. Lo que sí sé es que, a partir de un determinado momento, yo tuve conciencia de que mi espíritu estaba unido al suyo y que ésa era una gracia que Dios me había concedido para aliviarle, incluso aunque él no se diera cuenta.

Por eso caí de rodillas y recé con angustia y terror. Noté la soledad que le embargaba y noté su sangre correr por su frente, sin que la mía se manchara siquiera, aunque bien lo hubiera deseado. Con él, mientras él rezaba en el huerto de los olivos, supliqué a Dios que pasara el cáliz sin ser apurado; pero también le dije que, ante todo, se hiciera su voluntad. Casi pude oír los gritos de los que llegaban armados de palos y de lanzas. Sentí perfectamente un beso miserable, el beso del traidor, en su mejilla y en la mía, y me estremecí como nunca antes lo había hecho, pues por primera vez noté el aliento del Maligno cerca de mi cara.

Y luego todo lo demás, que tú ya sabes y que constituyó su pasión espantosa. Sí, también supe de tu traición y de la de Pedro y de la de tu hermano y de la de su primo. Por eso, cuando varios de vosotros, entre ellos tú, llegasteis a Betania a media noche, yo no estaba dormida, sino en pie y preparada para salir hacia Jerusalén. Lo sabía todo. Lo había sufrido todo. Y, querido Juan, lo había perdonado ya todo. No sé si lo hice por amor a Dios y para cumplir su voluntad o por un sexto sentido que me advertía que el momento era tan decisivo que sólo la santidad más absoluta por mi parte podía sostener a mi hijo en su terrible combate. Si yo fallaba, él podía venirse abajo. Si yo vencía, él tendría en mí un aliado contra las fuerzas del mal que habían recibido permiso para acosarle y, si podían, derribarle. La lucha era a muerte. Era la guerra plena, la última batalla entre el bien y el mal. Hacía siglos que se venían librando escaramuzas, desde aquel primer día en que nuestro padre Adán había sido seducido por la serpiente. Ahora había llegado el momento final. La serpiente alzaba de nuevo su cabeza poderosa, pero esta vez ya sin tapujos, sin ocultas seducciones, abiertamente. Quería devorar al resto del bien que había permanecido en la tierra. Quería acabar con los que habían luchado por ser fieles a su Creador. Y allí estaba mi hijo, sólo, camino del monte de la Calavera, camino del trono del Maligno, para serle inmolado. Lo que ella, la astuta seductora, no sabía era que, junto a ese hombre acosado había una mujer y que esa mujer era su madre. Y contra el amor de una madre no puede ni la serpiente. El primer hombre no tenía a una mujer a su lado para empujarle por el camino del bien, sino todo lo contrario. Ahora ocurría al revés. Si por una mujer había entrado el pecado en el mundo, una mujer tenía que ser también la que apoyara al hombre en la lucha contra ese pecado. Y esta mujer elegida era yo.

Sí, Juan, aquella noche supe lo que estaba pasando, el gran combate que se libraba entre el bien y el mal. Y aquella noche supe que mi pie pisaba la cabeza de la serpiente mientras ella, desesperada por la derrota, me mordía inútilmente en el talón. Mi fuerza, la fuerza que sólo sabe tener una mujer que es madre, ayudó a mi hijo a derrotar a la serpiente, al Maligno. La victoria fue suya, por supuesto, pues él era Dios y fue él quien murió en la cruz cargando con el pecado del mundo. Mi humildad, parecida a la de aquella cananea que había aceptado que la compararan con un perro para conseguir de Jesús la salvación de su criatura, contribuyó a que el príncipe de la soberbia fuera derribado de su trono. Yo era consciente de todo eso y sabía que no podía permitirme ni tan siquiera un leve devaneo en ningún sentimiento que estuviera alejado de Dios, del amor, de la aceptación de su voluntad. Aquella noche yo peleé junto a mi hijo contra el mal. Yo le sostenía mientras él se tambaleaba, para que él pudiera vencer y acabar definitivamente con el poder del señor de las tinieblas. Por eso perdoné. Por eso recé también yo por Judas y por todos los que le mataban, como hizo mi hijo desde la cruz. Por eso no te regañé, ni a ti ni a los demás. Por eso acepté ser tu madre y la madre de todos, incluso de aquellos que tanto daño le habían hecho y siguen haciendo a mi hijo. Por eso, porque para vencer al mal sólo se puede emplear el bien y porque el mal empieza a ganar terreno cuando el bien decide utilizar otras armas distintas a las del perdón y la misericordia.

Pero esto es adelantar acontecimientos, Juan. Antes pasaron otras cosas.

Tú, con Felipe, Tomás, Santiago y Judas Tadeo, mis sobrinos, llegasteis a Betania y despertasteis a todos los de la casa comunicándoles las malas noticias. Lázaro, repuesto en seguida de la sorpresa, pensó en organizar la defensa. Urgía avisar a los amigos de Jesús, a Nicodemo y a José de Arimatea sobre todo, para que mediaran en el Sanedrín y evitaran su muerte. Pedro, con tu hermano Santiago y algunos más, se habían quedado en Jerusalén, merodeando en torno al lugar donde Jesús había sido conducido. Los demás habían huido, salvo el traidor, Judas Iscariote, que se había marchado con sus cómplices.

Cuando te pusiste ante mí, recuérdalo, caíste de rodillas y me pediste perdón por estar allí, vivo, en lugar de haber muerto en el huerto de los olivos por defenderle. ¡Cuánto le querías! ¡Y él a ti! Yo te levanté y, madre ya de ti antes de que él me lo pidiera, tuve que consolarte y asegurarte que el perdón de Dios estaba concedido porque Jesús nos lo estaba ganando con lo que estaba ocurriendo.

Lázaro, sus hermanas y en general todos insististeis en que no me moviera de Betania. Comprendí que era lo mejor, pues no podía acercarme físicamente a mi hijo, mientras que desde la soledad de mi habitación podía estar en continua comunicación con él. Así que vosotros os marchasteis apresuradamente de regreso a Jerusalén y nosotras, las mujeres, nos quedamos solas en casa. Mis sobrinos fueron a buscar a sus respectivas madres, que estaban en la ciudad celebrando la Pascua, y unas horas después estaban con nosotras.

Yo no lo dudé. Primero con Marta y María y luego con mis primas y con las otras mujeres que acompañaban y querían tanto a Jesús, organicé la verdadera defensa. Mientras vosotros andabais de un lado para otro, en la noche y en el alba, buscando abogados y, a la vez, llevando a cabo traiciones como aquella penosa negativa de Pedro, nosotras sabíamos lo que teníamos que hacer: rezar. Cada una que llegaba se unía a nuestro grupo y se ponía de rodillas en la gran sala principal de la casa de Lázaro. Después de los primeros momentos de sorpresa, de alaridos y de lloros, conseguí calmarlas. «Es la hora de que nos comportemos como mujeres —les dije—. No se trata ahora de llorar ni de lamentarnos. No somos plañideras a sueldo. Mi hijo aún está vivo y nos necesita. Pero no necesita nuestros gritos ni nuestra desesperación, sino nuestra oración y nuestra fortaleza. Así que nada de gemidos. Tenemos que serle fieles y eso significa que tenemos que creer, precisamente en este momento, en lo que él nos ha enseñado, en que el bien es más fuerte que el mal y en que el amor es más fuerte que el odio. Vamos a rezar. Vamos a suplicarle al Todopoderoso que le sostenga en la lucha y que le dé la victoria. Y, pase lo que pase, vamos a mantener nuestra fe en que, tal y como Jesús nos ha enseñado, Dios es amor infinito.»

El alba nos sorprendió rezando. Llevábamos horas de rodillas. A veces permanecíamos en silencio y en otras ocasiones alguna recitaba en voz alta algún viejo salmo o expresaba una súplica al Altísimo, al cual ya casi siempre llamábamos Padre. En un momento dado yo comprendí que lo peor ya había pasado. Aquella gracia especial que me había sido concedida y que me permitía estar en comunión con él, me había hecho experimentar no sólo la angustia del huerto, sino también el miedo que él sintió mientras estaba en aquella cárcel que era como un pozo. Ahora sentía que él estaba terriblemente agotado. Y noté con toda claridad que me llamaba: «Madre, ven, acude a mí. Te necesito.»

Me levanté. Todas me miraban. Comprendían que Dios me había comunicado algo. Tenía el cabello en desorden y los ojos enrojecidos, pero aún no había soltado una lágrima. Ellas sí, y no se lo reprocho. Les dije: «Vamos a Jerusalén. Mi hijo me llama. El final está cercano y nos necesita a su lado.»

Sin pensarlo dos veces todas nos pusimos en camino. Íbamos de prisa, acelerando nuestros pasos porque yo sabía que ya quedaba poco. A pesar de mi edad y de mi agotamiento, corría más que andaba. De camino, noté, uno tras otro, los treinta y nueve golpes que le dieron en el Litóstrotos. Noté también la mordedura espantosa de las espinas en su cabeza inocente. Caí incluso al suelo en más de una ocasión, agotada por aquella terrible paliza. Pero, antes de que mis compañeras me pudieran levantar, ya estaba yo de nuevo en pie, corriendo, sin fijarme siquiera en que mis manos sangraban y en que mis rodillas estaban, como las suyas, heridas.

Llegamos a Jerusalén y vimos que la ciudad era un hervidero. No necesitamos preguntar a nadie. La noticia había corrido de boca en boca y muchos se dirigían hacia el monte de la Calavera para contemplar el espectáculo que se anunciaba. Ya habían condenado a Jesús. Ya el gobernador Pilatos había dictado sentencia y se había lavado las manos. Ya se acercaba la hora de que sacaran al reo de la torre Antonia y le condujeran hacia el lugar del suplicio. Nosotras éramos un grupo de mujeres perdidas entre la muchedumbre; no sabíamos adónde ir, ni qué hacer. A la vez, no podíamos dejar de escuchar los comentarios de la gente; unos decían que estaban buscando a todos sus seguidores y que los sacerdotes habían dispuesto patrullas por toda la ciudad para detener a quienes se habían destacado en su seguimiento; otros lamentaban lo ocurrido, porque, decían, Jesús era un buen hombre que tenía un gran poder para hacer milagros aunque se hubiera excedido en sus atribuciones y hubiera desafiado a demasiada gente poderosa; para otros, por último, la cuestión estaba en saber si ocurriría algo espectacular en el último momento, si Jesús, clavado incluso en la cruz, no llevaría a cabo alguna acción extraordinaria que le manifestara como el Mesías prometido. Todos coincidían en afirmar que se estaba ante la prueba definitiva: si era el Mesías, no podía morir crucificado; si moría crucificado es que se trataba de un impostor y por lo tanto los sacerdotes habían hecho bien en poner freno a sus delirios de grandeza.

Aturdidas y sin saber qué hacer pensamos dirigirnos hacia la torre Antonia, pero nos fue imposible acercarnos a ella, por la gran cantidad de soldados romanos que tomaban los alrededores. Entonces nos dejamos guiar por la gente y fuimos hacia el monte de la Calavera, fuera de las murallas de la ciudad. Nos costaba trabajo movernos entre la muchedumbre. De repente, cuando ya estábamos cerca de la puerta de salida de la ciudad, un griterío enorme nos inmovilizó. La calle era muy estrecha, con tienduchas a ambos lados que no habían cerrado sus puertas para aprovechar la multitud e intentar hacer algún negocio con la gente que pasaba. No había apenas sitio para moverse ni para refugiarse, pero logramos colocarnos en un rincón, como hacían los demás. Pronto se supo qué ocurría: la comitiva con el reo había salido ya de la torre Antonia y se dirigía hacia el calvario; iban lo más rápido posible para abreviar el trámite y evitar el temido contragolpe de los supuestos partidarios de mi hijo. Pero de esos partidarios no quedaba ni rastro. Sólo parecíamos estar nosotras, confundidas entre la gente, sin miedo pero con el corazón latiéndonos como un caballo desbocado. Mi prima María estaba a mi lado y lloraba, pensando en mi hijo pero también en la suerte que habría corrido el suyo. En el otro lado se encontraba la otra María, la hermana de Lázaro y Marta, a la que llaman la Magdalena. Marta también se encontraba cerca, lo mismo que María la de Cleofás, madre de Simón y de Judas Tadeo. Y en eso apareciste tú. No te puedes imaginar la alegría que me dio verte; estabas asustado como un perrillo que ha perdido a su madre y que busca por entre las piernas de la gente dónde esconderse. Cuando nos viste, corriste hacia nosotras, cruzando la calle a pesar de que ya se acercaba la patrulla de soldados despejando el camino y dando golpes a unos y a otros para que dejaran el paso libre. Te arrojaste entre mis brazos y te echaste a llorar, una vez más. «No se ha podido hacer nada —dijiste. Para añadir—: No deberías mirar. Le he visto y no es el mismo. No deberías mirar.» Yo te apreté con

232

fuerza y con más fuerza aún apreté los dientes. Alcé los ojos al cielo y le supliqué ayuda para poder llegar hasta el final sin desfallecer. Si durante unas horas aquella comunicación especial que había tenido con Jesús había disminuido, debido al trajín del viaje, ahora la sentía poderosísima. Se acercaba por aquella calleja que era un verdadero camino de la amargura. Se acercaba entre el grito o el silencio de la gente, pero yo le notaba mucho más cerca aún, en mi interior, en mi corazón, en mi pensamiento; con los ojos no le veía todavía, pero mi alma sabía cómo estaba la suya y sabía, además, que a él le pasaba lo mismo. Él me buscaba y me había encontrado; noté que me pedía lo que me advirtió que reclamaría de mí: fidelidad, fe, apoyo. Le noté entero, muy entero, a pesar de estar extraordinariamente agotado. Cerré los ojos y me puse a rezar. Fue aquélla una oración extraña, que ya nunca he podido abandonar; le rezaba a Dios y a la vez le rezaba a él. Sí, a él que se me aparecía ya cada vez con menos velos que ocultaran su identidad divina; sin embargo, cuando intenté pronunciar su nombre y decir: «Jesús», no pude hacerlo; él estaba dentro de mí y yo me había identificado plenamente con él.

Y entonces abrí los ojos y le vi casi a mi lado. Mis compañeras gritaron, sobre todo Magdalena, que tanto le quería. Yo no. Él me estaba mirando y qué mirada era aquélla. Buscaba en mis ojos lo que necesitaba encontrar: fe, fe, fe y esperanza. «Es su madre», se oyó gritar a uno del pueblo, e inmediatamente varios soldados se interpusieron entre nosotros como si fuéramos un peligro, mientras a él le empujaban para que pasara rápido por aquel tramo de la calle. No pudimos decirnos nada, sólo mirarnos. Fue suficiente. Yo vi su dolor y él el mío. Él vio mi fe, bebió de ella, se sació en ella, mientras que yo era consciente de que se apoyaba en mí y resistí el peso de todo un Dios que necesita la ayuda de un ser humano, aunque ese Dios sea también un hombre y ese ser humano sea su madre. Creí que el peso me aplastaba, pero yo misma me aferré al otro Dios, al mismo y único Dios, a aquel al que llamamos Padre. Mientras uno me sostenía a mí, yo sostenía al otro, como si de un extraño puente se tratara, como si a través de mí se pusiera en contacto la divinidad consigo misma, decidida como estaba a llevar hasta el final esa extraña separación que era necesaria para que mi hijo bebiera hasta el fondo el cáliz de la amargura.

Se lo llevaron pronto. Yo no le vi caer, como me contaron luego que había sucedido. Sí vi a la mujer que llena de piedad limpió su rostro con un lienzo. Iba detrás de la comitiva, muy cerca de los soldados que cerraban el pelotón. Allí nos pusimos también nosotras, contigo. Ella, Verónica se llamaba, al saber que yo era su madre me dirigió la palabra y, tras abrazarme fuertemente, me mostró lo que llevaba entre las manos: «Mira», me dijo. Y allí estaba él: su rostro dibujado en el paño blanco; su sangre manchándolo todo; su imagen, antes tan hermosa y ahora desfigurada por la tortura, reconocible en aquella tela. «Te lo doy —añadió—. Es tuyo. No sé cómo ha ocurrido, pero aquí está.» Lo cogí y metí mi cara entre la suya, haciendo esfuerzos para no dejarme llevar por la emoción, pues sabía que si arrancaba a llorar ya no podría contenerme y mi hijo no necesitaba ver a una madre desesperada, sino a una mujer fuerte que le sostuviera a él en su desesperación. Entonces te lo di a ti, que lo miraste sorprendido, y tú lo guardaste, como has hecho hasta ahora.

Pronto estuvimos al pie de la roca llamada de la Calavera, donde crucificaban a los malhechores. Ya había dos hombres clavados en sus respectivas cruces y, en el centro, se alzaba el palo vertical sobre el cual tendría que izarse el otro, el que llevaría colgado a mi hijo. Nos detuvieron antes de llegar, así que no pude ver nada, pues por más esfuerzos que hice, no pudimos abrirnos paso hasta las primeras filas llenas de curiosos y enemigos. Creo que fue un regalo de Dios para mí, pues así no tuve que contemplar cómo introducían los clavos en sus manos, ni cómo le despojaban de sus vestidos, de aquella túnica que yo misma había tejido cuidadosamente, sin una sola costura y que a tantos maravillaba.

Le vi cuando empezaron a levantarle. Primero se hizo un poderoso silencio. Todos, hasta los que más le odiaban, callaron. Quizá era el momento del milagro. Si el cielo tenía que intervenir, ahora debía hacerlo o ya no lo haría nunca. Yo sabía que nada extraordinario iba a pasar, porque lo extraordinario ya estaba pasando: Dios asesinado por las criaturas de Dios, con permiso de Dios, para salvar a las criaturas asesinas. Ése era el milagro. Pero la gente esperaba algún gesto. El silencio se mantuvo unos minutos, hasta que le clavaron definitivamente, tras apoyar sus pies en el escalón que había en la cruz. Entonces, de repente, estalló el griterío: los insultos eran tremendos y los propios soldados tuvieron que intervenir para alejar de allí a los más crueles y encarnizados de sus enemigos. Yo, a pesar de que lo esperaba todo, no podía dar crédito a lo que veía y escuchaba. Vi a una mujer normal, a un ama de casa, proferir barbaridades y amenazar con el puño. Vi a uno que había sido paralítico y que él había curado, escupirle y maldecirle. Vi a los sacerdotes y fariseos abrazarse llenos de alegría y saltar de gozo porque, por fin, su enemigo estaba irremediablemente perdido.

Entonces me desplomé. Ni siquiera tú, que te habías mantenido todo el tiempo a mi lado, pudiste evitarlo. Fue el único momento, no digo de desesperación ni siquiera de desaliento, pero sí de agotamiento. Entre todos me levantasteis y alguien me puso un sorbo de agua en los labios. Apenas volví en mí, quise ponerme en pie de nuevo. El griterío proseguía, pero yo ya no me preocupaba por lo que la gente decía. Sólo me importaba una cosa: cómo estaba mi hijo. Me importaba saber si él se había dado cuenta de que estaba agotada y si mi desfallecimiento había repercutido en su ánimo. Así que, exánime como estaba, temblándome las piernas y dándome vueltas la cabeza, os supliqué que me ayudarais a llegar hasta las primeras filas.

Cuando, por fin, pudimos lograrlo, lo que vi me golpeó en el cuerpo y en el alma como si me hubieran dado juntos todos los golpes que él había recibido poco antes en el patio de la torre Antonia. Pero esta vez, a pesar de no quedarme ya ninguna fuerza, no me hundí. Su mirada me localizó en seguida, y ambos nos apoyábamos mutuamente. Yo sacaba fuerzas de su debilidad para resistir, de la conciencia que sentía de que él me necesitaba. Y él, con una súplica muda, tendía a mí sus manos clavadas y buscaba, en un abrazo imposible, el socorro que sólo una madre puede dar.

Yo no sé si antes de esto había dicho algo, pues llevaba ya un rato crucificado cuando logramos situarnos cerca de él. Otros testigos dicen que había hablado varias veces y que incluso había gritado preguntando al Padre por qué le había abandonado. Quizá ese momento terrible coincidió con mi desvanecimiento; quizá ese momento de soledad en que no pude sostenerle le llevó a apurar hasta el fondo el sufrimiento. Pero lo que tú y yo y las otras mujeres pudimos escuchar en los momentos que estuvimos bajo la cruz no lo olvidaremos nunca. Su boca se abrió con esfuerzo, rompió las costras de sangre que cosían sus labios, y dijo con claridad mirándote y mirándome: «Mujer, ahí tienes a tu hijo.» Y luego, añadió: «Ahí tienes a tu madre.»

¿Por qué aquella entrega recíproca? Tardé mucho en entenderlo. Y no es que no te quisiera a ti. Habías estado a mi lado desde que empezaste a estar al suyo. Eras, de todos sus discípulos, al que él más quería y también al que yo más quería. En muchas ocasiones, habías sido su mensajero para transmitirme palabras de esperanza e informaciones exactas sobre lo que estaba ocurriendo. Él te había pedido varias veces que cuidaras de mí y todo eso nos había acercado tanto que, sin necesidad de que él dijera nada más, yo ya te quería como a un verdadero hijo. Él lo sabía y sin duda se alegraba de vernos a los dos allí juntos. Pero en sus palabras había algo más. Como te digo, tardé mucho en entenderlo del todo. En aquel momento sólo noté como un golpe y también un vacío. Era como si alguien tuviera la pretensión de suplantarle en mi corazón. No, por mucho que pudiera quererte a ti, jamás podrías ocupar su lugar, jamás podría quererte como a él le quería. Nunca nadie podría llenar el hueco que él dejaba y yo no podría hallar consuelo en nadie una vez que él no estuviera para dármelo. Fue una rebeldía que duró un instante. No fue una rebeldía contra él, ni contra su voluntad, sino contra mí misma, contra los sentimientos de madre que todavía estaban dentro. Era, en el fondo, una especie de purificación y no de algo malo, sino de algo bueno, del sentimiento de madre. Pero rápidamente, acostumbrada como estaba a tratar con Dios, supe que había llegado el momento de la oblación total y que, por lo tanto, hasta el mejor de los sentimientos debía ser ofrecido para que sólo Dios, de manera absoluta, reinara en mi corazón y en mi alma. Mi obra, mi hijo, moría y Dios, que me lo dio, me lo quitaba. Me lo quitaba privándole de la vida que él le dio. Me lo quitaba, suplicándome que admitiera a otro, a otros, en su lugar y que a esos otros, incluidos los asesinos de mi hijo, les amara como a él le amaba. Por eso, mientras él moría yo también moría; mientras él experimentaba la unión absoluta con el Padre, yo también lo perdía todo, a fin de que, desde ese momento, ya no tuviera otra cosa que decir más que un «solo Dios» que se había llevado por delante incluso los legítimos sentimientos de la madre.

Sensible como estaba a mantener la comunión

plena con él, notando que cualquier cosa le afectaba, le dije que sí, que tú serías desde ese momento mi hijo y que no dejaría de quererte y cuidarte como había hecho con él. Se lo dije sin palabras, pero él lo entendió en seguida. Respiró más profundamente, como aliviado. Había venido para haceros sus hermanos. Había conseguido ya que llamarais «Padre» a su Padre. Pero para que la hermandad fuera completa, era necesario que compartierais también la madre. Y para eso, lo mismo que el Padre os aceptaba como hijos precisamente a través del sacrificio voluntario de su único hijo, la madre tenía que hacer otro tanto. Y era el hijo, el hijo adorado, quien se lo pedía. Porque también ante el Padre había sido el hijo quien había intercedido para conseguir esa gracia. Y si el Padre, que era Dios, había accedido, perdonado y adoptado, la madre, una mujer, no podía ser menos.

Y entonces fue cuando dijo, mirando hacia los soldados: «Tengo sed.» Había allí una vasija llena de vinagre. Uno de ellos mojó una esponja y la clavó en un palo o en una lanza, ya no me acuerdo bien, y se la acercó a los labios. Mi hijo la sorbió ávidamente y, a pesar de la acidez, sé que aquel fue su último consuelo físico. También después he comprendido de qué tenía sed él, que es la fuente de la que mana el agua que sacia toda sed. Pero entonces le bastó con expresar ese deseo y hacer saber a todos que si estaba allí era por esa sed, por la necesidad de beber, hasta secarlo, del río infame de los pecados que anega los corazones de los hombres.

Y ya no hubo más. Muy poco después, apenas el soldado bajó la esponja, alzó los ojos al cielo y luego me miró a mí. «Todo está cumplido», me dijo. Y dejando caer la cabeza sobre el pecho, puso definitivamente su espíritu en manos de su Padre.

No sé cómo explicarte lo que sentí, Juan, porque yo misma me encontré sorprendida. Fue no sólo como si me quitaran un peso de encima, un peso que no deseaba perder, porque ese peso era su vida y sin su vida yo no podía seguir viviendo. Sin embargo, me sentí absolutamente liberada de una carga. Así, mientras que vosotros os derrumbabais y mis compañeras, sobre todo María Magdalena, caían por el suelo y gritaban retorciendo sus manos de dolor y arrancándose los cabellos con desesperación, yo estaba serena. Tanto que me pareció inhumano estarlo, porque es como si yo le quisiera menos que las demás e incluso menos que tú, que también llorabas desconsolado y que ocultabas tu cabeza entre mis brazos.

Me sentí preocupada y me reproché a mí misma no estar hundida, desesperada. Mi hijo acababa de morir y yo estaba triste, indudablemente, pero no lograba sentir desesperación, no podía. Era terrible para mí verle allí, colgando del madero, hecho un guiñapo, desfigurado, torturado hasta lo indecible, con la herida de la lanza todavía chorreando sangre y con la frente y la cara ensuciada por el barro y los coágulos que, a goterones, le caían de las heridas que en su cabeza había hecho aquella corona de espinas. Era un espectáculo capaz de conmover al más duro, y más aún a mí, que era su madre. Aquél era el fruto de mis entrañas y ahora lo veía así, destrozado, y, sobre todo, ya muerto.

Además, había estado tan pendiente de apoyarle con mi alma, sosteniéndole en su terrible lucha interior para que pudiera llegar hasta el final sin desfallecer, haciendo de canal para que la fuerza de Dios le llegara incesantemente y no le faltara lo que el mismo Dios le negaba por otro lado; había estado tan pendiente de esto que ahora, una vez muerto, debería ya haber podido entregarme a mi desesperación, a mi dolor, a mi propia amargura, al daño que a mí me habían hecho arrebatándome a mi hijo. Y sin embargo, no podía. Me daba vergüenza veros tan hundidos y no compartir vuestra desesperación. Y no es que yo no sufriera ni sintiera, pero no podía sumirme en el pozo sin fondo en el que vosotros estabais metidos.

Así las cosas, sorprendida de mí misma y casi enfadada por no poder sentir de otra manera, me empujasteis suavemente para que me alejara de allí. Debisteis de creer que me había vuelto loca, que el terrible espectáculo me había transtornado. El caso es que me dijisteis que Magdalena y las otras mujeres se encargarían de dar sepultura al cuerpo de mi hijo y que yo debía marcharme para no ser arrastrada por la desesperación. Tú fuiste a buscar a José de Arimatea y me dejaste al cuidado de mi prima María. Se acercaba la hora del crepúsculo y ya casi todos sus enemigos, bien satisfechos de su obra, se habían ido. Junto al cuerpo de los ajusticiados sólo quedaban los soldados, algunos, pocos, curiosos y nosotras. Yo ya me había alejado unos pasos, con María y Salomé, cuando noté que no podía marcharme de aquella manera. Aunque no sabía qué me estaba pasando, qué tipo de sensación extraña era la que sentía, me di cuenta de que aquel cadáver que aún yacía en la cruz era el de mi hijo y que no podía marcharme así, sin despedirme de él, sin estrecharle por última vez entre mis brazos.

A pesar de las protestas de mis compañeras, me di la vuelta. Casi arrastrándome, sin fuerzas, extenuada por todo aquel torbellino de sensaciones y amargura, me volví a plantar ante el trágico espectáculo. Los soldados habían desclavado ya a uno de los compañeros de suplicio de Jesús, un tal Dimas, del que dicen que murió en paz. Su cuerpo estaba allí, en el suelo, doblado de manera increíble, sin nadie que le llorara pues ni a interesarse por él habían acudido los familiares. El otro ladrón estaba siendo descolgado precisamente en aquellos momentos. Cuando acabaron con él, se dispusieron a hacer lo propio con mi hijo. Entonces Magdalena se acercó a ellos y les suplicó que nos dejaran ayudar, que nos permitieran cuidar de aquel cuerpo para que no fuera maltratado como un desecho, ya que un mensajero había acudido a pedirle a Pilatos el permiso para darle una digna sepultura. Uno de los soldados, el que le había aliviado su sed con la esponja empapada en vinagre, convenció a sus compañeros; él mismo se ofreció para hacer la parte más dura de la tarea con sumo cuidado, pues habían bajado a los otros desgarrándoles las manos.

Así fue como le tuve de nuevo entre mis brazos. Estaba muerto. Ya no latía su corazón. Ya no brillaban sus ojos, que seguían terriblemente abiertos. La espantosa corona se había caído y se veían las heridas abiertas en su cabeza. Por algunas aún brotaba algo de sangre y todo su cuerpo era una pura llaga, con los golpes de la flagelación marcados vivamente en su piel destrozada. Me senté en la roca y deposité su torso en mis piernas, mientras el resto del cuerpo yacía en el suelo. Magdalena y las demás lloraban con una amargura sin límites, a la vez que procuraban con sumo cuidado limpiar sus pies del barro y de la sangre. Y entretanto, yo abrazaba su cuerpo y besaba dulcemente su cara, pero seguía sin poder llorar. Como pude le cerré los ojos, aquellos ojos que yo misma había abierto a la vida y deposité un beso en cada uno de sus párpados y otro en su frente. Entonces me acordé de que él había hecho un signo extraño sobre algunos de los moribundos de la familia y de los amigos a los que había acompañado en el momento de la muerte; recordé que aquel signo era precisamente el de una cruz y me di cuenta de que en una cruz acababa ahora de morir él. No entendí más, pero comprendí que una relación había entre aquello y esto, así que ahora fui yo quien le hizo a él esa señal en la frente. Y después le abracé, me aferré a él sin poder soltarle mientras sus brazos caían a los lados, rígidos, sin vida.

Entonces llegaste tú, con el permiso de Pilatos, que ya José de Arimatea había gestionado mientras aún estaba Jesús vivo en el suplicio. El propio José nos cedía su tumba, nueva, que estaba muy cerca de allí, en el cementerio que rodeaba esa parte de la ciudad, apenas a un tiro de piedra.

Cuando me viste así, con mi hijo muerto entre los brazos, agarrada a él como un náufrago se aferra al último madero que queda del barco hundido, reñiste a las demás por haberme dejado volver y, con esa nueva autoridad que te daba el haber recibido el encargo de cuidarme, me hablaste con tanta suavidad como firmeza: «Vámonos —dijiste—. Déjalas a ellas que preparen el cadáver. Es hora de regresar a casa.»

No protesté. Todavía no había derramado una lágrima y me sentía flotando en una nube, sin entender lo que me pasaba, sin poder explicarme a mí misma qué hacía yo allí, viva, mientras él, el sentido de mi vida, estaba muerto. Quizá estaba, aquella tarde, rozando el borde de la locura, pero creo que no era eso porque después tuve ocasión de entender lo que me estaba ocurriendo. Así que le besé por última vez y recuerdo que le dije, sin saber por qué: «Hijo, hasta luego. No estás solo. No te preocupes. Todo va a ir bien. Te quiero mucho. Hasta pronto, amor mío, hijo mío, hasta pronto.»

Al oírme, todos, incluso tú, redoblasteis vuestros llantos. Sin duda pensasteis que me había vuelto loca, porque no tenía sentido nada de lo que yo le estaba diciendo. Tampoco yo sabía lo que decía, pero era mi alma la que hablaba, no mi cabeza.

Era muy tarde ya para ir a Betania. Había poca luz, el sábado empezaba y ni yo tenía fuerzas para caminar ni era conveniente ponernos en camino. Por eso me llevaste a casa de Nicodemo, que se había ofrecido a darnos alojamiento a todos hasta que pasase el sábado. Estaba asustado por lo que pudiera ocurrir, como lo estabais todos, temiendo que, tras haber matado a Jesús quisieran ahora acabar con todos sus discípulos, incluido él mismo, aunque no era de los más señalados. Pero conmigo fue muy amable, lo mismo que su mujer y los demás de su casa. Con gran solicitud me acompañaron hasta la habitación que me habían destinado y una criada me ayudó a desvestirme y a lavarme. Después me acosté. Ellos se quedaron celebrando la cena de Pascua, por más que el ambiente fuera de duelo y no de fiesta.

En la cama, sin poder dormir y sin poder llorar, me parecía estar flotando, fuera de mí, con tantas cosas dentro que me resultaba difícil ordenarlas y explicarlas. Lo más extraño era que yo sabía que mi hijo había muerto, mientras que tenía la sensación de que no era así. Por supuesto que no mantenía con él la comunión que se había establecido durante las últimas horas, desde que partió de Betania para celebrar la Pascua con sus discípulos. Pero, a la vez, le sentía allí, de alguna manera. Y esto me desazonaba terriblemente. Quería rezar, hablar con él, y no podía. Entonces fue cuando me volví a Dios y, por primera vez en mi vida, le pregunté ¿por qué?, y le pregunté dónde estaba mi hijo, qué le había pasado y qué le iba a pasar. No me interesaba nada de lo que a vosotros os preocupaba: si era o no el Mesías, si su muerte significaba que toda su predicación era falsa y que Dios no estaba con él. A mí me importaba la persona de mi hijo antes que ninguna otra cosa, antes que su mensaje y antes que su misión, y no porque no diese valor a estas cosas. Yo quería a Jesús, vosotros queríais a la idea, lo que él representaba, pero no a la persona. Por eso estabais en crisis, escandalizados y asustados. Yo, en cambio, sólo estaba interesada en saber qué había sido de él y por qué no podía sentirle ni como muerto ni como vivo.

Noté que Dios se hacía presente en mí, poco a poco, dulcemente. Con amor de esposo, con amor de padre y aun casi con amor de madre, me tranquilizaba y me pedía paciencia. «Todo va bien», notaba que me decía; «sigue teniendo fe en lo que nuestro hijo te ha dicho; ya falta poco», susurraba a los oídos de mi corazón. Y entonces me acordé de que mi hijo me había insistido en que iba a resucitar, así que, por lo tanto, seguía vivo en algún lugar que yo ignoraba y que dificultaba que le experimentara cerca de mí como hasta entonces; pero estaba vivo, de alguna manera lo estaba todavía, porque yo no notaba que hubiera muerto. Ésa era la causa por la que, a pesar de todo lo que había visto, yo no hubiera podido sumergirme en el abismo de dolor y desesperación que os había atrapado a vosotros. No podía hacerlo, por más que lo deseara e incluso lo necesitara para poder desahogarme y descargar la enorme tensión. No podía porque algo en mi interior me empujaba hacia arriba y me decía que la realidad era distinta a lo que las apariencias mostraban.

Esto, la certeza de que mi hijo vivía y que iba a resucitar, me tranquilizó enormemente, hasta el punto de que el corazón empezó a latirme más fuerte, casi con alegría. Y entonces fue cuando el cansancio se apoderó definitivamente de mí y me quedé dormida.

Dormí casi todo el sábado. Los de Nicodemo me dejaron descansar y velaron mi sueño. Era ya la hora sexta cuando desperté. La casa estaba en calma. La mujer de nuestro amigo, Raquel se llamaba, me sonrió cuando me vio aparecer en el salón de la casa. En seguida sus criadas me atendieron. Yo quería marcharme para saber qué había pasado con mi hijo, pero me hicieron comprender que, dado que aún era el *sabbat*, y además uno muy especial, pues la noche anterior se había celebrado la *pesáh*, la Pascua, no era conveniente que me moviera de casa. Podía encontrarme con algún fanático que no respetaría ni mi edad ni mi condición de mujer. Me dijeron también que los demás habían hecho lo mismo y que ahora todos descansaban; al final no había acudido a aquella casa nadie más que yo, quizá por miedo a que una redada los atrapara a todos juntos. Pero las mujeres habían quedado en acudir al sepulcro apenas despuntara el alba del día siguiente, el primero de la semana, para completar dignamente el entierro de Jesús, con aromas y ungüentos, pues por las prisas no habían podido hacer más que lo imprescindible. Me dijeron que, por orden de Pilatos y a ruegos de los sacerdotes, unos soldados velaban el cadáver, así que no había ningún riesgo de que éste pudiera ser maltratado por sus enemigos.

Raquel fue muy amable y cariñosa conmigo. Estaba angustiada ella misma por la suerte de su marido, pero hizo esfuerzos por no comentarme nada ni dejar traslucir sus propias inquietudes. Acompañada por ella, comí algo y luego le pedí permiso para retirarme de nuevo a mi habitación, a la espera de que pasaran las horas y pudiera yo también ir al sepulcro apenas amaneciera.

Cuando pude encontrarme de nuevo a solas, me arrodillé y empecé a rezar. Mi oración, ya más serena, sólo podía ser una, también extraña, pero que no podía cambiar. Si la noche anterior me había atrevido a hacerle preguntas, ahora sólo sentía la necesidad, imperiosa, de darle gracias. «Gracias, Señor, porque me dejaste tenerle. Gracias por haberme permitido ser su madre y disfrutar de él tantos años. Gracias por haber podido vivir a su lado, recibiendo de él ternura tras ternura. ¿Quién soy yo y quién era yo para merecer este extraordinario regalo? Gracias porque él me ha enseñado a llamarte Padre. Gracias porque pude alimentarle, abrazarle, protegerle y educarle. Gracias porque pude sacrificarme por él, luchar por él, sufrir por él. Gracias porque, incluso en el momento final, he podido serle útil y he podido sostenerle en esa lucha extraordinaria que aún no comprendo bien pero que ha sido el objeto de su vida y de su misión. Y gracias, en definitiva y sobre todo, porque sé que está vivo, aunque ahora le sienta lejos. Y porque va a volver, porque va a resucitar. Y porque voy a estar con él de nuevo. Y porque algún día podremos estar juntos para siempre. Perdóname que no te dé las gracias por tantas otras cosas, por ti mismo, por todo lo demás que he recibido de tu amor. Pero es que ahora siento la necesidad de decirte sólo esto: gracias por Jesús, porque es mi hijo, porque he podido conocerle, porque le he podido ayudar y porque no ha muerto sino que está vivo.» Y mientras le decía a Dios todo esto, entonces sí que lloré. Empezó a salir de dentro toda la angustia contenida, de una manera tranquila, como una lluvia que cae sin causar destrozos en los campos.

Rezando y llorando, de rodillas junto a la cama, volví a quedarme dormida. La cabeza y los brazos sobre el lecho. No sé cuántas horas estuve así. Sólo recuerdo que, al igual que treinta y cuatro años antes, noté, de repente, que había alguien en la habitación y me desperté sobresaltada. Era ya noche cerrada y, sin embargo, tenía la sensación de que una luz extraordinaria brillaba a mi alrededor aunque todo seguía estando a oscuras.

Entonces le vi. No necesité preguntar quién era. No tuve la más mínima duda. Allí estaba y era él, esperando que me despertara y velando mi sueño. «¡Hijo!», grité y me lancé a sus brazos. «Madre —me dijo, mientras pasaba su mano por mi cabello en desorden—, tranquilízate. Ya ha pasado todo. Ya estoy de nuevo aquí, contigo.» Entonces me besó. Te aseguro, Juan, que era él y que eran suyos sus brazos, sus besos, su voz y su mirada. No me preguntes si se parecía o no, si tenía los mismos rasgos o si había algo diferente. Ni me detuve a pensarlo o a comparar con lo que había en mi recuerdo. Era él, sin ningún tipo de dudas, pero no a modo de fantasma, sino bien real, tan real como que le estaba abrazando y él me pasaba sus dedos por mi cara mojada y besaba mis ojos llenos de lágrimas.

—Hemos vencido, madre, hemos vencido. Por

fin ha sido derrotado el Maligno. Por fin la muerte está proscrita. Ha sido dura y angustiosa la batalla, pero la victoria es nuestra y es definitiva. También tú has tenido parte en ella, aunque sea a través del Padre y de mí y del Espíritu. No sabes cuánto me ayudó tu fortaleza y cómo me consoló verte allí, junto a la cruz, llena de fe y de esperanza. El Padre, que se quiso ocultar aunque nunca me dejó realmente solo, no permitió, en cambio, que me faltara lo que no se le niega a ningún ser humano: el consuelo de la madre, el apoyo de aquella que le dio la vida. Por eso, tanto como por lo que ocurrió en el principio, te llamarán bienaventurada todas las generaciones y serán muchos los que alcen a ti sus ojos desde sus propias amarguras, cuando estén ellos clavados en sus cruces, para que les consueles, sostengas, acompañes y alivies. Ésa será tu tarea, tu eterna tarea: la de ser madre de todos, educadora de todos, consoladora de todos, mediadora de todos.»

—¿De todos, hijo? —recuerdo que le pregunté, un poco extrañada.

—Sí, de todos —me contestó—, por que yo no he venido a salvar a los que estaban ya salvados, sino a los que estaban perdidos. De todos, incluso de mis peores enemigos, de los que me han matado. Eres madre de todos, empezando por los que están cerca, a los que tendrás que ayudar para que no se peleen entre ellos, como hacen las madres que tienen familia numerosa. Pero también serás madre de los que están lejos, de los que no me conocen, de los que me desprecian. Yo he muerto por todos, a todos quiero y a todos redimo. Y tú no puedes excluir de tu corazón a los que yo acepto. Para que ellos puedan ser de verdad mis hermanos, tú tienes que ser su madre, lo mismo que Dios tiene que ser su Padre. Sólo así, con el padre y la madre en común, estaremos de verdad unidos en una misma familia. Además, madre, sé que en tu corazón no puede caber la exclusión, ni el rencor, ni el odio. Cuidarás a todos, especialmente a aquellos que lleven la huella de mi cruz en su cuerpo o en su alma, y por eso amarás incluso a los pecadores, pues no hay cruz ni desgracia mayor que la de estar lejos de Dios, enfrentado y enemistado con el origen de la felicidad y de la vida.

Aún estuvimos juntos mucho tiempo, sentados los dos en la cama, abrazados a veces, con las manos cogidas otras. En silencio a ratos y disfrutando de la mutua compañía. Y también hablando.

Después, cuando ya empezaba a clarear, se despidió de mí. «Voy a ver a Magdalena y a las otras —me dijo—. Es hora de que empiece todo de nuevo. Tú estáte tranquila, ayúdales a superar el miedo y no dejes de rezar, porque nada de lo que le pidas al Padre te será negado», añadió, y me dio un largo y definitivo abrazo y un último beso.

Se fue, como había venido, sin armar ruido, sin ser notado. Por la ventana entró un soplo de aire fresco y suave. Yo aún estuve allí, sentada en la cama, mucho tiempo. Me sentía aturdida, extraña, tranquila, llena. No podía pensar, no podía sacar conclusiones, no podía, casi, ni rezar. Sólo podía recordar. Recordar sus palabras, su presencia a mi lado, su abrazo, sus besos. Recordar que estaba vivo y dejar que, lentamente, las lágrimas se derramaran por mis mejillas, lágrimas de desahogo, de gratitud y también de triunfo.

LA HORA DE MIS HIJOS

No estuve, Juan, mucho tiempo a solas en la cómoda habitación de aquella casa acogedora. O al menos así me lo pareció a mí. No tardó en llenarse la casa de ruido, de exclamaciones de sorpresa e incluso de sollozos. La puerta se abrió y entró Raquel acompañada de Magdalena. La primera no podía reprimir las lágrimas; la otra, en cambio, parecía como extraviada. Raquel empezó a hablar, preparándome para lo que ella consideraba un golpe terrible, quizá el definitivo para mí, a la que creían casi en la frontera de la locura, pues ella era de los que pensaban que alguien había robado el cuerpo de Jesús y que Magdalena, al descubrir su falta, se había trastornado. «María —dijo la mujer de Nicodemo—, nuestra hermana Magdalena tiene algo que decirte, algo que dice que ha ocurrido esta misma mañana.»

Magdalena no la dejó seguir: «He visto al Señor. Está vivo. Ha resucitado. Me ha hablado y he podido abrazar sus pies y besarlos y bañarlos con mis lágrimas como hace unos días. Está vivo, María, está vivo.» Mientras decía esto se había agarrado a mí y lloraba y gritaba y reía, todo a la vez, como si fuera presa de un sentimiento que había roto su razón y su cordura.

Pero, por muy nerviosas que estuvieran ambas, y

por muy conmocionadas que les hubiera dejado la noticia, más les sorprendió mi actitud y escuchar mis palabras. Yo, naturalmente, no podía fingir que no sabía nada. Así que les dije la verdad: «Hijas mías —sin saber por qué las llamé así, como si el mandato de mi hijo hubiera ya empezado a obrar en mí sin darme cuenta—, no os asustéis. Mi hijo está vivo. Ha resucitado. Pero eso no debería extrañaros. ¿No lo había anunciado él así?» No me atreví a hacerles reproches, porque ni me parecía el momento ni creí que fuera ésa mi misión. Me bastó con contar algo de lo que a mí misma me había pasado: «Además, os digo que él ha estado aquí. Durante varias horas ha conversado conmigo, en esta misma habitación, y se ha despedido de mí diciéndome que acudía a la vera del sepulcro para hablar contigo, Magdalena.»

Magdalena, entonces, se hincó de rodillas ante mí. Sus ojos seguían como extraviados y sus manos se aferraban a mi vestido, mientras me preguntaba: «¿Tú también lo has visto? Díselo a todos, díselo a Pedro y a los demás, díselo a Raquel y a Nicodemo. A ti te creerán. A mí no quieren creerme, dicen que estoy loca. Pero él está vivo. Yo lo he visto y no era un fantasma. Era de carne y hueso y su voz era la misma voz, aquella con la que, lleno de ternura y de misericordia me llamaba por mi nombre y me resucitaba cada vez que le oía.»

En cuanto a Raquel, notaba que no sabía qué hacer, si creernos a las dos o pensar que ambas nos habíamos contagiado de la misma locura.

Así las cosas entró Nicodemo y tú venías con él. El dueño de la casa parecía haber perdido su gravedad habitual. También él se encontraba excitado, sin terminar de dar crédito a lo que unos y otros le contaban. Se dirigió, primero, a su mujer: «Raquel, que acaba de llegar Juan y dice que es verdad, que el cuerpo no está. ¿Será posible que haya resucitado? Eso cambiaría todo. Eso significaría que, de verdad, Dios estaba con él.»

250

Tú cortaste en seco aquel inicio de reflexión, ¿te acuerdas?, y te dirigiste a mí. María se había incorporado y se había puesto a un lado, de modo que yo me encontraba, sin querer, en el centro de la habitación. Entonces, después de besarme las manos, me dijiste: «Madre, yo creo.» No hizo falta más. Te echaste en mis brazos y rompiste a llorar.

«Yo creo.» Ésa era la palabra del momento. «Yo creo», y ya estaba dicho todo. Todo cabía ahí y era suficiente. En seguida te conté, a ti y a Nicodemo, lo que les había dicho a las dos mujeres. Nicodemo se maravillaba y estaba dispuesto a dar crédito a lo que Magdalena y yo referíamos, mientras que la buena de Raquel todavía dudaba. Entonces decidió que había que sondear a los príncipes de los sacerdotes y a los principales fariseos, para saber si ellos habían robado el cadáver. Yo me encogí de hombros, mientras Magdalena protestaba y le reprochaba su poca fe. Se quedó en que se celebraría una reunión por la tarde, en casa de José de Arimatea, en el mismo sitio en el que había tenido lugar vuestra última cena con Jesús, para intercambiar información y saber qué había que hacer.

La tarde llegó pronto. María Magdalena y yo no nos separamos. Ella se tranquilizó en seguida y, después de arreglarse un poco porque parecía como loca con los pelos desgreñados y la cara llena de lágrimas y de barro, nos pusimos a rezar junto con las otras mujeres que habían ido acudiendo a la casa de Nicodemo.

Cuando llegó el momento, tú viniste a buscarme para ir a la reunión. Nicodemo protestó. Dijo que sólo los hombres debían ser admitidos en ella, pues lo que se iba a tratar eran asuntos de la máxima importancia y que la presencia de las mujeres, con su facilidad para las lágrimas y los gritos, podía hacer interminable la deliberación. Yo callé, decidida a aceptar lo que fuera. Pero tú, entonces, dijiste: «María es su madre y nadie podrá impedirle estar donde se hable de su hijo. Además, si ella no va yo tampoco voy. Sin ella entre nosotros no creo que merezca la pena que sigamos adelante.» Nicodemo, avergonzado, me pidió perdón y aceptó rápidamente que participara en la reunión. Yo, entonces, abogué por Magdalena, pero ella contestó en seguida y renunció a ir. Dijo que, efectivamente, estaba todavía muy nerviosa y que era mejor no complicar más las cosas, pues la mayoría de los discípulos no creían en lo que ella había visto y sus palabras podrían tener más un efecto contraproducente que de testimonio.

Así fue como nos reunimos aquella tarde en el salón grande de la casa de José de Arimatea. La llegada fue en sigilo, aprovechando la caída del sol. Parecíamos bandidos, camuflándonos para dar un golpe contra alguna rica propiedad. Nosotros tres llegamos juntos, pero los demás lo hacían por separado o como máximo de dos en dos. José en persona nos recibía en la puerta y luego cerraba, hasta que el siguiente golpeaba con suavidad la madera. Sólo faltó Tomás, el llamado «Dídimo», que estaba averiguando qué declaraban sobre la desaparición del cadáver los soldados que habían estado de guardia ante el sepulcro.

Con las puertas cerradas, llenos de miedo vosotros, tranquila e incluso feliz yo, nos reunimos aquella tarde del día primero de la semana. En seguida empezó la discusión. Pedro, en pie, expuso lo que se sabía: que el cuerpo no estaba, que Magdalena decía haber visto al Maestro e incluso a unos ángeles, que los fariseos no habían robado el cuerpo y que estaban haciendo circular el rumor de que eran los discípulos los que se habían deshecho de él para hacer correr la fábula de que había resucitado. Nadie le había contado la visita que Jesús me hizo a mí, la primera de todas. Yo callé y le dejé hablar. «Sé —añadió— que ninguno de nosotros tiene nada que ver con la desaparición del cuerpo de Jesús. Además, él había dicho que resucitaría al tercer día, por lo que no podemos descartar que sea eso lo que en realidad ha sucedido. Así lo cree Juan y también lo cree mi hermano Andrés. Yo no sé qué decir.»

Tú te levantaste y pediste permiso para que yo hablara y contara a todos la aparición de mi hijo en la misma noche del sábado, antes de la madrugada. Me costaba mucho hacerlo, pero cuando iba a empezar a hablar, ya sabes lo que pasó: la luz que yo había visto volvió a surgir, esta vez en medio de todos. Y en esa luz estaba él, vivo, resucitado. «Paz a vosotros», fueron sus primeras palabras. Después, nos mostró las manos y dejó al descubierto su torso para que pudiéramos ver la herida del costado. Todos se quedaron mudos, paralizados por la sorpresa. Yo también permanecí en mi sitio sin moverme, pero no sólo no tenía miedo, sino que me sentía como flotando por la alegría. Quería ir hacia él y abrazarle, como la noche anterior había hecho, pero comprendía que mi presencia allí debía pasar desapercibida, lo mismo que durante su vida pública. Ahora era por vosotros por quienes se aparecía resucitado; a mí ni necesitaba convencerme ni consolarme.

Él, entonces, ante el estupor general, volvió a repetir: «Paz a vosotros. Como el Padre me envió, también yo os envío.» Entonces, lentamente, girando sobre sí mismo hasta dar la vuelta completa de forma que pudiera alcanzarnos a todos, fue soplando suavemente. Al concluir afirmó: «Recibid el Espíritu Santo. A quienes perdonéis los pecados, les quedan perdonados; a quienes se los retengáis, les quedan retenidos.»

Cuando terminó, seguro que te acuerdas, estalló el griterío. Los gritos, las risas, los abrazos, todo se confundía. Todos le rodeasteis y todos, uno tras otro, le abrazasteis. Tú fuiste el primero, antes incluso que Pedro, porque tú no pasaste por el estupor ni la duda, ya que me habías creído a mí y habías creído a Magdalena. Cuando todo se calmó, él se deshizo un poco de vosotros y me buscó. Sabía que yo estaba allí. Cansada, me había sentado y esperaba, tranquila y feliz, mientras veía el espectáculo de los discípulos reunidos junto a su Maestro. Vino hasta mí, me levanté, me abrazó largamente y me besó las mejillas y la frente. Esta vez ya no lloré. Era feliz, feliz hasta no poder decir basta. Era feliz porque él estaba allí, entre mis brazos, vivo, resucitado. Era feliz porque todos vosotros habíais vuelto a creer en él. Era feliz porque su resurrección, yo también lo comprendía, representaba lo que Nicodemo había empezado a decir: que había vencido a la muerte, que el Padre respaldaba de una manera incontestable no sólo su mensaje sino su misma persona.

Después fueron pasando los días, tiempo que él aprovechó para aparecerse de nuevo a unos y a otros, hasta convencer a todo el grupo de que de verdad estaba vivo, que no era una sugestión ni un fantasma. Y para recordaros lo esencial de su mensaje, así como la urgente necesidad de vivirlo y difundirlo.

En cuanto a la despedida definitiva, ya sabes que yo no estaba con vosotros cuando él ascendió a los cielos. Por aquel entonces estábamos tú y yo de nuevo residiendo en casa de Lázaro, en Betania. La tarde anterior a su partida, estando yo tranquila en casa, a solas, como procuraba hacer siempre que podía para recogerme en oración y disfrutar de esa comunión espiritual con él que ya nunca se rompía, noté que su cercanía se intensificaba y, abriendo los ojos, le vi de nuevo a mi lado. Sonreía, aunque yo supe en seguida que tenía una mala noticia que darme. «Ha llegado la hora de marchar, madre —me dijo—. Pero no estés triste, volveremos a vernos pronto. Quisiera llevarte conmigo en seguida, pero tienes una misión que cumplir y por ahora aún eres necesaria aquí en la tierra.»

Yo asentí, en silencio, porque ni se me pasaba por la cabeza discutir sus planes, pero no pude evitar una punzada de dolor en mi corazón de madre. Así que él se iba definitivamente y ya se acababan aquellas visitas y, quizá también, aquella sensación íntima que me permitía casi tocarlo dentro de mí. El sentimiento de orfandad y de abandono me envolvió de golpe y casi estuve a punto de echarme a llorar.

Como él me leía el pensamiento a la par que los ojos, me tomó de las manos y, sin dejar de sonreír, me aseguró que aquélla iba a ser una separación corta y que, en todo caso, nunca sería completa. «Yo estaré siempre a tu lado y tú sabrás que es así —me dijo—. Y esto, querida madre, no sólo porque tú lo necesitas, sino porque también yo lo necesito. Necesito estar contigo, lo mismo que tengo necesidad de estar con mis apóstoles. El amor que os tengo me ha hecho débil y necesitado. Precisamente ésta será parte de tu misión, la de hacerles comprender que el amor no sólo consiste en recibir, sino que también hay que dar. Y que el Dios Todopoderoso que sostiene y apoya es también un Dios débil, un Dios con corazón de hombre, que necesita recibir el cariño de aquellos a los que tanto ama. ¿Crees que entenderán algún día, éstos y los que crean a través de ellos, que yo no soy sólo una idea ni un mensaje, que soy una persona y que no me pueden tratar como a una cosa que ni siente ni padece? Madre, qué difícil va a ser que esto lo entiendan. Sin embargo, ahí está la clave de todo, pues si sólo reciben, no valorarán lo sufiente lo que tienen, pues en realidad sólo se ama de verdad aquello que te cuesta un poco, aquello que, de alguna manera, es obra tuya.»

Dicho esto, nos abrazamos más largamente aún que de costumbre. Sin poder evitarlo, las lágrimas empezaron a deslizarse, mansamente, por mis ojos y, como otras veces, mi hijo las secó con un pliegue de su túnica mientras me besaba con ternura. Luego se puso ante mí y me pidió que le bendijera. Ni siquiera a eso, que me resultaba absurdo, me negué.

Pero inmediatamente yo me eché de rodillas ante él y, besándole las manos y mirándole a los ojos, le dije: «Hijo mío y Dios mío, bendíceme tú ahora, que yo he sido en estos años tu discípula porque he aprendido de ti más de lo que tú hayas podido aprender de mí.» Él, siempre sonriendo, puso sus manos sobre mí y oró en silencio; luego me hizo la señal de la cruz en la frente y, mientras me alzaba, me dijo: «De nuevo te repito, madre, lo que te dije en esta misma casa cuando marché hacia Jerusalén para sufrir y morir. No temas nada. No dudes nunca del amor de Dios y no dejes de transmitirles a los demás esa certeza. Pase lo que pase y por muy alejado que te parezca que está el Padre, el Espíritu Santo o incluso yo mismo, te aseguro que estamos a tu lado, lo mismo que junto a cada uno de los hombres.» Nos dimos el último abrazo, más breve esta vez y, desprendiéndose de mí, se marchó como había venido, en el silencio y en la noche.

No necesito contarte muchas cosas más, querido Juan, pues de lo que me ocurrió a partir de entonces ya lo sabes todo. No me has abandonado ni un sólo día desde entonces. Él, ante todos, te había vuelto a insistir en que cuidaras de mí y a todos me presentó como vuestra madre. No he dejado, desde ese momento, de recibir cariño y aprecio, incluso cuando entre vosotros las cosas no iban bien y os enfrentabais unos a otros por la cuestión de los ritos de nuestra antigua religión y de la admisión de los gentiles.

Ésa ha sido precisamente mi misión desde entonces: la de intentar uniros. No me fue difícil mientras estuvimos en Jerusalén, todos juntos. Pero cuando, cuatro años después de su resurrección, mataron a Esteban y tú me sacaste de la ciudad para protegerme, ya me ha costado más trabajo. De eso hace ya diez años. Ahora, ese muchacho extraordinario, Pablo, que compite contigo y con Pedro en el cariño hacia mí, está empezando a abrir caminos inéditos al mensaje de mi hijo. No puedo menos que alegrarme con las noticias que nos llegan de un lado y de otro, aunque también hay dolor en algunas de ellas, como las que hablan de amenazas y persecuciones, sobre todo en nuestra querida patria. Pero mis inquietudes mayores van por el camino de la familia, por la unidad en el seno de esta familia de la que soy la madre y que tiene hijos que no siempre están de acuerdo entre ellos.

Por eso, Juan, quiero dejarte un testamento también yo, como hizo mi hijo poco antes de morir, después de aquella última cena con vosotros. No sé cuándo va a ser mi hora, pero la presiento cercana aunque tengo la sensación extraña de que mi hijo quiere llevarme con él, entera. Pero, en fin, no me hagas mucho caso porque yo misma sólo intuyo las cosas, sin terminar de entenderlas del todo, como me sucedía en el principio. Además, me parece que te estoy reteniendo demasiado a mi lado y que ardes tú también en deseos de viajar, de llevar la buena nueva de que Dios es amor a todos los confines del mundo. El que tengas que estar aquí, para cuidarme, quizá sea un lujo excesivo. Por eso, y porque estoy deseando volver a estar junto a mi hijo y junto a mi Dios para siempre, es por lo que le pido al Todopoderoso que acelere la hora de la partida y creo que mis oraciones pronto van a ser escuchadas.

Éste es mi testamento, Juan, siéntate y escribe, hijo mío:

«A todos los hermanos de mi hijo, paz.

»Estoy a punto de terminar mi paso por la tierra y no quiero hacerlo sin despedirme de vosotros y sin daros, como madre vuestra que soy, los últimos consejos.

»El primero de ellos es que no olvidéis nunca que Dios existe, que ese Dios es amor y que fue él quien nos amó primero. Pase lo que pase, en vuestra vida personal, en la de los vuestros, en el mundo que nos rodea, no dejéis nunca de creer en el amor de Dios.

He notado que algunos de vosotros, contagiados por este mundo griego y romano tan rico en especulaciones y tan amante de la sabiduría, va olvidando que la fe, aquella fe que poseían nuestros mayores y de la que os hablaba mi hijo, no es sólo una cuestión intelectual, como si se tratara de aceptar unas ideas. La fe es eso y mucho más. La fe es creer en el amor de Dios y creerlo cuando las cosas no salen como tú esperabas e incluso como tú le habías pedido a Dios que salieran. Tened, pues, esa fe. Y que de ella nazca en vosotros, continuamente, la esperanza. Sin esperanza no podréis sobrevivir a las angustias del presente. Sin la esperanza en que hay algo más después de la muerte y en que mi hijo nos ha abierto las puertas del paraíso, no podréis perseverar en las pruebas, porque vuestro horizonte será muy pequeño y la muerte os parecerá vuestro final y vuestro límite.

»Pero no sólo os quiero recomendar la fe y la esperanza. Quiero hablaros también del amor. He notado que, cada vez con más frecuencia, disputáis entre vosotros por conceptos o por disquisiciones acerca de tal o cual palabra de mi hijo y su significado. Quiero deciros cuánto me entristece eso y cuánto le entristece a él. Os aseguro que lo mejor de todo es el amor y que vale más lo menos perfecto en unidad que lo más perfecto en desunión. Él mismo lo expresó así cuando, poco antes de morir, le pidió al Padre para vosotros la gracia extraordinaria de la unidad, una unidad semejante a la que ya poseen en el cielo el Padre, él y el Espíritu.

»Si no estáis unidos, no sobreviviréis. Os destrozaréis unos a otros y todo se volverá excusa válida para haceros daño mutuamente. Al final, las mismas cuestiones doctrinales serán utilizadas como justificación para ventilar diferencias personales, ejecutar rencores y llevar a cabo venganzas. Soy una mujer vieja y conozco lo suficiente el corazón del hombre y la fuerza del Maligno para saber lo que me digo. Por eso os advierto, con corazón preocupado: permaneced unidos. La unidad, que sólo es posible mediante el amor al otro tal y como el otro es y no tal y como nos gustaría que fuera, es y será siempre vuestra mejor fortaleza en la que resistiréis todos los ataques del enemigo. La unidad será, además, el principal atractivo para que otros acudan a participar de nuestra vida. ¿Cómo podéis convencer a alguien de que Dios es bueno si entre vosotros estáis enfrentados? ¿Cómo podéis predicar el amor si entre vosotros andáis a dentelladas? El ejemplo de unidad que deis será atractivo por sí mismo y la gente vendrá a vosotros porque os verán y dirán: "Mirad cómo se aman."

»Pero esto no es todo lo que tengo que deciros. Yo he sido madre de un hombre, no madre de una idea, por muy valiosa que ésta pudiera ser. El hijo que llevé en mis entrañas era, es porque está vivo, Dios, Dios verdadero como Dios verdadero es el Padre y lo es el Espíritu. Pero mi hijo era, os lo aseguro, un auténtico hombre. Y esto os lo tengo que decir precisamente yo, que fui su madre. Como hombre, tuvo frío, hambre, dolor y alegrías. Como hombre, no sólo podía ayudar, que lo hizo, sino que también necesitaba ayuda. Mi hijo, que es Dios, es vuestra fortaleza. Pero, a la vez, mi hijo, que es un ser humano, os necesita a vosotros, no es indiferente a vuestro cariño, a vuestro pecado, a vuestros desprecios. Precisamente por lo mucho que os quiere es por lo que tenéis la posibilidad de hacerle feliz o de hacerle sufrir. Quizá esto no lo entendáis todos, pero sí lo comprenderán los que aman o han amado. Y es que no podréis entender a mi hijo, ni al mismo Dios, si no sabéis lo que es el amor.

»Yo misma he tardado mucho en entender todo esto que os digo. No ha sido fácil para mí hacerme a la idea de que aquella pequeña criatura que acuné en mis brazos y a la que salvé de morir a manos de Herodes era el hijo del Dios Todopoderoso. Pero es así y ése es el misterio, que no es un misterio que se pueda entender del todo con la cabeza, pero que se ve mucho más claro cuando se lo contempla con el corazón. Porque lo más importante que mi hijo ha venido a enseñarnos es que Dios es amor y que, por amor a los hombres, sobre todo a los pecadores, se ha hecho hombre y ha aceptado morir en una cruz como un criminal.

»Quiero hablaros también del valor del dolor. He sufrido mucho, aunque lo haya hecho en silencio las más de las veces y sin que lo notaseis. Y os digo que el sufrimiento es redentor. No es que Dios disfrute con nuestro sufrimiento, como si fuera un ser cruel, uno de esos dioses de los griegos o de los romanos. Dios disfruta con nuestra felicidad. Pero, y ése es otro misterio, el sufrimiento no sólo nos purifica sino que, de manera a veces incomprensible, existe una comunión de los hombres que hace que unos puedan ayudar a otros ofreciendo la aceptación de sus problemas y amarguras, del mismo modo que mi hijo nos salvó a todos ofreciéndose a sí mismo como sacrificio en la cruz.

»Pero el dolor no procede sólo de las enfermedades, del hambre o de los problemas económicos. El principal dolor es el que causa el pecado, pues el bien mayor es Dios y por el pecado nos privamos de estar en comunión con él. Por eso es necesaria la conversión y la penitencia, para arreglar nuestra casa a fin de que el desorden introducido por el pecado desaparezca y Dios pueda vivir de nuevo, a gusto, en nuestra casa que es la suya.

»El dolor también procede a veces de la convivencia. Quiero decir acerca de esto una cosa sobre la que he meditado mucho. En cierta ocasión, mi hijo afirmó que su madre y sus hermanos son los que escuchan la palabra de Dios y la cumplen. Y en otro momento os dijo que donde hay dos o tres unidos en su nombre, allí estaría siempre él en medio de ellos. Creo que esto significa que, de alguna manera, la maternidad que yo he poseído la podéis tener vosotros, si queréis. Para eso es preciso que se cumpla la voluntad del Padre, es decir, que se viva según sus mandamientos. Y es preciso también que se esté unido a los demás hermanos, en su nombre, con el amor recíproco, como él pidió. Fijaos qué don tan grande se os pone al alcance de la mano: el de ser madre de Jesús, madre del mismo Dios. Y basta con amar y con amar al que está a tu lado. Por eso os exhorto a que olvidéis toda rencilla y todo rencor. Daos cuenta del tesoro que perdéis con las divisiones, pues él no estará nunca en un grupo en el que el amor no sea el vínculo que todo lo une. Quizá penséis que merece la pena pelear por tal o cual idea, pero es posible que en esa pelea perdáis la unidad y, con ella, perdáis la presencia de mi hijo, que es vuestro hermano pero que se ofrece también a ser vuestro hijo. Creo que por eso es por lo que él insistió tanto en que todos, yo incluida, tuviéramos un punto de referencia claro, que es Pedro, el cual nos preside en el amor, por más que haya otros más inteligentes que él, que predican mejor o que consiguen más discípulos. Es en torno a Pedro donde tenemos que estar unidos, pues de lo contrario, desaparecido un centro aparecerán miles, cada uno querrá tener la última palabra en lo que sea y la consecuencia inevitable será la división, la pérdida de la unidad, la ausencia de mi hijo en una familia que está enemistada.

»Por último, no olvidéis nunca aquellas palabras que en cierta ocasión os dijo Jesús: "Venid, benditos de mi Padre, porque tuve hambre y me disteis de comer; tuve sed y me disteis de beber; estuve desnudo y me vestisteis, en la cárcel y vinisteis a verme. Lo que habéis hecho al más pequeño, a mí me lo habéis hecho." No lo olvidéis nunca, por dos motivos. Porque si no amáis no seréis amados, es decir no podréis entrar en el reino de los cielos que está reservado a los que aman. Y también, no lo olvidéis, porque allí, en todo el que sufre, está mi hijo esperando vuestro amor.

»Me preocupa mucho que entendáis esto bien, pues, estando ya cerca de la partida, me doy cuenta de que voy a dejar a mi hijo sin madre. No creáis que me he vuelto loca. Es que durante estos años, desde que ascendió al cielo, he notado que él estaba aquí, en la tierra, además de en la divina eucaristía, en todos los que necesitan ayuda. Y ahora, que ya siento su voz que me llama desde lo alto y me reclama a su lado, temo irme y dejarle a él, pasándolo mal y sin madre. Estaré con él allí, pero no estaré con él en la tierra, por más que yo no deje nunca de velar por el de aquí desde el cielo. En cada hombre que llora está mi hijo, clavado en la cruz como lo estuvo aquel viernes terrible. Y quisiera que no lo olvidarais, sobre todo los que decís que me amáis, porque si queréis hacer algo por mí os pediría que lo hicierais por este hijo mío que se encuentra crucificado. Si me queréis, dejadme ocupar vuestro lugar para que yo, a través vuestro, pueda seguir estando al lado de mi hijo doliente. Si le queréis a él, acudid a ayudarle, a socorrerle, y no sólo a dedicarle oraciones hermosas, aunque rezar es una forma de amarle que también él necesita mucho.

»No tengo más que deciros. Éste es mi testamento. Mi partida, lo presiento, está ya próxima. Os aseguro que seguiré velando por vosotros desde el cielo, junto a mi hijo, como he hecho hasta ahora desde que él se marchó y me dejó a vuestro cuidado. Os lo repito, si queréis contentarme en algo, permaneced unidos, en torno a Pedro, en torno a mi hijo, al Padre y al Espíritu, y tratad a los que sufren como yo traté a Jesús cuando él necesitó de mí. No olvidéis que él, que os sostiene porque es Dios, también os necesita, porque es hombre. Es un corazón enamorado que necesita recibir amor porque sólo sabe dar amor.»

EPÍLOGO

Aquí, un poco bruscamente, termina el capítulo del *Itinerarium* de Egeria, tal como fue descubierto entre los legajos procedentes del monasterio de Obona. Se ha transcrito íntegro y ahora es tarea de los especialistas discutir si se trata de un apócrifo escrito en la Edad Media o incluso posteriormente, o si hay posibilidades de que pertenezca a la obra que recogió la monja española en su peregrinación a Tierra Santa.

En todo caso, y a mi juicio, considero que los temores de los monjes que arrancaron estas páginas del libro original eran infundados. La imagen que se desprende de María, la madre del Señor, quizá no sea sólo la típica, a la que estamos acostumbrados —la de intercesora—, pero tampoco es irreverente. En este diálogo con san Juan, que permanece siempre en silencio, como aquel fray León que tomaba notas de lo que decía san Francisco, ella se muestra ante todo como «madre» y como madre que ha sabido cumplir su deber de apoyar a su hijo y no de servirse de su hijo. Quizá pueda extrañar que relate tan pocos milagros; es posible que de sus manos y de su intercesión procediesen muchos más, pero a lo mejor no consideró oportuno extenderse en ellos para no distraer de lo esencial al futuro lector. Y lo esencial es que, para María, Cristo será siempre

Dios a la par que hombre. Será siempre el que lo da todo, tanto como el que algo necesita recibir. Eso evocan sus últimas palabras, las de su testamento, quizá fuente de aquellas otras que san Juan recoge en sus cartas: Dios es amor, Dios nos amó primero pero, por eso, Dios necesita recibir y está esperando, como un corazón enamorado, a que aquellos a los que tanto ama se decidan a devolver parte de lo mucho recibido.

En esta época nuestra, plagada de ideologías y de teorizaciones, quizá sea útil y urgente meditar sobre estos conceptos. Dios no es una idea, no es un ente de razón, un fruto de nuestro pensamiento. Dios es un ser vivo, con un corazón ardiente y enamorado. Podemos hacer algo por Dios y debemos hacer algo por Dios: amar el Amor, a Dios que es el Amor. Porque, tanto en las cosas de los hombres como en las cosas de Dios, «amor con amor se paga». El que Dios nos amara primero no significa que con eso ya esté todo hecho. Dios nos amó primero y puso así en marcha una revolución, una historia, un movimiento: el del amor. Dios nos amó primero y ahora está esperando que nosotros, como respuesta, le amemos a él, a la par que amamos, por amor a él, a ese «Cristo crucificado» que está vivo, a nuestro lado, quizá en nuestro propio hogar. Y todo eso dentro de la unidad consumada, en torno al papa, para no dejar lugar a dudas de que el que no recoge con Cristo, desparrama.

Terminado de escribir en Madrid, el 14 de junio de 1996, solemnidad del Sagrado Corazón de Jesús, víspera del Inmaculado Corazón de María.

NOTA FINAL

Como el lector habrá, sin duda, adivinado, el contenido de este libro es una composición literaria, por más que beba de las fuentes de la tradición de la Iglesia y esté en sintonía con el magisterio oficial. El autor ha intentado —con osadía quizá excesiva— meterse en la piel del personaje, en este caso la Santísima Virgen, para intentar expresar lo que debió de sentir y cómo debió de costarle amar en las difíciles singladuras que Dios le pidió que atravesara. En todo caso, el resultado —el autor es también consciente de ello— no es más que aproximativo; si resulta difícil saber lo que piensa, experimenta o sufre otra persona, el misterio se vuelve insondable cuando se trata nada menos que de la Inmaculada, de aquella que fue concebida sin pecado y que no conoció nunca la mancha que a nosotros nos perturba tanto en el alma como en el cuerpo. Si la lectura de este relato ha servido para conocer más a María, para amarla más y para imitarla mejor, todos los que han trabajado en esta obra se dan por satisfechos y altamente recompensados. Si no, como en las representaciones de teatro antiguas, rogamos al lector perdón e indulgencia.